I0887392

LA THÉORIE OCKHAMIENNE DE LA CONNAISSANCE ÉVIDENTE

DANS LA MÊME COLLECTION

ABÉLARD Pierre : *Des intellections.* Texte établi (latin et français en vis-à-vis), introduit, traduit et commenté par Patrick MORIN, 1994, 176 pages.

– *De l'unité et de la trinité divines (Theologia summi boni).* Introduction, traduction et notes par Jean JOLIVET, 2001, 144 pages.

AVERROÈS : *La béatitude de l'âme.* Édition, traduction annotée, études doctrinales et historiques d'un traité d'"Averroès" par Marc GEOFFROY et Carlos STEEL, 2001, 336 pages.

– *Commentaire moyen sur le* De interpretatione. Introduction, traduction et notes par Ali BENMAKHLOUF et Stéphane DIEBLER, 2000, 208 pages.

– *Grand Commentaire (Tafsīr) de la* Métaphysique. *Livre Bêta.* Présentaion et traduction de Laurence BAULOYE précédé de *Averroès et les apories de la* Métaphysique *d'Aristote*, 2002, 336 pages.

BRENET Jean-Baptiste : *Transferts du sujet. La noétique selon Jean de Jandun,* 2003, 512 pages.

GUILLAUME D'AUVERGNE : *De l'âme* (chap. VII, parties 1 à 9), Introduction, traduction et notes par J.-B. BRENET, 1998, 168 pages.

GUILLAUME HEYTESBURY : *Sophismata asinina. Une introduction aux disputes médiévales.* Présentation, édition critique et analyse par Fabienne PIRONET, 1994, 644 pages.

GUIRAL OT : *La vision de Dieu aux multiples formes.* Quolibet tenu à Paris en décembre 1333. Édition, traduction et introduction par Christian TROTTMANN, 2001, 288 pages.

JEAN BURIDAN : *Sophismes.* Texte introduit, traduit et annoté par Joël BIARD, 1993, 304 pages.

LA CONDAMNATION PARISIENNE DE 1277. Texte latin, traduction, introduction et commentaire par David PICHÉ, 1999, 352 pages.

LA *SOPHISTRIA* DE ROBERTUS ANGLICUS. Étude et édition critique par A. GRONDEUX et I. ROSIER-CATACH, 2006, 416 pages.

LANGAGE, SCIENCE, PHILOSOPHIE, AU XIIe SIECLE. Actes réunis par Joël BIARD, 1999, 256 pages.

LE PROBLÈME DES UNIVERSAUX À LA FACULTÉ DES ARTS DE PARIS ENTRE 1230 ET 1260. Édition critique sélective, traduction française, analyses structurelle et formelle et étude historico-philosophique par David Piché, 2005, 366 pages

MICHON Cyrille : *Nominalisme. La théorie de la Signification de Guillaume d'Occam,* 1994, 528 pages.

NICOLAS D'AUTRÉCOURT : *Correspondance, Articles condamnés.* Édition critique par L. M. de RIJK, introduction, traduction, et notes par Ch. GRELLARD, 2001, 192 pages.

PORPHYRE : *Isagoge.* Texte traduit (grec en vis-à-vis, latin à la suite) par Alain de LIBERA et Alain-Philippe SEGONDS, introduction et notes par Alain de LIBERA, 1998, 268 pages.

ROSIER Irène : *La parole comme acte. Sur la grammaire et la sémantique au XIIIe siècle,* 1994, 368 pages.

SIRAT Colette et GEOFFROY Marc : *L'original arabe du* Grand commentaire *d'Averroès au* De anima *d'Aristote. Prémices de l'édition,* 2005, 126 pages.

Sic et Non

Collection dirigée par Alain DE LIBERA

LA THÉORIE OCKHAMIENNE DE LA CONNAISSANCE ÉVIDENTE

par

E. PERINI-SANTOS

PARIS

LIBRAIRIE PHILOSOPHIQUE J. VRIN

6, Place de la Sorbonne, V^e^

—

2006

En application du Code de la Propriété Intellectuelle et notamment de ses articles L. 122-4, L. 122-5 et L. 335-2, toute représentation ou reproduction intégrale ou partielle faite sans le consentement de l'auteur ou de ses ayants droit ou ayants cause est illicite. Une telle représentation ou reproduction constituerait un délit de contrefaçon, puni de deux ans d'emprisonnement et de 150 000 euros d'amende.

Ne sont autorisées que les copies ou reproductions strictement réservées à l'usage privé du copiste et non destinées à une utilisation collective, ainsi que les analyses et courtes citations, sous réserve que soient indiqués clairement le nom de l'auteur et la source.

© *Librairie Philosophique J. VRIN*, 2006

Imprimé en France

ISSN 1248-7279

ISBN 2-7116-1819-6

www.vrin.fr

À Cristina

REMERCIEMENTS

Ce livre est une partie de ma thèse de doctorat, soutenue en novembre 2001 au Centre d'Etudes Supérieures de la Renaissance de l'université de Tours. Je remercie M. Joël Biard, mon directeur de thèse, Mme Claudine Tiercelin, M. Alain de Libera et M. Claude Panaccio, qui ont participé au jury et à qui je dois de pertinentes critiques et suggestions – et à qui le lecteur doit d'être épargné de quelques erreurs. M. Claude Panaccio doit être remercié aussi pour l'accueil pour un mois à l'Université de Québec à Trois-Rivières. Je remercie Julie Brumberg-Chaumont, Frédéric Goubier, Nausicaa Pouscoulous, Aurélien Robert et Ilda dos Santos, qui, tant que faire se peut, ont corrigé mon français (et parfois ma philosophie aussi). Je remercie enfin la CAPES (*Fundação Coordenação de Aperfeiçoamento de Pessoal de Nível Superior*, Brasília, Brésil) et l'*Universidade Federal de Minas Gerais* (Belo Horizonte, Brésil), pour le soutien qui m'a permis de réaliser ce travail. Cette liste est évidemment incomplète : que tous ceux qui m'ont aidé à mener à bien ce travail soient ici remerciés.

INTRODUCTION

> Puis-je vraiment espérer m'en sortir avec quelques phrases plus ou moins subtilement balancées ?
> Georges Perec, *Les gnocchis de l'automne ou Réponse à quelques questions me concernant*[1].

J'ai songé à commencer ce livre par une autre citation de Georges Perec, plus longue et peut-être plus apte à décrire ce qui pourrait être un travail en histoire de la philosophie :

> On en déduira quelque chose qui est sans doute l'ultime vérité du puzzle : en dépit des apparences, ce n'est pas un jeu solitaire : chaque geste que fait le poseur de puzzle, le faiseur de puzzle l'a fait avant lui ; chaque pièce qu'il prend et reprend, qu'il examine, qu'il caresse, chaque combinaison qu'il essaye et essaye encore, chaque tâtonnement, chaque intuition, chaque espoir, chaque découragement, ont été décidés, calculés, étudiés par l'autre[2].

Cela aurait été un mauvais choix. Il aurait fallu ajouter tout de suite que ce n'est pas du tout cela, l'histoire de la philosophie. Il aurait fallu dire que l'historien ne refait pas plus les gestes de l'auteur étudié que celui-ci n'a calculé les siens pour déjouer ou au contraire pour satisfaire les attentes de quelqu'un qui essaierait de reconstruire sa théorie. Les contraintes et les motivations auxquelles obéissent l'un et l'autre ne sont pas du tout de ce genre.

1. G. Perec, « Les gnocchis de l'automne ou Réponse à quelques questions me concernant », dans *Je suis né*, Paris, Seuil, 1990, p. 69.
2. G. Perec, *La Vie Mode d'emploi*, Paris, Hachette, 1978, p. 18.

Il aurait fallu dire que les gestes d'un philosophe ne sont pas destinés à une reconstruction ultérieure. Il suit les contraintes propres aux explications qu'il prétend offrir de ce qu'il juge avoir à éclaircir. Cette tâche est déjà assez compliquée, d'autant plus qu'il n'y a aucune liste fixe de problèmes, de type d'explication qu'il faut en donner ou de critères pour savoir quand l'explication est bonne. Le jeu des philosophes médiévaux est rendu encore plus difficile par le réseau d'autorités qui balisent leur chemin, reçues aussi bien de la tradition philosophique, notamment Aristote et ses commentateurs, que de la religion : les Ecritures et leurs commentaires, les Pères de l'église, mais aussi l'autorité institutionnelle de l'église. Il n'y a aucun cahier des charges de citations à utiliser, bien que la tentation d'y voir une sorte de contrainte oulipienne n'en soit pas très loin, tant les *auctoritates* sont utilisées à l'appui des thèses les plus diverses, parfois même contraires. Non, il s'agit bien de chercher la vérité, dont les textes qui font autorité sont tenus pour des indices. Heureusement, ils ne sont pas les seuls.

J'aurais dû continuer en disant que les philosophes médiévaux cherchent à expliquer un certain nombre de choses, et à soutenir ces explications par des arguments. Pour les textes examinés ici, il s'agit de rendre compte d'un certain nombre de données de l'expérience cognitive. Il n'est peut-être pas aisé d'identifier ce genre de données, surtout parce que la marge de manœuvre est plus large ici qu'ailleurs. Il n'en reste pas moins qu'une théorie de la connaissance doit globalement qualifier comme connaissance des choses que nous estimons connaître, et à peu près de la façon dont nous estimons les connaître : le monde sensible, que nous connaissons par l'expérience que nous en avons, certains principes qui nous semblent évidents de soi, la conclusion des raisonnements. Ces intuitions constituent en partie les données dont il faut partir, même s'il est possible de les réorganiser, d'en proposer une hiérarchie, d'en récuser tel ou tel trait qui pourrait sembler plausible de prime abord. A cela il faut ajouter, pour les médiévaux, que les textes reçus de la tradition offrent des schémas explicatifs autant que des faits à expliquer. Les divergences ne sont pas interdites, mais elles se payent, et il faut apporter de bonnes raisons pour le faire. Mais il s'agit ici, ou plutôt il se serait agi, si j'avais fait le choix de mettre en exergue la citation de *La Vie Mode d'Emploi*, seulement de rappeler que le chemin de notre philosophe se construit dans la recherche de la compréhension d'un certain nombre de choses qui ne sont pas celles que l'historien de la philosophie cherche à expliquer.

Il aurait fallu en effet dire aussi qu'un historien de la philosophie ne refait pas l'œuvre de son philosophe. Ce n'est pas le même type de travail. Il aurait fallu rappeler que décrire une théorie sur tel ou tel objet n'est pas faire une théorie sur ce même objet. Il se trouve toutefois que pour comprendre une théorie sur un objet quelconque, il faut savoir ce qu'il y a à expliquer et quel genre d'explication est convenable. On ne peut comprendre les mouvements de construction d'une théorie de la connaissance que si l'on sait ce qu'est une théorie de la connaissance, ses motivations, ce qu'elle veut expliquer etc. J'aurais pu faire remarquer par exemple que l'on voit bien la motivation qui peut avoir mené Ockham et quelques autres à reconnaître une dynamique cognitive commune aux propositions connues par les sens et aux propositions dites "connues par soi": l'acceptation immédiate, universelle, généralement correcte. Mais j'aurais tout de suite ajouté que je ne prétends pas offrir pour autant une théorie à propos de ces phénomènes. J'aurais alors dit que l'importance et l'intérêt de la théorie ockhamienne de la connaissance évidente ne sont pas diminués à mes yeux par le fait que je l'estime fausse [1], et qu'en tout cas je ne cherche pas chez lui une explication de la connaissance. D'une part, une telle explication ne saurait se trouver dans le simple commentaire de textes, seraient-ils contemporains. D'autre part, même s'il est possible de s'inspirer de l'œuvre du *Venerabilis Inceptor* pour construire une théorie quelconque et pour promouvoir un dialogue entre des théories ainsi construites et des théories contemporaines [2], ce n'est pas ce que je cherche ici.

A la différence de Bartlebooth dans *La Vie Mode d'Emploi*, je n'aurai pas trouvé à la fin du parcours l'image à l'origine du puzzle. En fait, il m'est arrivé d'avoir l'impression de construire un puzzle, en essayant de mettre ensemble des morceaux pour former un tout à peu près cohérent. Mais c'est un puzzle plutôt bizarre: une fois ses pièces assemblées, on n'obtient pas une image de même type que celle qu'a construite Ockham. Je crois toutefois avoir identifié ce qu'il a voulu expliquer et les outils qu'il a utilisés pour le faire. On peut sans doute être plus sceptique quant à la transparence de sa construction théorique, mais il me semble impossible de parler des théories dont on ne comprend ni l'objet, ni les mécanismes explicatifs. Pour cette raison, parfois mon texte ressemble beaucoup au texte ockhamien, parlant de comment nous connaissons la conclusion d'un raisonnement ou la couleur du café. Comment en effet parler de la théorie ockhamienne, sans parler de ce dont elle parle ? La tension vient du fait que la différence entre exposer une théorie sur un sujet quelconque et faire une

1. J'aurais pu produire une citation Robert Nozick: « How could I so admire the writing of history's great philosophers if falsity were a fatal or debilitating flaw? », R. Nozick, *Philosophical Explanations*, Oxford, Oxford University Press, 1981, p. 21.

2. Les résultats peuvent être assez intéressants, comme le montrent notamment les travaux de Claude Panaccio; cf. surtout C. Panaccio, *Les Mots, les Concepts et les Choses*, Montréal-Paris, Bellarmin-Vrin, 1992.

théorie sur ce même sujet n'élimine pas la proximité des deux activités qu'impose la contrainte d'intelligibilité.

Tout cela aurait fait une introduction plutôt ennuyeuse. Il est plus intéressant de présenter brièvement mon travail. Ce livre reprend les deux derniers chapitres de ma thèse de doctorat, dont le premier a été divisé ici en deux, avec très peu de modifications. Je traite de la théorie ockhamienne du savoir, qui se développe autour de la notion de connaissance évidente et se déploie dans l'examen de différents sens de "*scientia*".

La théorie de la connaissance évidente, objet du deuxième chapitre, porte sur certains rapports causaux qui ont lieu dans l'intellect et produisent l'assentiment à certaines propositions. Les propositions connues de façon évidente sont les propositions connues par les sens, celles dont la connaissance dépend de la seule appréhension des concepts et, de façon indirecte, les conclusions des raisonnements. Dans tous ces cas, l'assentiment à la proposition est causé naturellement par l'appréhension des termes, qu'il suit immédiatement. Sa grande importance réside dans l'identification d'un processus naturel qui nous mène toujours à des propositions vraies. En fait, la connaissance évidente n'indique la vérité des propositions que dans le cours normal de la nature. Elle a toute la stabilité que l'on peut attendre d'un processus naturel, ni plus ni moins. Ce rôle d'indicateur de vérité fait de l'assentiment évident le critère épistémique central dans la définition ockhamienne du savoir.

Le premier chapitre du livre est la présentation d'une certaine tradition que suit le *Venerabilis Inceptor* dans sa théorie de la connaissance évidente. Le point de départ est l'interprétation par Robert Grosseteste d'un passage des *Seconds Analytiques* comme une certaine explication causale de l'assentiment à la conclusion d'un raisonnement. Le philosophe persan Alhazen et d'une certaine façon Jean Duns Scot expliquent aussi l'assentiment à certaines propositions par certains processus ayant lieu à l'intérieur de l'esprit. Ces trois philosophes me semblent offrir le cadre dans lequel on peut voir à la fois la lignée que suit la théorie ockhamienne de la connaissance évidente et la rupture qu'elle opère. Le plus important est l'identification des activités réelles de l'esprit dans l'assentiment à des propositions comme une des choses dont il faut rendre compte dans la théorie de la connaissance. C'est la reconnaissance de cet *explanandum* qui lie le *Venerabilis Inceptor* à Alhazen et, dans une moindre mesure, à Jean Duns Scot. L'application de la lecture par Grosseteste d'un passage d'Aristote à cet *explanandum* donne à la fois le lien et la rupture d'Ockham avec ce qui le précède. Si les rapports entre les théories ockhamiennes et celles de Duns Scot et Grosseteste ne posent pas de problèmes, la connexion historique réelle avec Alhazen n'est pas établie de façon suffisante, loin s'en faut. Tout au plus ai-je suggéré une piste de recherche historique. Je crois toutefois avoir montré qu'il y a une véritable similitude théorique entre le philosophe persan et Ockham, précisément dans la délimitation des activités de l'esprit dans l'assentiment à certaines propositions comme un *explanandum* à part entière, et qui ne semble être objet de l'attention des philosophes, du moins dans l'Occident médiéval latin, qu'après Ockham.

La notion de "*scientia*" est l'objet du troisième chapitre. Par "*scientia*" il faut entendre à la fois le savoir et la science, en comprenant par là un discours organisé en syllogismes. Il s'agit d'une certaine façon du déploiement de la théorie de la connaissance évidente indirecte. Je me suis intéressé surtout à cette dynamique cognitive de la *scientia*, et non pas aux conditions d'une explication profonde du réel selon Ockham. Faire des qualités mentales les entités engagées dans le processus causal de connaissance évidente permet à Ockham, par des mises au point concernant l'objet et le sujet de la science, de révoquer certaines questions qui ont perdu leur pertinence. Mais il en propose une autre, négligée par ses prédécesseurs : comment expliquer le fonctionnement de l'esprit dans un raisonnement ? Le philosophe anglais en offre une explication par la causalité naturelle. Cette explication a des conséquences indésirables, notamment la clôture déductive des systèmes de croyances, comme l'a bien vu Jean Buridan. Cette critique est l'occasion d'une comparaison entre les théories d'Ockham, de Duns Scot et d'Alhazen, la conclusion du présent ouvrage.

CHAPITRE PREMIER

LES ANTÉCÉDENTS : ROBERT GROSSETESTE, JEAN DUNS SCOT ET ALHAZEN

Trouver le point de départ du savoir est une tâche primordiale dans la théorie de la connaissance d'Aristote, et c'est ainsi que s'ouvrent les *Seconds Analytiques*[1]. Il s'agit d'une thèse assez générale sur la connaissance, qui correspond, dans l'organisation aristotélicienne du savoir, à une exigence concernant le syllogisme. Le raisonnement doit partir d'une connaissance préexistante parce qu'il est un processus de transmission : la prémisse *A* ne peut transmettre un trait quelconque à la conclusion *B* que si elle a ce trait, donc *B* ne peut être connue à partir de *A* que si *A* est connue. Comme la suite du texte l'indique, cette transmission ne se vérifie pas seulement dans la science, mais également dans la dialectique et dans la rhétorique[2]. Les principes premiers dont part le raisonnement n'ont pas seulement une primauté épistémique, mais aussi logique et causale[3]. La connaissance se construit par la transmission de force épistémique : à partir de prémisses connues, on parvient à la connaissance d'une conclusion, de même que l'on obtient une opinion à partir de prémisses qui sont objet seulement d'opinion. Mais comment connaître les premiers principes eux-mêmes, d'où pouvons-nous partir ? C'est bien le paradoxe du *Ménon* qui est à la clé, comme l'indique Aristote.

1. « Omnis doctrina et omnis disciplina intellectiva ex preexistente fit cognitione. », Aristote, *Analytica posteriora*, « *Aristoteles Latinus* », édition par L. Minio-Palluelo et B. G. Dod, Bruges-Paris, Desclée de Brouwer, 1968, I, 2, 71a 1; transl. Iacobi, p. 5, 1-2 (désormais cité *Analyt. Post.*). Les références à Aristote donnent la pagination Bekker suivi de la pagination de l'édition critique de la traduction médiévale du texte en question (ici, la *translatio Iacobi*).

2. Aristote, *Analyt. Post.*, I, 1, 71a 9-10; transl. Iacobi, 10-12.

3. Cf. R. Smith, « Logic », dans J. Barnes (éd.), *The Cambridge Companion to Aristotle*, Cambridge, Cambridge University Press, 1995, p. 47-51.

Ce point est traité dans un texte d'une difficulté notoire, *Seconds Analytiques*, II, 19. Si nous devons admettre que nous ne possédons pas les premiers principes de façon innée – comment pourrions-nous à la fois posséder ce qu'il y a de plus exact et l'ignorer? –, nous ne pouvons en faire l'économie – comment les connaître sans partir d'une connaissance préalable, qui serait donc à son tour première? Nous devons posséder par nature une puissance par laquelle nous appréhendons ces principes[1]. La connaissance de ces principes vient de l'expérience, par un processus causal. Aristote arrive à cette conclusion après avoir décrit le processus d'engendrement de la connaissance à partir de la perception sensible jusqu'aux principes premiers.

L'autre bout de ce processus est constitué par la connaissance des conclusions des raisonnements. La théorie aristotélicienne est mieux établie ici, et de prime abord elle ne semble pas poser des problèmes : la connaissance de certaines propositions dans un syllogisme, dont elles sont les prémisses, mène à la connaissance d'une autre proposition, la conclusion de ce syllogisme. Un lien toutefois entre la connaissance de ces deux types de proposition se tisse chez certains auteurs médiévaux. Les prémices de cette histoire, ou du moins ses prémices médiévales, se trouvent chez Robert Grosseteste, et elle se développe d'une façon assez intéressante chez Jean Duns Scot et chez Alhazen, qui y apportent à la fois des problèmes et des solutions. Les solutions et les problèmes de la théorie ockhamienne elle-même apparaîtront de façon plus claire comme une suite de cette histoire, que je tâcherai d'exposer dans ce chapitre.

LE DÉDOUBLEMENT DE LA CAUSE
ARISTOTE LU PAR ROBERT GROSSETESTE

L'aporie de la connaissance des premiers principes et la solution aristotélicienne sont présentes dans les commentaires médiévaux des *Seconds Analytiques*[2]. Il s'agit de savoir comment les principes premiers sont en nous :

1. « Necesse itaque est habere quandam quidem potentiam, non huiusmodi autem habere aut erit his honorabilior secundum certitudinem. », Aristote, *Analyt. Post.*, II, 19, 99b 33-34; transl. Iacobi, p. 105, 6-8.

2. Un exemple est Robert Grosseteste : « Ex sensu igitur fit memoria, ex memoria multiplicata experimentum, ex experimento universale, quod est preter particularia, non tamen separatum a particularibus, sed est idem illis, artis, scilicet, et scientie principium. », Robert Grosseteste, *Commentarius in posteriorum analyticorum libros*, Introduzione e testo critico di P. Rossi, Firenze, Leo S. Olschki, 1981, II, 6, 35-40 (désormais cité *Commentarius*). On remarquera qu'Ockham juge que cette explication s'applique aux principes

> Il est manifeste ainsi que les dispositions acquises relatives à ces principes ne sont pas en nous entières dès le départ, ni ne sont engendrées en nous à partir d'autres dispositions plus connues, mais se produisent en nous à partir des sens par le mouvement de la puissance à l'acte, et les sens sont leur fondement, si bien que si les sens faisaient défaut, il manquerait à l'âme la connaissance universelle[1].

La réponse à la question aristotélicienne – comment connaissons-nous de tels principes ? – est la description de leur génération dans l'esprit.

Cette description explique-t-elle comment nous connaissons de tels principes ou comment nous les avons dans l'esprit ? Ces deux questions ne sont pas équivalentes : avoir une proposition dans l'esprit n'est pas la même chose que la connaître ou la juger vraie[2]. Je peux penser à une proposition sans juger de sa valeur de vérité, juger faussement, ou encore en douter, autant de cas qui ne peuvent être dits connaissance. Si le processus qui va des sens à la production des principes premiers ne mène pas à la simple présence de la proposition dans l'esprit, pourquoi parler alors de génération, et non pas d'assentiment à des principes qui peuvent être déjà présents ? Inversement, si la génération explique seulement la présence de

connus par expérience, et non aux propositions connues par soi; cf. SL, III-2, 4, l. 39-47, p. 511 et 9, l. 23-28, p. 522. Le *Venerabilis Inceptor* lie sa théorie de la connaissance des premiers principes à un autre passage des *Seconds Analytiques* où Aristote semble poser la nécessité d'une connaissance non démonstrative des principes sans vraiment l'expliquer; cf. *Ord. I*, Prol., q. 2, p. 80, l. 1-5; Aristote, *Analyt. Post.*, I, 3, 72b 19-25; transl. Iacobi, p. 10, 14-21. Sur l'influence du commentaire de Grossesteste, le premier en latin de ce texte aristotélicien, cf. P. Rossi, « Introduzione », dans Robert Grosseteste, *Commentarius*. Pour une autre lecture de l'interprétation de Grosseteste des *Seconds Analytiques*, cf. E. Serene, « Demonstrative Science », dans N. Kretzmann, A. Kenny, J. Pinborg et E. Stump (éds.), *The Cambridge History of Later Medieval Philosophy*, Cambridge, Cambridge University Press, 1982, p. 501-504. Sur la réception médiévale des *Seconds Analytiques*, cf. L.-M. De Rijk, « The *Posterior Analytics* in the latin West », *Acta Philosophica Fennica* 48, 1990, p. 104-127.

1. « Manifestum igitur est quod habitus talium principiorum non sunt in nobis ab initio completi neque generantur in nobis ab aliis habitibus notioribus, sed fiunt in nobis a sensu per eductionem de potentia ad actum, et sensus est fundamentum eorum, quo deficiente deficit in anima universalis cognitio. », Robret Grosseteste, *Commentarius*, II, 6, 43-48.

2. Le terme "proposition" désigne ici une entité linguistique pouvant recevoir une valeur de vérité, ou plutôt un type dont les occurrences sont de telles entités, et non pas une entité non linguistique et qui correspond au contenu d'un énoncé, qui est l'usage de ce terme dans la philosophie contemporaine. C'est le choix le plus courant pour rendre le terme latin "*propositio*", comme dans la traduction de la *Summa Logicae* par Joël Biard. Alfred Freddoso, dans sa traduction de la *Summa Logicae*, utilise le terme anglais "*proposition*". Voir les protestations de Peter Geach contre l'abandon de l'usage médiéval de "*propositio*" (ou plutôt de "*proposition*" en anglais) dans P. Geach, *Reference and generality*, Ithaca, Cornell University Press, emended edition, 1968, p. 25 et P. Geach, *Logic matters*, Berkeley, University of California Press, 1980, p. 168 et 255.

ces propositions dans l'esprit, ne peut-on pas avoir de tels principes sans juger de leur valeur de vérité ? N'y a-t-il pas deux processus, et non pas un, à savoir, la présence de ces principes et l'assentiment? Ce raisonnement semble au cœur de certaines approches médiévales du problème, peut-être en raison d'une image plus linguistique de la connaissance que celle d'Aristote. Il se peut que l'assentiment aux premiers principes, une fois formés, soit un fait primitif, et dans ce cas le problème n'apparaît pas, mais il est également possible d'envisager une explication pour leur acceptation. Si la première possibilité semble plus aristotélicienne, la deuxième ne sera pas absente de l'horizon des médiévaux et, dans le cadre qu'elle offre, la solution à ce problème sera parfois trouvée à partir du déplacement d'un autre élément central dans la théorie aristotélicienne de la connaissance, la cause.

Le schéma causal est en effet au cœur de la philosophie du Stagirite, et son application à l'explication de la connaissance semble tout à fait naturelle aux médiévaux[1] : expliquer la connaissance par ce qui la cause revient à peu près à l'expliquer tout court. Ce schéma d'explication aristotélicien peut recevoir différentes lectures. Une interprétation revient à identifier la cause, et donc l'explication de la connaissance, avec le principe qui commande les syllogismes dans lesquels se déploie la science, comme le fait Gilles de Rome[2]. C'est toutefois une autre voie qui m'intéressera ici, celle qui cherchera à identifier la cause de l'état mental qu'est la science. Comme le dit explicitement Richard Rufus, la connaissance est un certain état épistémique causé d'une certaine façon[3]. Cette approche est d'autant

1. L'explication causale de la connaissance est très présente au Moyen Âge. Cf. encore une fois, Robret Grosseteste, *Commentarius*, I, 12, 23-30. Cf. aussi une remarque de G. R. Evans : « Aristotle had been in fact very widely preoccupied with causation, and with concepts of power. Partly under his influence, discussions of what produces given effects are almost universal in patristic and medieval authors too. That means that the tendency is also to think in terms of one thing leading to another in a traceable sequence in a "process of getting to know" ; when things go wrong with the process they likewise tend to be looked for in terms of weakness in links in the chain, or interference with the sequence of cause and effect », G. R. Evans, *Getting it wrong*, Leiden, Brill, 1998, p. 28.

2. « ...tamen quia scire est cognoscere causas et principia rei. non perfecte possumus scire artem syllogizandi nisi sciamus sillogismum reducere in suas causas et in sua principia. et quia principium sillogismi cuiusmodi est dici de omni et dici de nullo. et ea ex quibus constat sillogismus docet logica et non alia scientia. ideo ad completionem artis sillogistice necesse fuit logica invenire. », Gilles de Rome, *Aegidii Romani commentum super libros duos posteriorum analyticorum Aristotelis*, Patavii, P. Maufer, 1478, 2vb (désormais cité *Super Post. Analyt.*). Le fait qu'il s'agisse là d'une science pratique ne change en rien l'application du schéma d'explication causale à la connaissance.

3. Cf. R. Wood, et R. Andrews, « Causality and demonstration : an early scholastic *Posterior Analytics* commentary », *The Monist* 79, 1996, p. 343. Le commentaire de Richard sur les *Seconds Analytiques* est partiellement édité dans cet article.

plus intéressante qu'elle apparaît dans un certain détournement d'un important passage aristotélicien.

Revenons au début des *Seconds Analytiques*. La cause est une des conditions de la connaissance :

> Nous pensons toutefois savoir absolument, et non pas de façon sophistique, qui est selon l'accident, quand nous estimons connaître la cause en raison de laquelle la chose est parce que sa cause est, et il n'arrive pas qu'elle soit autrement[1].

Nous disons connaître une chose quand nous pensons connaître sa cause; ce schéma d'attribution du savoir s'applique indépendamment de la justesse de l'attribution. La connaissance de la cause rentre dans le cadre plus spécifique de la construction syllogistique du savoir, comme dans le tout début des *Seconds Analytiques* : posséder la science est posséder une science démonstrative, les conditions du savoir seront les conditions de la démonstration.

> Si le savoir est comme nous le posons, il est nécessaire que la science démonstrative soit à partir (*ex*) de ce qui est vrai, premier, immédiat, plus connu, antérieur et cause de la conclusion; ainsi les principes seront propres à ce qui est démontré[2].

L'interprétation de “à partir de” (*ex*) et de la liste qui suit ne devrait pas poser de problème, il s'agit des caractéristiques que doivent avoir les prémisses ou les principes dans l'organisation syllogistique de la science. Nous avons la science démonstrative d'une conclusion à partir des principes qui sont vrais, premiers, immédiats, plus connus, antérieurs et causes de la conclusion. Ce qui m'intéresse est la dernière clause : que veut dire “cause de la conclusion” ?

Cette dernière condition est la reprise, dans la structure syllogistique de la science, de l'idée générale selon laquelle connaître quelque chose, c'est connaître la cause nécessaire en raison de laquelle elle est ainsi, et pas autrement. Entre ces deux textes, nous passons de la cause comme ce qui est

1. « Scire autem opinamur unumquodque simpliciter, sed non sophistico modo qui est secundum accidens, cum causamque arbitramur cognoscere propter quam res est, quoniam illius causa est, et non est contingere hoc aliter se habere. », Aristote, *Analyt. Post.*, I, 2, 71b 9-13; transl. Iacobi, p. 7, 4-7. On retrouve un écho de ce texte chez Ockham dans *Exp. Phys.*, I, 1, l. 16-19, p. 15.

2. « Si igitur est scire ut posuimus, necesse est et demonstrativam scientiam ex verisque esse et primis et inmediatis et notioribus et prioribus et causis conclusionis ; sic enim erunt et principia propria ei quod demonstratur. », Aristote, *Analyt. Post.*, I, 2, 71b 20-24; transl. Iacobi, p. 7, 16-19. Sur ce texte aristotélicien, cf. R. J. Hankinson, *Cause and explanation in ancient greek thought*, Oxford, Clarendon, 1998, p. 160-167.

connu à la cause comme ce à partir de quoi on connaît une autre chose, en l'occurrence, la conclusion. Si la première occurrence est claire, la deuxième n'est pas sans apporter un certain doute. La cause de la conclusion est-elle la cause du fait qu'il est dans les choses comme la conclusion le dit ou la cause de l'assentiment à conclusion ? Dans la suite du texte il est clair qu'Aristote pense à la première branche de l'alternative, qui reprend en fait la première l'occurrence de "cause"[1].

Les prémisses doivent indiquer la cause en raison de laquelle les choses sont telles que la conclusion le signifie, comme dans l'ouverture du deuxième chapitre du livre I des *Seconds Analytiques*. Mais tous les commentateurs de ce texte ne l'entendent pas de cette oreille. En effet, Robert Grosseteste a une autre lecture de la condition de la cause pour la démonstration dans son très influent commentaire de ce texte[2]. Si la première occurrence de "cause" est équivalente à celle d'Aristote[3], dans les conditions pour la démonstration, la cause est introduite d'une toute autre façon dans l'explication de la connaissance :

> Si la science démonstrative est une disposition acquise par une démonstration, "à partir de" (*ex*) signifie l'ordre de la cause efficiente originelle à ce qui est causé; certaines choses sont en effet l'origine et la cause efficiente, comme le père pour le fils, d'autres sont ce qui est la cause efficiente sans être l'origine. La connaissance des prémisses dans l'âme est la cause efficiente comme l'origine de la connaissance de la conclusion. En effet, la connaissance des prémisses dans l'âme semble engendrer la connaissance de la conclusion[4].

Ce n'est pas la deuxième occurrence de "cause" qui est interprétée, mais la préposition "*ex*" : les prémisses, ou plutôt la connaissance des prémisses est la cause de la connaissance de la conclusion, et c'est la seule interpré-

1. Notons que dans l'*Aristoteles Latinus* on passe de l'accusatif à l'ablatif – voir les deux notes précédentes –, pour retrouver ensuite l'accusatif associé à "*scimus*" et "*cognoscamus*" : « Causasque et notiores oportet esse et primas, causas quidem quoniam tunc scimus cum causas cognoscamus, et priores, si vere cause sunt ... », Aristote, *Analyt. Post.*, I, 2, 71b 30-34; transl. Iacobi, p. 8, 2-6.

2. Cf. P. Rossi, « Introduzione », dans Robert Grosseteste, *Commentarius*, p. 12-16.

3. « Hoc est igitur simpliciter et maxime proprie scire : cognoscere causam rei inmutabilem in se et inmutabilem in causando. », Robert Grosseteste, *Commentarius*, I, 2, 22-24.

4. « Si autem scientia demonstrativa sit habitus acquisitus per demonstrationem, "ex" significat ordinem cause efficientis originalis ad causatum; aliquid enim est origo et efficiens sicut pater filii, et aliquid est efficiens quod non est origo. Scientia autem premissarum in anima est efficiens sicut origo scientia conclusionis, scientia enim premissarum in anima videtur gignere scientiam conclusionis. », Robert Grosseteste, *Commentarius*, I, 2, 46-52.

tation offerte ici par l'évêque de Lincoln à l'idée qu'une démonstration se fait à partir de la cause de la conclusion (*ex causis conclusionis*)[1].

Si la différence entre la cause de la connaissance et la cause de ce qui est connu est évidente, l'interprétation de "cause de la conclusion" l'est moins. Dans la liste des conditions imposées à la démonstration, la compréhension des cinq premières caractéristiques des prémisses, qu'elles doivent être vraies, premières, immédiates, plus connues, antérieures, ne présente de prime abord aucune difficulté, alors que l'interprétation de la dernière peut sembler ambiguë; on peut en effet hésiter entre la cause de la connaissance de la conclusion et la cause des choses signifiées par la conclusion. Cette difficulté peut rebondir sur les autres éléments de la liste et, comme souvent en philosophie, on peut trouver des choses à redire sur ce qui pouvait paraître évident, comme ce sera le cas chez Richard Rufus[2]. Dans un passage de l'*Ordinatio*, Ockham reprend l'interprétation de Grosseteste pour les conditions que les prémisses d'un raisonnement doivent remplir pour constituer un savoir: les prémisses doivent être la cause de la conclusion, c'est-à-dire, précise-t-il, que la connaissance des prémisses doit être la cause de la connaissance de la conclusion, pour qu'il y ait démonstration[3]. Plus tard, il reconnaîtra deux rôles causaux aux prémisses d'un syllogisme[4]. Ce n'est pas seulement l'interprétation de cette condition qui est en jeu, mais l'idée que la démonstration est un certain processus causal, ce qui n'était pas du tout présent dans ce passage des *Seconds Analytiques*.

1. Grosseteste offre une interprétation de la condition causale plus proche d'Aristote dans un autre passage de son commentaire des *Seconds Analytiques*; cf. le sens le plus strict de "*scientia*" dans Robert Grosseteste, *Commentarius*, I, 2, 9-28; cf. section 3.1.

2. Cf. R. Wood et R. Andrews art. cit. Pour un autre type de rebondissement de la condition causale sur l'ensemble des conditions de la démonstration, cf. Gilles de Rome, *Super Post. Analyt.*, 5rb. Une autre interprétation de cette condition causale de la démonstration se trouve chez Gautier Chatton, dans une réaction précisément à Ockham; cf. L. Cova, « L'Unità della scienza teologica nella polemica de Walter Chatton con Guilielmo d'Ockham », *Franciscan Studies* 45, 1985, p. 196-197.

3. *Ord.*, Prol., q. 6, p. 182, l. 14-23. Cette lecture est attribuée à Grosseteste aussi par le scotiste Jean de Reading (Jean de Reading, *Theology and Science in the Fourteenth Century : Three questions on the unity and subalternation of the sciences from John of Reading's commentary on the sentences*, introduction and critical edition by S. J. Livesey, Leiden, Brill, 1989, Prol., q. 10, p. 154, 7-11 et p. 197, 21-28), et par Jean Buridan : « Tunc enim, ut dicit Lincolniensis, scientia praemissarum gignit, id est facit, scientiam conclusionis in anima... », Jean Buridan, *Quaestiones in duos Aristotiles libros posteriorum analyticorum*, édition non publiée par H. Hubien, Q. 6ª (désormais cité *Quest. In Post. Analyt.*).

4. Cf. SL, III-2, 17, l. 18-20, p. 533 et surtout SL, III-2, 15, p. 530-531 ; voir section 2.6. Le premier sens dans lequel les prémisses sont les *causae conclusionis* est dérivé de Grosseteste.

Le commentaire de Richard Rufus des *Seconds Analytiques*, aussi parmi les premiers du Moyen Âge latin, définit le savoir comme un certain effet[1], et interprète les conditions qui doivent remplir les prémisses avec un vocabulaire causal. Selon Rega Wood et Robert Andrews, il y a quatre sens de "cause" dans ce texte[2]. La démonstration est la cause efficiente du savoir, et celui-ci est la cause finale de celle-là[3]. Les prémisses sont la cause de la conclusion, parce qu'elles valident la conclusion[4], mais aussi parce qu'elles sont responsables de leur existence[5]. On peut se demander si le rôle causal de la matière particulière des prémisses s'exerce sur la connaissance de la conclusion ou sur le fait qu'elle soit vraie; la dernière hypothèse semble plus proche du texte de Richard, même si celui-ci n'est pas très clair. Le ton réaliste de l'auteur[6] a peu de choses en commun avec la voie qu'empruntera Ockham, mais il atteste, dès la première réception des *Seconds Analytiques*, la présence du vocabulaire causal dans l'interprétation de la connaissance et, plus précisément, dans la compréhension du fonctionnement de la démonstration.

Ce dédoublement a une histoire plus ancienne, on le retrouve chez Themistius, une des influences grecques du commentaire de Grosseteste[7]. La première caractéristique des prémisses de la démonstration qu'il examine est précisément le fait qu'elles soient la cause de la conclusion, et "être la cause de la conclusion", dit-il, veut dire deux choses, être la cause de ce qui est signifié par la conclusion et être la cause de l'assentiment à la conclusion. Ainsi, si le feu est la cause des cendres, le fait de connaître qu'il y a des cendres à un certain endroit (avec la prémisse conditionnelle connue "s'il y a des cendres, il y a eu du feu") est la cause de l'assentiment à la conclusion qu'il y a eu du feu à cet endroit. Selon Themistius, les deux

1. « Dicendum quod scire est quidam effectus, et causatur a demonstratione... », R. Wood et R. Andrews, « Causality and demonstration : an early scholastic *Posterior Analytics* commentary », art. cit., p. 343.

2. Cf. R. Wood et R. Andrews, *ibid.*

3. Cf. R. Wood et R. Andrews, *ibid.*

4. « Ad aliud dicendum quod ex hoc quod scire est cognoscere praemissa quae sunt causa, oportet praemissa esse vera. », R. Wood et R. Andrews, *ibid.*, p. 345.

5. Cf. R. Wood et R. Andrews, *ibid.*

6. R. Wood et R. Andrews, *ibid.*, p. 338.

7. Sur l'influence des commentateurs grecs sur le *Commentarius* de Grosseteste, cf. P. Rossi, P., « Tracce della versione latina di un commento grego ai *Secondi Analitici* nel *Commentarius in Posteriorum Analyticorum* di Roberto Grossatesta », *Rivista di Filosofia Neo-Scolastica* 70, 1978, p. 433-439.

causalités sont exprimées par la dernière condition imposée aux prémisses d'une démonstration, qu'elles doivent être les causes de la conclusion [1].

L'explication de la connaissance par sa cause est une approche répandue au Moyen Âge, même si détachée de l'interprétation de ce passage spécifique d'Aristote. Elle permet une résolution assez directe d'un problème proche, celui de l'origine des premiers principes. En effet, si l'on pense que la connaissance de la conclusion est causée par celle des premiers principes, celle des premiers principes peut recevoir une interprétation analogue : elle sera causée d'une certaine façon, ce qui ne justifiera pas ces principes, mais pourra expliquer peut-être l'assentiment apparemment immédiat dont ils sont l'objet. La séparation entre la présence ou la formation des principes et l'assentiment ou la reconnaissance de leur vérité devient elle aussi évidente, tout comme la cause de la conclusion, dans l'interprétation de Grosseteste, doit bien être la cause de l'assentiment, et non pas de la simple formation d'une proposition. L'application du schéma causal à l'explication de la connaissance des premiers principes ne se trouve ni chez Grosseteste, ni chez Themistius [2], et est bien moins répandue que l'approche causale de la connaissance en général, mais on va la retrouver au cœur de la théorie ockhamienne.

La théorie ockhamienne de la connaissance évidente s'inscrit parfaitement dans cette image de la connaissance. C'est une explication entièrement causale des phénomènes cognitifs. Avant de l'examiner, je vais examiner certains aspects de la théorie de Jean Duns Scot et, suivant une piste indiquée par le scotiste Jean de Reading, du philosophe persan Alhazen.

JEAN DUNS SCOT ET LES *COGNOSCIBILIA* NATURELS

Comme souvent, les théories que proposent Jean Duns Scot et Guillaume d'Ockham de la connaissance évidente sont à la fois proches et distinctes sur des points essentiels. L'examen de certains aspects de la

1. « Et est ut propositiones non sint tantum causa conclusionis, sed sint cum hoc causa rei quae demonstratur per eas. Nam si aliquis dixerit in omni loco, in quo accenditur ignis, fit cinis et in isto loco est cinis, tunc oportet ut jam sit accensus ignis in eo, erit quod in hoc sillogismo fiet sermo ejus quia in hoc loco est cinis causa sermonis ejus quod jam accensus est ignis in hoc loco. Et non est ita quia non est nisi conclusio quod est, quia non est cinis causa ignis, immo ignis est causa cineris. Oportet ergo ut aggregentur res utraeque. », Themistius, *Super Librum Posteriorum*, I, 2 ; J. R. O'Donnell, « Themistius' paraphrasis of the *Posterior Analytics* in Gerard of Cremona's translation », *Medieval Studies* 20, 1958, p. 248.

2. Cf. Themistius, *Super Librum Posteriorum*, II, 19 ; O'Donnell, « Themistius' paraphrasis of the *Posterior Analytics* in Gerard of Cremona's translation », art. cit., p. 311-315.

philosophie scotiste offrira un cadre pour voir les inflexions propres à la philosophie ockhamienne. Je me concentrerai sur la réfutation du scepticisme restreint d'Henri de Gand par Duns Scot.

Le Docteur Subtil prend le défi sceptique beaucoup plus au sérieux que ne le fera Ockham. Il consacre une longue question dans l'*Ordinatio* à la réfutation d'une description sceptique de la connaissance naturelle, non aidée par l'illumination divine, par Henri de Gand[1]. Ce texte est un lieu privilégié pour l'examen des certitudes que l'on peut avoir sur cette terre (*pro statu isto*). L'opposition entre la situation épistémique de celui qui est sur cette terre, le *viator*, et de celui qui est auprès de Dieu, le bienheureux (*beatus*), est très présente dans les discussions sur la connaissance au Moyen Âge.

Dans un esprit platonicien et se réclamant de l'autorité d'Augustin, Henri de Gand dit que la mutabilité des objets sensibles entraîne l'absence de certitude dans la connaissance naturelle. Une connaissance sûre a besoin d'un objet immuable, elle doit donc avoir comme objet, du moins partiel, l'exemplaire incréé (*exemplar increatum*), comme on peut lire dans la présentation qu'en fait Duns Scot :

> … il y a une connaissance parfaite de la vérité quand deux espèces exemplaires se rencontrent dans l'esprit : l'une inhérente, l'espèce créée, l'autre tombée en lui, l'espèce incréée – et qu'ainsi nous atteignons le verbe de la vérité parfaite[2].

Le Docteur Subtil va montrer que non seulement cette position n'est pas augustinienne, mais aussi qu'elle est fausse. L'objet sensible n'est pas en constante mutation, comme le prétend Henri, et d'ailleurs, si cela était vrai, même ce qu'il décrit comme la connaissance parfaite (*notitia perfecta*) ne serait pas certaine :

> Pareillement, selon cette opinion, l'espèce créée inhérente se rencontre avec l'espèce chue [dans l'âme]. Mais quand quelque chose se rencontre, qui répugne à la certitude, on ne peut avoir de certitude : en effet, de même

1. « Utrum aliqua veritas certa et sincera possit naturaliter cognosci ab intellectu viatoris absque lucis increatae speciali illustratione », Jean Duns Scot, *Ordinatio*, Liber Primus – distinctio tertia, studio et cura commissionis scotisticae, ed. Baliæ, Civitas Vaticana, Typis Polyglotis Vaticanis, 1954, dist.3, pars 1, q. 4, p. 123-172 (désormais cité *Ord. I*).

2. « … perfecta notitia veritatis est quando duae species exemplares concurrunt in mente : una inhaerens, scilicet creata, alia illapsa, scilicet non creata – et sic contingimus verbum perfectae veritatis. », Jean Duns Scot, *Ord. I*, d. 3, pars 1, q. 4, p. 131, 14-p. 132, 32. Traduction française dans Jean Duns Scot, *Sur la connaissance de Dieu et l'univocité de l'étant*, intr., trad. fr. et commentaire par O. Boulnois, Paris, PUF, 1988, p. 173 (désormais cité *Sur la connaissance de Dieu*). Cf. aussi Duns Scot, *Ord. I*, d. 3, pars 1, q. 4, p. 133, 11-p. 134, 2.

> que d'une [proposition] nécessaire et d'une [proposition] contingente ne suit qu'une proposition contingente, du certain et de l'incertain qui se rencontrent pour quelque connaissance, ne suit pas de connaissance certaine[1].

Ce passage est extrêmement important. La chaîne de la connaissance a tout au plus la force épistémique de son maillon le plus faible : si une prémisse est connue et l'autre objet d'opinion, la conclusion sera objet d'opinion, et pas de savoir. Il est possible de transmettre la force épistémique à travers un raisonnement, non pas de la renforcer, et en cela elle se comporte comme les modalités aléthiques[2]. Plus d'un auteur du XIVe siècle sera sensible à ce point, l'idée est au cœur de la critique de Thomas d'Aquin par Duns Scot, Ockham et Jean de Reading[3]. Il n'est pas sans intérêt de remarquer la proximité entre les termes épistémiques et les modalités aléthiques, même chez un auteur qui ne fait pas des premiers des modalités spéciales.

Ce texte de Duns Scot est remarquable pour le croisement qu'il opère de deux approches assez distinctes du savoir, l'une liée à l'objet, et l'autre aux propositions. Il part de l'idée acceptée par Henri de Gand, d'origine platonicienne et aristotélicienne, selon laquelle l'opinion et le savoir ont des objets différents. L'instabilité de la première est notamment une conséquence de l'instabilité de son objet[4]. Si l'on peut y voir l'esquisse d'un certain modèle expliquant pourquoi le savoir, et pas l'opinion, remplit la condition de vérité, il semble plus difficile d'établir un rapport entre la mutabilité de l'objet et la certitude. On peut être certain, c'est-à-dire adhérer sans hésitation à un savoir dont l'objet est instable, par exemple, je suis certain qu'en ce moment je suis assis et que je pense à certains problèmes philosophiques. Duns Scot en tout cas reconnaît ces cas comme des *cognoscibilia* qu'on peut connaître naturellement avec certitude. De prime abord, on peut distribuer les rôles de l'objet immuable comme certain et de l'objet changeant comme douteux, mais il est bien plus difficile d'écrire le scénario qu'ils auront à jouer. Il n'est pas sûr d'ailleurs que

1. « Similiter, secundum istam opinionem species creata inhaerens concurrit cum specie illabente. Sed quando aliquid concurrit quod repugnat certitudini, non potest certitude haberi : sicut enim ex altera de necessario et altera de contingenti non sequitur conclusio nisi de contigenti, ita ex certo et incerto, concurrentibus ad aliquam cognitionem, non sequitur cognitio certa. », Jean Duns Scot, *Ord. I*, d. 3, pars 1, q. 4 ; éd. Baliæ, p. 134, 7-12 ; *Sur la connaissance de Dieu*, p. 175.

2. Cf. aussi Jean Duns Scot, *Ord. I*, d. 3, pars 1, q. 4, p. 140, 12-15.

3. Cf. Jean de Reading, *op. cit.*, Prol., q. 6, p. 106, 3-22.

4. Cette interprétation de Platon et Aristote a été développée par Jaakko Hintikka; cf. J. Hintikka, *Knowledge and the known*, Dordrecht, Reidel, 1974, p. 1-30 et p. 50-79.

l'idée d'un objet certain ou douteux ait un sens – pour Ockham en tout cas, elle n'en aurait aucun –, et surtout elle ne cadre pas avec le transfert de force épistémique dont parle Duns Scot. On peut comprendre ce que veut dire un objet nécessaire ou contingent, mais la rencontre de deux ne produit rien. Il est évident que l'Ecossais pense à la combinaison des propositions nécessaires, contingentes, certaines ou incertaines, et non à la rencontre des objets qui auraient ces caractéristiques. Ce n'est en effet pas du tout la même chose que d'indiquer le comportement logique de certaines expressions et de parler de l'instabilité de certains objets.

Quelle est l'importance alors de parler des espèces créées ou incréées? Pourquoi une partie de la réfutation scotiste d'Henri de Gand consiste-t-elle à dire qu'il est faux que le sensible change continuellement? Si l'on songe que Duns Scot accepte une connaissance naturelle certaine des *cognoscibilia* aussi changeants que l'expérience sensible et nos propres actes, on voit bien qu'il ne se soucie guère de la mutabilité de l'objet, la construction de ce passage est alors trompeuse. Il est en quelque sorte au croisement de deux modèles.

La distinction entre la croyance et le savoir dépend, dans la position d'Henri de Gand, d'une distinction entre objets, et non pas entre états épistémiques. Jaakko Hintikka a montré la prégnance de ce type d'idée dans la philosophie grecque, l'importance du contact direct avec l'objet [1]. Il est facile de comprendre alors comment un objet changeant peut causer des croyances à valeur de vérité changeante, qui ne peuvent être ni toujours vraies ni certaines. Il ne s'agit pas d'opposer deux modèles rigides, et encore moins de construire à partir d'eux un sens téléologique dans l'évolution des théories de la connaissance, mais de saisir la différence entre faire dépendre les distinctions épistémiques de l'objet auquel on se rapporte – ce qui semble être la position d'Henri – et de les décrire plutôt comme différents états de celui qui connaît, états qui pourraient être caractérisés par des propositions affectées d'un terme épistémique. On peut voir que cette dernière position est celle de Duns Scot, d'une part par la transmission de la force épistémique entre propositions, qui se rapporte non pas à la variation ou non des objets de la connaissance, mais à des traits de ces

1. Cf. J. Hintikka, *op. cit.*, p. 1-30. Ce point peut être rapproché de la reinterprétation, dans la philosophie médiévale, de la condition de nécessité pour la science, passant de l'objet aux propositions; voir le très intéressant article de J. P. Beckmann, « *Nihil notum nisi complexum* – Von der Sach- zur Satzwissenschaft am Beispiel der Metaphysik », dans I. Craemer-Ruegenberg et A. Speer (éds.), *Miscellanea Medievalia*, Berlin-New York, Walter de Gruyter, 1994, p. 266-280. Voir aussi le rejet de la dépendance des distinctions épistémiques des distinctions concernant l'objet chez Buridan dans L.-M. De Rijk, « John Buridan on universals », *Revue de Métaphysique et de Morale* 97, 1992, p. 46-47.

propositions mêmes, et, d'autre part, par l'acception de l'expérience sensible et de nos propres actes parmi les *cognoscibilia* naturels.

Retenons qu'il ne faut pas voir dans ces deux modèles une grille de lecture qui opposerait un schéma grec dépendant de l'objet et un schéma propositionnel médiéval : les théories médiévales sont essentiellement aristotéliciennes, et Aristote reconnaît la transmission de force épistémique des propositions dans le raisonnement comme un trait essentiel de la connaissance. Il n'en reste pas moins que la différence entre Henri de Gand et Duns Scot semble indiquer un changement de critère pour distinguer le savoir et l'opinion. Cela apparaît plus clairement si l'on compare la démarche d'Henri de Gand et celle d'Ockham : du point de vue de ce dernier, l'idée qu'un objet du monde puisse être certain ou douteux n'a simplement pas de sens. Comme souvent, le Docteur Subtil semble être un maillon essentiel dans ce changement de perspective.

Contrairement à ce que prétend Henri de Gand, nous connaissons naturellement avec certitude certaines choses, ce que Duns Scot veut établir par l'argument suivant :

> A partir de ces trois autorités [Aristote, Augustin et Boèce], on argumente ainsi : ce qui convient à tous les individus de quelque espèce, suit leur nature spécifique. Donc, puisque chacun a une certitude infaillible à propos des premiers principes, ultérieurement aussi, la forme du syllogisme parfait est naturellement évidente à chacun, à partir de la définition du syllogisme parfait dans les *Premiers Analytiques* – or la science des conclusions ne dépend que de l'évidence du principe et de l'évidence de l'inférence syllogistique, – donc une conclusion quelconque, démontrable à partir des principes connus par soi, peut être sue naturellement par chacun[1].

Nous retrouvons une idée d'origine aristotélicienne : les principes connus par soi sont naturellement acceptés par tout intellect. Il n'y a rien de surprenant, car l'ensemble de la description de la science est celle des *Analytiques*, qui se trouve au centre de l'image médiévale de la connaissance. L'argument ne manque pas d'avoir un certain air de circularité : tout ce qui est propre à tous les membres d'une même espèce suit de leur nature

1. « Ex tribus auctoritatibus arguitur sic : quod convenit omnibus alicuis speciei, sequitur naturam specificam. Igitur cum quisque habet certitudinem infallibilem de primis principiis, et ultra, cuilibet est naturaliter evidens forma syllogismi perfecti, ex definitione syllogismi perfecti I *Priorum* – scientia autem conclusionum non dependet nisi ex evidentia principii et ex evidentia illationis syllogisticae – igitur cuilibet naturaliter scita potest esse quaecumque conclusio demonstrabilis ex principiis per se notis. », Jean Duns Scot, *Ord. I*, d. 3, pars 1, q. 4, p. 135, 12-p. 136, 2 ; *Sur la connaissance de Dieu*, p. 175-176.

spécifique, or les premiers principes et la forme syllogistique sont connus par tous les hommes, donc leur connaissance est naturellement propre à l'espèce humaine. Il y aurait circularité s'il s'agissait d'établir la possibilité de la connaissance *simpliciter*. Le Docteur Subtil veut seulement montrer la possibilité de la connaissance naturelle, contre Henri de Gand qui prétend que la connaissance humaine a besoin d'une aide surnaturelle. La deuxième prémisse, qui serait niée par un sceptique radical (ou simplement par un vrai sceptique), peut être acceptée par le scepticisme restreint d'Henri. Le cœur de l'argument se trouve dans la première prémisse : il s'agit d'établir que nos certitudes, ou du moins certaines d'entre elles, nous viennent naturellement.

On retrouve une idée des *Seconds Analytiques* : la reconnaissance des premiers principes nous vient naturellement. On pourrait toutefois penser qu'il y a des possibilités naturelles que tous ne développent pas ou qui ne fructifient qu'avec des efforts et ne sont pas immédiates [1]. Tel n'est pas le cas de la connaissance des principes. Pour Duns Scot, l'universalité de l'accès aux principes est le point de départ de l'argument. De toute façon, l'argument ne dépend pas de ce point : tout ce qui est commun à tous les membres d'une espèce appartient à cette espèce par nature [2], ce qui ne veut pas dire que tout ce qui appartient par nature à une espèce soit commun à tous ses membres. Cette attaque contre le scepticisme restreint d'Henri de Gand part d'une connaissance censée être universelle pour conclure que la seule explication d'une telle universalité est de postuler qu'elle est naturelle.

Selon Duns Scot, il y a trois situations dans lesquelles la vérité des propositions est crue avec certitude par une rationalité naturellement inscrite dans l'intellect. Ces trois *cognoscibilia* dont nous avons la certitude (*certitudo*) sont les principes connus par soi, ce que nous connaissons par expérience et nos propres actes.

Le premier cas examiné est celui de la connaissance des premiers principes.

1. Pour un développement de cette idée de la rationalité naturelle, d'origine aussi aristotélicienne, cf. J. McDowell, « Two sorts of naturalism », dans R. Hursthouse, G. Lawrence et W. Quinn (éds.), *Virtues and Reason*, Oxford, Clarendon, 1995, p. 149-179.

2. Richard Rufus exprime cette idée très clairement dans son commentaire des *Seconds Analytiques*. La définition du savoir comme connaissance de la cause tire sa force de son universalité : « Et est virtus huius significationis quod illud quod inest omnibus non est a voluntate, sed a natura. Cum ergo haec opinio insit omnibus, erit a natura, et sic non finita. », dans R. Wood et R. Andrews, « Causality and demonstration : an early scholastic *Posterior Analytics* commentary », art. cit., p. 343.

> Donc, quant à la certitude à propos des principes, je dis : les termes des principes connus par soi ont une identité telle que l'un inclut évidemment et nécessairement l'autre, et pour cette raison, l'intellect qui compose les termes, par le fait qu'il les appréhende, a en soi la cause nécessaire de la conformité de cet acte de composer envers les termes mêmes dont il y a composition, /et même la cause évidente d'une telle conformité ; et pour cette raison cette conformité dont il appréhende la cause évidente dans les termes lui est nécessairement manifeste./ Donc il ne peut y avoir dans l'intellect d'appréhension et de composition des termes sans que demeure une conformité de cette composition aux termes [composés], de même que le blanc et le blanc ne peuvent pas demeurer [ensemble] sans qu'une ressemblance entre eux [demeure]. Et cette conformité de la composition aux termes [composés] est la vérité de la composition, donc une composition de tels termes ne peut demeurer sans être vraie, et ainsi, la perception de cette composition et la perception de ces termes ne peuvent demeurer sans que demeure la conformité de la composition envers les termes, et donc [sans que demeure] la perception de la vérité, puisque les premières choses perçues incluent avec évidence la perception de cette vérité [1].

Il y a deux thèses sur les principes connus par soi qui se développent de façon parallèle dans ce texte, une thèse sur leur vérité, une autre sur la reconnaissance de leur vérité. Selon la première thèse, les premiers principes sont composés de termes tels que l'un inclut nécessairement l'autre, et pour cette raison les termes sont eux-mêmes la cause de la conformité de la composition. C'est une thèse sémantique qui indique la cause de la vérité des principes. Il est impossible qu'une telle composition soit fausse, tout comme il est impossible que deux blancheurs existent sans se ressembler.

Cette thèse ne dit rien quant à la reconnaissance de cette vérité. Comme le remarque Marilyn Adams, Duns Scot ajoute la clause d'une cause évidente de la conformité de la proposition pour distinguer la connaissance

1. « Quantum ergo ad certitudinem de principiis, dico sic : termini principiorum per se notorum talem habent identitatem ut alter evidenter necessario alterum includat, et ideo intellectus, componens illos terminos, ex quod apprehendit eos – habet apud se necessariam causam conformitatis illus actus componendi ad ipsos terminos quorum est compositio, / et etiam causam evidentem talis conformitatis ; et ideo necessario patet sibi illa conformitas cuius causam evidentem apprehendit in terminis./ Igitur non potest in intellectu apprehensio esse terminorum et compositio eorum quin stet conformitas illius compositionis ad terminos, sicut stare non potest album et album quin stet similitudo. Haec autem conformitas compositionis ad terminos est veritas compositionis, ergo non potest stare compositio talium terminorum quin sit vera, et ita non potest stare perceptio illius compositionis et perceptio terminorum quin stet perceptio conformitatis compositionis ad terminos, et ita perceptio veritatis, quia prima percepta evidenter includunt perceptionem istius veritatis. », Jean Duns Scot, *Ord. I*, d. 3, pars 1, q. 4, p. 138, 8-p. 139, 14 ; *Sur la connaissance de Dieu* [trad. modifiée], p. 178.

de la cause suffisante d'une chose de la connaissance de cette même chose[1]. En effet, la reconnaissance de la vérité dépend d'une thèse supplémentaire, à savoir, que la cause de la vérité est évidente. Comme une telle proposition ne peut exister sans être vraie, un intellect ne peut la former et comprendre les termes sans voir sa vérité. Mais que doit-on entendre par "cause de vérité évidente"?

Duns Scot renvoie à la *Métaphysique*[2] et explique le point par une thèse métaphysique générale selon laquelle il est impossible que deux qualités contraires soient présentes en même temps dans le même sujet.

> Cette raison est confirmée par une semblable, par l'entremise du Philosophe, *Métaphysique* IV, où il veut [dire] que l'opposé du premier principe ne peut pas venir à l'esprit de quelqu'un, à savoir, [l'opposé] de cette [proposition]: "Il est impossible que le même soit et ne soit pas", car dans ce cas, des opinions contraires seraient en même temps dans l'esprit; ce qui est vrai en tout cas des opinions contraires, c'est-à-dire qui répugnent formellement [les unes aux autres], puisque l'opinion qui opine l'être à propos de quelque chose, et l'opinion qui opine le non-être à propos du même, répugnent formellement[3].

Quelle est la situation que cet argument est censé rendre impossible? Quelqu'un qui forme le principe premier, comprend ses termes et donne son assentiment à la proposition opposée à ce principe. Mais cette personne

1. « Scotus is not arguing fallaciously that since the intellect grasps the terms, and the terms are the cause of truth, that the intellect grasps the truth of the proposition. One can be aware of a sufficient cause of *x* without being aware that it is a sufficient cause of *x*, and in such case one would not thereby have any awareness of *x*. Scotus adds that the terms are the *evident* cause of the truth of the proposition, meaning that it is obvious to anyone who grasps the terms and formulates the proposition that the terms are the cause of the truth of that proposition. », M. Adams, *William Ockham*, Notre Dame, University of Indiana Press, 1987, p. 575.

2. Aristote, *The Metaphysics*, I-IX, transl. H. Trendennick, Cambridge, MA-London, Harvard University Press-William Heinemann, 1933, IV, 3, 1005b 18-35 (désormais cité *Met.*).

3. « Confirmatur ista ratio per simile, per Philosophum IV *Metaphysicae*, ubi vult quod oppositum primi principii non potest in intellectu alicuius venire, scilicet huius « "impossibile idem esse et non esse", quia tunc essent opiniones contrariae simul in mente »; quod utique verum est de opinionibus contrariis, id est repugnantibus formaliter, quia opinio opinans "esse" de aliquo et opinio opinans "non esse" de eodem, sunt formaliter repugnantes. », Jean Duns Scot, *Ord. I*, d. 3, pars 1, q. 4, p. 138, 8-p. 139, 14; *Sur la connaissance de Dieu* [trad. modifiée], p. 178-179. Cette thèse aristotélicienne sur l'impossibilité d'avoir deux croyances contradictoires en même temps ne va pas de soi, comme le montrent par exemple les travaux de Graham Priest; cf. entre autres, G. Priest, « Contradiction, belief and rationality », *Proceedings of the Aristotelian Society* 86, 1986, p. 99-116. Son association à une thèse générale sur les qualités est une façon de l'étayer sur d'autres faits plus basiques, et ainsi d'éviter certaines critiques qui pourraient lui être adressées.

n'a pas deux opinions contraires, puisque par hypothèse elle n'a qu'une opinion, celle qui s'oppose au principe premier ! On ne peut pas dire que, du fait qu'il forme la proposition et comprend les termes, il donne son assentiment à la proposition, puisque c'est justement ce qu'il s'agit de prouver.

Duns Scot perçoit la difficulté du raisonnement :

> Ainsi, j'argumenterai pour [mon] propos qu'il y a dans l'esprit quelque répugnance entre les intellections, même si elle n'est pas formelle. En effet, si dans l'intellect résident à la fois la connaissance du tout et de la partie et leur composition, puisque ceux-ci incluent comme une cause nécessaire la conformité de la composition à ses termes, [et] si l'opinion que la composition même est fausse réside dans l'intellect, des connaissances qui répugnent non formellement [les unes aux autres] y résideront, mais une connaissance coexistera avec l'autre, et sera cependant une cause nécessaire de la connaissance opposée à elle, ce qui est impossible. En effet, de même qu'il est impossible que le blanc et le noir résident ensemble, puisqu'ils sont formellement contraires, de même, il est impossible que le blanc et ce qui exclusivement la cause du noir résident ensemble, – et de même nécessairement pour ce qui ne peut pas être sans lui sans contradiction [1].

La difficulté pressentie est qu'il n'y a pas deux opinions contradictoires, mais une seule opinion. Il n'est pas sûr que le *Doctor Subtilis* arrive à sauver son argument. Imaginons qu'un intellect ait la connaissance de "tout" et de "partie", et forme la proposition *A*, "le tout est plus grand que ses parties", mais donne son assentiment à "il n'est pas vrai que le tout soit plus grand que ses parties". Selon Duns Scot, dans les termes de *A* il y a la cause nécessaire de la vérité de *A*. Or, dit-il, il est impossible que dans un même intellect existent à la fois l'assentiment à non *A* et la connaissance de la cause nécessaire de la connaissance de *A*. De même, il est impossible qu'il existe en même temps dans un même corps le blanc et ce qui est exclusivement la cause du noir.

L'argument est bien moins contraignant qu'il ne paraît à première vue. Tout d'abord, les termes ne doivent pas être seulement la cause nécessaire,

1. « Ita arguam in proposito repugnantiam aliquam intellectionum in mente, licet non formalem. Si enim stat in intellectu notitia "totius" et "partis" et compositio eorum, cum ista includant causa necessaria conformitatem compositionis ad terminos, si stet in intellectu haec opinio quod ipsa compositio sit falsa – stabunt notitiae repugnantes, non formaliter, sed notitia una stabit cum alia et tamen erit causa necessaria oppositae notitiae ad illam, quod est impossibile. Sicut enim impossibile est album et nigrum simul stare, quia sunt contradictoria formaliter, ita impossibile est simul stare album et illud quod est praecise causa nigri – ita necessario quod non potest esse sine eo absque contradictione. », Jean Duns Scot, *Ord. I*, d. 3, pars 1, q. 4, p. 140, 1-11 ; *Sur la connaissance de Dieu*, p. 179.

mais aussi la cause suffisante de la vérité de la composition. Faisons cette correction à partir de l'exemple des couleurs, et interprétons ce qui est exclusivement la cause de *x* (*quod est praecise causa*) comme ce qui est cause à la fois nécessaire et suffisante de *x* (en fait, l'essentiel ici est bien la condition suffisante). Duns Scot semble commettre précisément l'erreur que Marilyn Adams dit qu'il ne fait pas : on peut très bien connaître la cause suffisante de *x* sans savoir que c'est la cause suffisante de *x*, et donc sans connaître *x*. Il s'agit de montrer une contradiction non pas entre deux propositions, mais entre deux opinions, c'est-à-dire entre deux qualités de l'âme. On ne sait toujours pas pourquoi, une fois appréhendés les termes d'une proposition connue par soi, l'intellect donne son assentiment.

Le texte présente le dilemme suivant. Si les termes de *A* sont la cause de la connaissance de *A*, leur simple présence suffit à expliquer la connaissance de *A*, et il n'y a aucun besoin de passer par un argument par une proposition contraire. Si au contraire les termes de *A* ne sont pas la cause de la connaissance de *A*, leur présence avec l'opinion contraire à *A* ne suffit pas à établir la coexistence de deux opinions contraires, puisqu'il n'y a précisément qu'une opinion.

L'argument du Docteur Subtil passe indûment de la cause de la vérité d'une proposition à la cause de la connaissance de cette proposition, alors qu'il sait qu'il doit établir la contradiction entre deux connaissances, et non pas entre deux propositions. Il semble que ce soit simplement un fait primitif, sans autre explication : comme les termes d'une proposition connue par soi causent de façon suffisante leur vérité, comprendre les termes est déjà comprendre que la proposition est vraie[1]. Si tel est le cas, la connaissance des termes est également une cause suffisante pour la

1. Un autre texte de Duns Scot s'approche de de cette solution : « Ad commentatorem dicendum quod pro tanto dicuntur naturaliter cognita a nobis, quia facta compositione simplicium terminorum, statim ex lumine naturali intellectus acquiescit vel adhaeret illi veritati. Tamen cognitio terminorum acquiritur ex sensibilibus, et ille intellectus dicitur habitus principiorum, quo adhaeremus primis principiis. », Jean Duns Scot, *Quaestiones subtilissimae super libros metaphysicorum Aristotelis*, G. Lauriolam (éd.), Bari, Alberobello, 1998, II, q. 1 (désormais cité *Super Met.*). Une suggestion de Marilyn Adams saisit une idée centrale dans la démarche scotiste, même si elle la présente de façon assez prudente : « Whatever Scotus may have thought, many contemporary philosophers would regard it as conceptually impossible that one should grasp the terms of a simple analytic proposition, formulate it, and yet deny it. For it would take a person's assent, or failure to assent, to such proposition as a criterion of a person understanding, or not understanding its terms. », M. Adams, *William Ockham, op. cit.*, p. 576. Une discussion ockhamienne sur la proposition *dubitabilis* dans l'*Ordinatio* n'est pas très loin de cette idée ; cf. *Ord. I*, q. 2, p. 82, l. 20-26. Alexander Broadie suggère cette interprétation pour des auteurs tardo-médiévaux dont la théorie est assez proche de celle d'Ockham ; cf. Broadie, A., « Assent and inference theory », dans K. Jacobi (éd.), *Argumentationstheorie*, Leiden, Brill, 1993, p. 645.

connaissance de la proposition, et pas seulement pour sa vérité. Mais alors pourquoi ne pas affirmer que la connaissance des termes et l'opinion opposée sont contradictoires formellement (*formaliter*)? Et, surtout, pourquoi avoir recours à l'argument des propositions contradictoires, puisqu'il s'agit d'expliquer seulement l'assentiment au premier principe, et non pas la cohérence du système des croyances? Comme Duns Scot le dit explicitement, la connaissance des termes n'est pas la cause de l'assentiment donné à la proposition. Comment y a-t-il alors une contradiction entre deux qualités de l'esprit? Le problème de l'argument scotiste se trouve dans l'opposition entre la connaissance des termes du principe connu par soi et l'assentiment à sa négation, là où il faudrait, comme il le sait[1], l'opposition entre l'assentiment à deux propositions contradictoires.

Le problème se situe dans le fait que, d'un côté, la connaissance des termes n'a aucune efficacité causale pour l'assentiment à la proposition, et de l'autre, il semble que l'on ne puisse se passer d'une certaine acceptation de la proposition à partir de la seule connaissance des termes. L'argument bascule entre une interprétation forte – la connaissance des termes mène à l'assentiment à la conclusion – et une interprétation faible – les termes sont seulement la cause de la vérité de la conclusion, mais leur connaissance n'a aucune efficacité causale pour l'assentiment à la conclusion. Si dans la première branche l'argument est superfétatoire et passe en sous-main une causalité réelle non justifiée, dans la deuxième branche l'argument serait utile et il n'y aurait pas de causalité importée illégalement, mais les prémisses sont trop faibles pour produire l'opposition voulue entre deux opinions, puisqu'il n'y a justement pas d'opinion correspondant à l'assentiment au premier principe.

Il est fondamental de bien distinguer la question logique ou sémantique de la question épistémologique, pour voir ce qui est en jeu. Retenons l'hypothèse que la compréhension que la proposition formée de tel et tel terme est vraie – la perception de la vérité (*perceptio veritatis*), selon l'expression scotiste – suit la formation même de la proposition comme un fait primitif. C'est un fait primitif parce qu'il n'y a pas de mécanisme qui l'explique, il n'est notamment pas réductible à une relation causale, mais

1. « Contra negantem primum principium non inducit Philosophus istud inconveniens quod "opiniones contrariae simul essent in anima" (hoc ipsi concederent sicut praemissam), sed inducit eis alia inconvenientia, manifestiora eis licet non in se. Sed recipientibus primum principium ostendit quomodo sit notum, quia ita quod "oppositum eius non possit venire in mentem", – quod probat, quia "tunc possent opiniones contrariae simul stare". Talis conclusio est ibi magis inconveniens quam hypothesis. », Jean Duns Scot, *Ord. I*, d. 3, pars 1, q. 4, p. 154, 15-p. 155, 6. Il s'agit bien d'une opposition entre opinions, et non pas entre une opinion et les termes ou les causes de vérité suffisantes pour l'opinion contraire.

découle directement de la rationalité de l'intellect et de la connaissance des termes. Ceci est moins problématique qu'il ne paraît, puisque la reconnaissance de ces principes étant commune à tous, elle est assurée par la nature – souvenons-nous qu'il s'agit du point de départ de l'argumentation générale contre Henri de Gand. C'est un fait de la nature humaine, de la nature rationnelle de l'homme, ou plutôt de n'importe quel intellect, humain ou angélique, et nous pouvons en faire l'expérience.

Duns Scot s'est en effet rendu compte que la seule notion de vérité de la proposition n'était pas suffisante : les termes sont la cause évidente de la vérité de la composition, la notion d'évidence semble bien jouer un rôle dans son raisonnement. Une première définition de l'évidence peut être : la proposition *p* est évidente si, et seulement si, l'appréhension de *p* est elle-même l'appréhension de la cause de la vérité de *p*. Cette définition ne semble pas correspondre tout à fait à l'usage scotiste. Ce qui est évident n'est pas la proposition, mais la cause de la vérité de la proposition. Je propose une autre définition : *x* est la cause évidente de la vérité d'une proposition *p* si, et seulement si, *x* est la cause de la vérité de *p* et l'appréhension de *p* est elle-même l'appréhension de *x*. Par extension, la proposition *p* sera évidente si, et seulement si, l'appréhension de *p* est l'appréhension de la cause de la vérité de *p*. Dans ce cas, on dira que *p* contient en soi la cause de sa vérité.

Cette définition semble plus proche des occurrences de "évident" et de "évidemment" dans le texte, et permet de justifier la séparation entre le jugement évident et celui dont l'origine se trouve dans les sens :

> Au contraire, je dis que si tous les sens d'où sont reçus de tels termes étaient faux, ou, ce qui mène à plus de tromperie encore, si certains étaient faux et certains vrais, l'intellect ne serait pas trompé en ce qui concerne de tels principes, puisqu'il aurait toujours en lui les termes qui seraient la cause de la vérité[1].

L'intellect jugera donc de façon évidente une proposition parce que la cause de la vérité de cette proposition se trouve dans ses termes, et ne dépend pas, par exemple, de l'expérience. Comme on ne peut pas former une proposition sans en appréhender les termes, la formation d'une proposition évidente est en même temps l'appréhension de ce qui la rend vraie. Il se trouve toutefois que ceci n'implique rien d'autre que le passage de l'appréhension de la cause suffisante de *x* (en l'occurrence, la vérité de la

1. « Immo dico quod si omnes sensus essent falsi, a quibus accipiuntur tales termini, vel quod plus est ad deceptionem, aliqui sensus falsi et aliqui sensus veri, intellectus circa talia principia non deciperetur, quia semper haberet apud se terminos qui essent causa veritatis. », Jean Duns Scot, *Ord. I*, d. 3, pars 1, q. 4, p. 141, 8-11 ; *Sur la connaissance de Dieu*, p. 180.

proposition) à l'appréhension de *x*, si l'on veut que l'usage de "évident" explique l'impossibilité d'avoir des opinions contraires au premier principe, et ce passage, comme le dit Marilyn Adams, est un paralogisme[1]. L'adjectif "évident" et les termes corrélatifs n'y changent rien, ils ne font que donner un nom à des situations où cela a lieu. L'intellect perçoit la vérité de la proposition dans ces cas; l'évidence est un terme primitif précisément parce qu'il n'y a pas d'explication pour cette perception, ou plutôt toute l'explication scotiste est sémantique, l'assentiment ou la connaissance suit des traits logiques de la proposition, ce qui fait de l'évidence un fait primitif du point de vue de l'épistémologie[2].

La dernière définition semble proche de l'usage scotiste, mais elle est surtout la description d'une situation épistémique particulière. On peut décrire les cas où telle ou telle proposition paraîtra évidente à tout intellect, si elle contient en soi sa cause de vérité, mais non pas proposer un processus quelconque qui explique pourquoi tout intellect le perçoit. Est évident ce qui s'impose à l'intellect – ce qui justifie l'application de la notion de "évident" au syllogisme parfait[3] – parce que la perception de la proposition ou des propositions en question est la perception de la cause de leur vérité, ou de la validité du raisonnement. Donner le nom de "évident" à certaines propositions ne résout pas les apories de l'argument scotiste. Il semble que l'on doive adopter l'interprétation forte de l'argument : on peut passer de la connaissance des termes à l'assentiment à une proposition évidente. Mais dans ce cas, il reste à expliquer pourquoi l'argument passe inutilement par la proposition opposée à une proposition évidente, en l'occurrence, le premier principe.

Outre les principes connus par soi, nous avons naturellement la certitude de ce que nous connaissons par expérience et de nos propres actes. Duns Scot traite d'abord d'un sujet qui deviendra central dans la théorie

1. M. Adams, *William Ockham*, *op. cit.*, p. 575.

2. Telle est l'explication d'A. Vos, qui ne semble toutefois pas se rendre compte de la différence entre une explication logique et une explication épistémologique : « Why can we be certain of *principles*? *Principles* are *self-evident* (per se nota) and they are self-evident, because the *terms of a principle* stand in a very specific logical relation to one another. The one term of a principle necessarily *includes* the other term in an evident way. (...) Given the logical relationship of *inclusion* of the term of a proposition, the propositions must be true and we see that it is necessarily true. », A. Vos, « Knowledge, certainty and contingency », dans E. P. Bos (éd.), *John Duns Scotus – Renewal in Philosophy*, Amsterdam, Rodopi, 1998, p. 81.

3. « Habitua certitudine de principiis primiis, patet quomodo habetibur de conclusionibus illatis ex eis, propter evidentiam formae syllogismi perfecti, – cum certitudo conclusionis tantummodo dependeat ex certitudine principiorum et ex evidentia illationis. », Jean Duns Scot, *Ord. I*, d. 3, pars 1, q. 4, p. 140, 12-15.

moderne de la connaissance, l'induction. Ce qui arrive dans beaucoup de cas peut être attribué à tous les cas, par le principe "tout ce qui arrive en plusieurs choses par une cause non libre est l'effet naturel de cette cause" (*quidquid evenit ut in pluribus ab aliqua causa non libera, est effectus naturalis illius causae*)[1]. Il est pour le moins douteux que cet argument impressionne tant soit peu un sceptique quant à ce genre de généralisation. Souvenons-nous toutefois que la cible de Duns Scot est seulement le scepticisme restreint d'Henri de Gand (ou seulement Henri de Gand, a-t-on envie de dire), et non pas des arguments aussi subtils que ceux d'un compatriote qui arrivera quelques siècles plus tard, David Hume.

La certitude ainsi obtenue est la plus faible (*ultimus gradus cognitionis scientificae*[2]), la séparation entre cause et effet, ou entre sujet et propriété, étant possibile, peut toujours se faire, et le savant (*expertus*) n'en aura qu'une connaissance de ce qui doit arriver par nature (*quia ita aptum natum est esse*)[3], et non pas de ce qui est nécessairement vrai.

Le troisième type de connaissable naturel sont nos propres actes[4]. Nous avons autant de certitude de nos propres actes que des premiers principes et des propositions connues par soi. Ce qui unifie les trois cas est l'impossibilité du doute, la certitude obtenue naturellement, universellement partagée, et qui offre donc des contre-exemples au scepticisme quant à la connaissance naturelle d'Henri de Gand.

Si dans l'examen de l'évidence des principes connus par soi le Docteur Subtil traite de la cause de la vérité, et non pas de la cause de la connaissance, cette dernière idée ne lui est pas étrangère, comme on peut lire dans sa définition de "science" (*scientia*) :

> … la science au sens strict inclut quatre [conditions], à savoir : qu'elle soit une connaissance certaine, dénuée d'erreur et de doute ; en deuxième lieu, qu'elle traite d'une connaissance nécessaire ; en troisième lieu, qu'elle soit causée par une cause évidente à l'intellect ; en quatrième lieu, qu'elle soit appliquée au connu par un syllogisme ou un discours syllogistique[5].

1. Jean Duns Scot, *Ord. I*, d. 3, pars 1, q. 4, p. 141, 18-p. 142, 9. *Sur la connaissance de Dieu*, p. 181.
2. Jean Duns Scot, *Ord. I*, d. 3, pars 1, q. 4, p. 144, 6.
3. Jean Duns Scot, *Ord. I*, d. 3, pars 1, q. 4, p. 144, 10.
4. Jean Duns Scot, *Ord. I*, d. 3, pars 1, q. 4, p. 144, 11-p. 146, 10.
5. « … scientia stricte sumpta quattuor includit, videlicet : quod sit cognitio certa, absque deceptione et dubitatione ; secundo, quod sit de cognitio necessario ; tertio, quod sit causata a causa evidente intellectui ; quarto, quod sit applicata ad cognitum per syllogismum vel discursum syllogisticum. », Jean Duns Scot, *Ordinatio*, Prologus, éd. Baliæ, Civitas Vaticana, Typis Polyglotis Vaticanis, 1950, Pars 4, q. 1, p. 141, 10-15 (désormais cité *Ord. Prol.*).

La troisième condition, que la science soit causée par une connaissance évidente à l'intellect, et la quatrième, la connaissance par le syllogisme, retiennent l'idée d'un type spécifique de cause comme caractéristique de la connaissance. Le rôle joué par la cause est celui de la justification, dans le schéma qui identifie le savoir à la croyance vraie justifiée. La vérité est présente dans la première condition, et est ensuite suivie par une exigence plus forte, la nécessité. La cause de la connaissance permettra de séparer la *scientia* d'une croyance vraie à laquelle nous adhérons par une autre connaissance qui n'est pas évidente; comme il apparaît dans le refus de la subordination thomiste de la science humaine à la science de Dieu et des bienheureux, l'adhésion à une proposition vraie n'est pas suffisante pour constituer un savoir[1].

Comme chez Grosseteste, la structure syllogistique est doublée d'une condition causale portant sur la connaissance elle-même, et non pas sur ce qui est connu : la science doit être causée d'une certaine façon. La cause apparaît ici dans un contexte plus précis, elle remplit la fonction de la justification dans la séparation entre le savoir et l'opinion vraie. Il est indispensable que la cause de l'assentiment soit évidente, si elle doit jouer ce rôle. On peut en effet penser que l'assentiment à une proposition vraie peut avoir plusieurs causes, mais que toutes les causes ne font pas l'affaire – par exemple, il peut être causé par l'adhésion à une proposition à laquelle nous adhérons par simple opinion. Si la cause de la connaissance correspond à la justification du savoir, l'évidence de cette cause peut bien correspondre à un renforcement de la troisième condition. Si l'importance de l'évidence est patente, elle n'est pas pour autant expliquée. Comme dans le cas des premiers principes, nous ne savons toujours pas ce qui est une cause évidente, mais seulement le rôle qu'elle doit jouer.

Un mécanisme causal apparaît aussi dans la description de la connaissance des propositions contingentes connues par les sens :

Cf. aussi : « Ultimum, videlicet causatio scientiae per discursum a causa ad scitum, includit imperfectionem, et etiam potentialitatem intellectus recipientis. Ergo theologia in se non est scientia quantum ad ultimam condicionem scientiae; sed quantum ad alias tres condiciones est scientia in se et in intellectu divino. », Jean Duns Scot, *Ord. Prol.*, Pars 4, q. 1, p. 141, 16-142, 4.

1. « Subalternatio autem requireret quod notitia principiorum scientiae superioris esset causa notitiae principiorum scientiae inferioris. », Duns Scot, *Ord. Prol.*, Pars 4, q. 1, p. 148, 9-11. Voir aussi le texte scotiste dans E. P. Bos, « A scotistic discussion of « *Deus est* » as a *propositio per se nota* – an edition with an introduction », *Vivarium* 33, 1975, p. 219.

> Toutefois, la vision des extrêmes d'une vérité contingente et leur union cause nécessairement la certitude évidente d'une telle vérité évidente[1].

L'assentiment certain et évident à une proposition contingente est causé nécessairement par la vision des extrêmes, c'est-à-dire par la connaissance des termes, ou encore par la connaissance de ce qui est signifié ou de ce pour quoi les termes supposent, et par la formation de la proposition. La voie atomiste qui lie la connaissance des termes à l'assentiment à la proposition précise les conditions dans lesquelles ce processus a lieu. L'assentiment s'impose à l'intellect, puisqu'il a lieu nécessairement. Il n'est pas sans intérêt de remarquer que ce passage apparaît dans un texte concernant les propositions contingentes. Si l'extension du savoir à un domaine non nécessaire, comme le prétend A. Vos[2], peut sembler douteuse à la lumière des textes qui incluent le nécessaire comme condition du savoir[3], l'identification d'un processus central dans la description de la connaissance, commun aux propositions contingentes et aux propositions nécessaires, est très importante. Sans doute est-il plus prudent de parler de plusieurs sens de "savoir", ce que font d'autres auteurs médiévaux, dont notamment Robert Grosseteste[4]. Même si cette association n'est pas explicite, comme ce sera le cas dans la connaissance évidente ockhamienne, elle permet de dessiner un cadre cohérent pour la théorie scotiste.

Une telle association est d'autant moins arbitraire qu'au moins deux fois Duns Scot dit qu'une proposition contingente peut être connue par soi à partir des termes (*ex terminis*), de sorte que l'intellect ne peut refuser l'assentiment, sous peine de tomber dans une contradiction[5]. L'explication unifiée des propositions nécessaires et des propositions contingentes connues par les sens ne se trouve pas dans le texte de Duns Scot lui-même. Un développement intéressant de l'approche scotiste se trouve dans un

1. « Visio autem extremorum veritatis contigentis et unionis eorum necessario causat evidentem certitudinem de tali veritate evidente. », Jean Duns Scot, *Ord. Prol.*, pars 4, q. 1, p. 145, 10-12.

2. Cf. A. Vos, art. cit., p. 87.

3. Cf. Jean Duns Scot, *Ord. Prol.*, pars 4, q. 1, p. 141, 10-15.

4. L'extension du savoir aux propositions contingentes envisagée ici par Duns Scot n'est en effet pas différente de celle proposée par Grosseteste, qui ne concerne qu'un sens faible de "savoir" ; cf. section 3.1.

5. « Intellectus habet istam propositionem quiescentem : "nullum durius frangitur tactu alicuius mollis sibi cedentis". Haec est ita per se nota ex terminis quod, etiam si essent accepti a sensibus errantibus, non potest intellectus dubitare de illa, immo oppositum includit contradictionem. », Jean Duns Scot, *Ord. Prol.*, pars 4, q. 1, p. 147, 15-19 ; « … ita ista "homo est albus" non est per se nota si non sit per se notum hominem et album per coniungi actu … », Jean Duns Scot, *Ord. Prol.*, pars 4, q. 1, p. 142, 8-10.

texte du milieu du XIVe siècle[1], qui nie que les propositions connues par les sens soient connues par soi, si ce n'est dans un sens très large.

Selon ce maître scotiste, des propositions comme "la neige est blanche" sont connues sans hésitation, on ne peut en douter, mais elles ne sont pas pour autant évidentes. Ainsi, même si l'on ne peut douter de la proposition "le soleil est lumineux", elle n'est pas connue par soi, puisque Dieu peut détruire la lumière et maintenir la substance du soleil[2]. Dans les propositions connues par soi,

> ... la composition de la proposition ou la perception de ses évidences et de ses non évidences vient seulement de l'intellect, et non pas de la part des sens[3].

Dans une proposition connue par soi, aussi bien la cause de sa vérité que la perception de sa vérité se trouvent à l'intérieur de l'intellect. Ce qui disqualifie les propositions connues par les sens n'est pas la possibilité du doute, mais la possibilité de la séparation entre l'objet extérieur et sa perception. Remarquons que l'assentiment s'impose à l'intellect dans les deux cas et, même si ce trait est insuffisant pour que les propositions connues par les sens soient connues par soi, il n'en reste pas moins qu'un mécanisme cognitif commun est reconnu par l'auteur. L'argument ancre la notion de proposition connue par soi dans un contexte augustinien de réfutation du scepticisme, comme chez Duns Scot lui-même, leur trait distinctif étant la présence de la cause de la vérité à l'intérieur de l'intellect.

Cette présentation des propositions connues par soi était déjà annoncée dans les deux sens d'"évidence" (*evidentia*), le sens formel (*formalis*) et le sens originel (*originalis*). Au premier sens, l'évidence est la perfection et la forme de la proposition vraie – toute proposition vraie est formellement évidente. Seules les propositions connues par soi sont toutefois évidentes au sens originel, puisqu'elles seules sont évidentes intrinsèquement et à partir de ses parties propres (*intrinsece et ab intrinseco*)[4], c'est-à-dire des

1. Sur ce texte, cf. E. P. Bos, « A scotistic discussion of *Deus est* as a self-evident proposition », dans C. Marmo (éd.), *Vestigia, Imagines, Verba*, Brepols, 1997, p. 409-425.

2. « Unde, quamvis, cum videmus occulta fide solem lucentem, non possimus ipsum negare esse lucidum, hec tamen propositio "sol est lucidus" non est per se nota. Potest enim, manente substantia solis, Deus destructere lucem eius. ... Proprie ergo loquendo, possunt huiusmodi propositiones dici recte et vere, sed non per se note. », E. P. Bos, « A scotistic discussion of « *Deus est* » as a *propositio per se nota* – an edition with an introduction », art. cit., p. 209.

3. « ... non ex parte sensus, sed solum intellectus provenit vel compositio propositionum vel perceptio suarum evidentiarum vel non evidentiarum. », E. P. Bos, *ibid.*, p. 209.

4. « Prima est in omni propositione vera, quia nulla propositio vera est que non habeat in se formaliter suam evidentiam tamquam eius perfectionem et formam, quia evidentiam est

termes. Alors que le premier sens d'"évidence" ne présente pas beaucoup d'intérêt, étant commun à toutes les propositions vraies, le deuxième sens montre comment se construit la notion de proposition connue par soi. Toute proposition vraie a comme évidence ce qui la rend vraie. Ce qui est propre aux propositions connues par soi est que ce qui les rend vraies est contenu dans la proposition même. Telle est précisément l'idée de Duns Scot sur ce type de proposition. Reprenons notre définition de l'évidence selon Duns Scot : x est la cause évidente de la vérité d'une proposition p si, et seulement si, x est la cause de la vérité de p et l'appréhension de p est elle-même l'appréhension de x. Comme je l'avais remarqué, la proposition p sera donc évidente si, et seulement si, l'appréhension de p est l'appréhension de la cause de la vérité de p, donc si, et seulement si, p contient en soi-même et intrinsèquement la cause de sa vérité, à peu près ce que dit ce maître scotiste du sens originel de l'évidence.

En fait, toutes les propositions qui ont leur évidence formellement (*formaliter*) à partir des termes ne sont pas connues par soi, comme le dit la suite du texte, mais

> … une proposition originairement connue par soi ne doit pas seulement avoir en soi et intrinsèquement une telle connaissance et une telle évidence en tant que sa forme, mais elle requiert également qu'une telle évidence et une telle connaissance n'aient pas leur origine ailleurs, ou ne soient pas causées par quelque chose d'extrinsèque qui ne soit pas contenu dans la proposition[1].

Il s'agit en quelque sorte d'un renforcement de cette exigence d'intériorité qui se trouve déjà chez Duns Scot.

L'idée que l'évidence qualifie une relation entre les termes perçue par l'intellect se trouve dans la lecture de Duns Scot par Adam de Wodeham :

perfectio et forma propositionis vere, et est in illa ut in subiecto et intrinsece causa perficiens; non tamen semper habetur ab intrinseco, sed solum in propositione per se nota. Et ideo est alia evidentia que dicitur originalis, scilicet que habetur intrinsece et etiam ab intrinseco, scilicet ex rationibus formalibus vel natura suorum terminorum qui sunt intrinseci cuilibet propositioni sicut partes eius integrales. Unde quia termini propositionis ex quibus propositio integratur, sunt partes integrales eius et ita sibi intrinseci, ideo quicquid convenit sibi ratione terminorum, dicitur convenire sibi per se ab intrinseco et non per aliud nec ab extrinseco. Et ideo dicit Scotus signanter quod propositio per se nota est que ex terminis propriis qui sunt aliquid eius, habet evidentem veritatem. », E. P. Bos, *ibid.*, p. 207. Cf. Jean Duns Scot, *Ord. I*, d. 2, pars 1, q. 1, p. 133, 8-134, 2.

1. « … propositio originaliter per se nota non solum requiritur habere in se et intrinsece talem notitiam et evidentiam tamquam suam formam, sed etiam requirit quod talis evidentia ac notitia non originetur sive causetur aliunde sive ab aliquo extrinseco quod non continentur in illa propositione. », E. P. Bos, *ibid.*, p. 207.

> ... en raison de la relation évidente des termes, l'intellect composant perçoit immédiatement que l'acte de composition est conforme à l'être des composés[1].

Il s'agit bien de la perception par l'intellect de la conformité de la composition, perception, qui plus est, immédiate. C'est la relation entre les termes qui est évidente (*evidentem terminorum habitudinem*), il n'y a aucune relation causale, ni aucun autre mécanisme cognitif explicatif. Comme nous l'avions déjà vu chez Duns Scot, une relation sémantique est évidente et apparaît comme telle à l'intellect, il s'agit d'un terme primitif de la théorie de la connaissance.

Une piste pour la compréhension et peut-être pour l'origine de cette perception immédiate de la vérité vient d'un autre oxonien du XIVe siècle, le scotiste Jean de Reading. Dans un passage où il dit que la connaissance des conclusions est causée par la connaissance des principes, suivant Aristote lu par Grosseteste, on lit que, selon Alhazen,

> ... dans ces cas, il y a démonstration, bien que dans un temps imperceptible, et cela du moins si l'on suppose ce que lui-même suppose, que la conclusion ne peut être connue scientifiquement si le principe n'est pas connu simultanément[2].

Il est remarquable que la cause de l'assentiment et le raisonnement semblent être un seul et même processus, et Reading lui-même s'y trompe, en le limitant aux premiers principes[3]. Comme dans un raisonnement, nous passons des prémisses à la conclusion, mais ce processus a lieu dans un temps imperceptible. L'assentiment à un principe premier et à la conclusion d'un raisonnement se fait par un processus spécifique. On se souvient comment le manque d'une causalité épistémique rendait difficile la tâche de Duns Scot d'expliquer l'acceptation des premiers principes : ce problème ne se poserait pas si l'on associait les deux schémas, de justification épistémique et de cause d'assentiment, ce que semble faire ici Reading et ce que fait Ockham. Mais avant de passer à Ockham,

1. « ... propter evidentem terminorum habitudinem intellectus componens statim percipit actum componendi esse conformem entitati compositorum. », Adam Wodeham, dans G. Gál, « Adam of Wodeham's question on the « complexe significabile » as the immediate object of scientific knowledge », *Fransciscan Studies* 37, 1977, p. 80.

2. « ... in talibus est demonstratio, quamvis in tempore inperceptibili et hoc saltem supponendo illud quod ipse supponit, quod conclusio non potest scientifice cognosci nisi simul cognoscatur principium. », Jean de Reading, *op. cit.*, Prol., q. 10, p. 198, 16-19.

3. K. H. Tachau, « What senses and intellect do : argument and judgement in late medieval theories of knowledge », dans K. Jacobi (éd.), *Argumentationstheorie – Scholastische Forschungen zu logischen und semantische Regeln Korrekten Folgerns*, Leiden, Brill, 1993, p. 663.

j'examinerai la théorie indiquée par Reading comme une source de l'approche scotiste, celle d'Alhazen.

ALHAZEN ET LE RAISONNEMENT IMPERCEPTIBLE

Ibn Al-Haytham, ou Alhazen, selon la forme latine, né en 965 à Bassorah et mort au Caire autour de 1040, s'est illustré dans plusieurs domaines, comme la logique, la politique, la théologie ou la poésie. Seules sont restées de lui toutefois les œuvres d'astronomie, de mathématique et d'optique[1]. Il est la plus importante source pour ce dernier domaine pour le monde médiéval latin, notamment par son *Optique*, traduite en latin comme *Perspectiva* ou *De aspectibus*, à la fin du XIIe siècle ou au début du XIIIe siècle[2]. En développant sa théorie de la vision, il offre une importante théorie de la connaissance des premiers principes.

1. « Alhazen ranks with Ptolemy and Kepler as an architect of scientific optics. In his explorations of the physics, physiology and psychology of vision he stands comparison intellectually with Descartes and Helmholtz », A. C. Crombie, *Science, optics and music in medieval and early modern thought*, London-Ronceverte, Hamblendon, 1990, p. 189. Sur la théorie de la vision d'Alhazen, cf. G. Frederici Vescovini, « La Dottrina ottico-gnoseologica del « De Aspectibus » di Alhazen », dans *Studi sulla Prospettiva medievale*, Torino, G. Giappichelli, 1965, p. 113-135; G. A. Russell, « La Naissance de l'optique physiologique », dans R. Rashed (éd.), *Histoire des sciences arabes*, vol. 2, Paris, Seuil, 1997, p. 334-354; Rashed, R., « L'Optique Géométrique », dans R. Rashed (éd.), *Histoire des sciences arabes*, vol. 2, Paris, Seuil, 1997, p. 309-316; Sabra, A., « Sensation and inference in Alhazen's theory of visual perception », dans P. Machamer et R. G. Turnbull (éds.), *Studies in perception*, Columbus, Ohio State University Press, 1978, p. 160-185. Sur sa vie et l'ensemble de son œuvre, cf. A. Sabra, « Ibn Al-Haytham », dans *Dictionary of scienfic biography*, t. VI, New York, Charles Scribner's Sons, 1972, p. 189-210 et « Preface » et « Introduction » dans Alhazen, *The Optics of Ibn Al-Haytham*, London, The Warburg Institute, 1989, t. II, p. XI-CX.

2. Le cœur de sa théorie de la vision est exposé dans le chapitre 6 du livre I, ou le chapitre 5 du livre I, dans l'incomplète version latine; cf. A. Sabra, « Introduction », dans Alhazen, *The Optics of Ibn Al-Haytham*, London, The Warburg Institute, 1989, t. II, p. LXXVI-LXXIX. Sur l'influence de l'optique d'Alhazen dans le monde latin, outre les travaux de A. Sabra cités ci-dessus, cf. D. C. Lindberg, « Alhazen's theory of vision and its reception in the West », *Isis* 58, 1967, p. 321-341 et « La réception occidentale de l'optique arabe », dans R. Rashed (éd.), *Histoire des Sciences arabes*, vol. 2, Paris, Seuil, 1997, p. 355-367; K. H. Tachau, *Vision and Certitude in the Age of Ockham*, Leiden, Brill, 1988, p. 3-26 et art. cit. Pour une comparaison entre les théories optiques anciennes et médiévales et les théories modernes, et la place d'Alhazen dans cette histoire, cf. l'article de 1967 de A. C. Crombie, « The mechanistic hypothesis and the scientific revolution », dans Crombie, *op. cit.*, p. 175-284; cf. aussi, sur la théorie optique de Roger Bacon, largement dépendante de celle d'Alhazen, G. B. Matthews, « A medieval theory of Vision », dans P. K. Machamer, et R. G. Turnbull, *Studies in Perception*, Columbus, Ohio State University Press, 1978, p. 186-199. Sur l'influence d'Alhazen sur d'autres auteurs médiévaux, cf.; V. Sorge, « L'influenza di Alhazen sulla

La partie sensitive de l'œil, l'humeur cristalline, perçoit des points ou des formes [1], agrégats de lumière et de couleur, transmis de l'objet à l'œil à travers un corps, ou des corps transparents, à l'extérieur et dans l'œil. Plus précisément, sont perçus les agrégats qui rentrent dans le cristallin par une ligne perpendiculaire à sa surface, formant un cône dont le sommet est le centre de l'œil et la base les différents objets formant le champ visuel [2]. La sensation produite dans le cristallin s'étend dans le nerf jusqu'à la partie antérieure du cerveau, où la dernière sensation a lieu. Il est plus exact de dire que les objets sensibles sont perçus par la faculté sensitive de l'âme, dans un processus qui va des formes visibles de l'objet reçues par l'œil, passant par le nerf optique, jusqu'à la partie antérieure du cerveau, qui est l'*ultimum sentiens* [3].

La vision d'un objet ne peut toutefois se faire sans l'activité de l'esprit sur les formes reçues par le cerveau. Il y a une sélection des formes qui s'opère déjà dans l'œil : seules les formes qui pénètrent en lui par des lignes perpendiculaires sont reçues. La réception des formes par un organe sensible (*membrum sentiens*) et par un corps transparent inanimé ne se fait pas de la même manière [4]. Cette sélection est essentielle pour la correspondance point par point entre l'objet visible et l'image dans l'œil.

dottrina della visione in Biagio Pelacani da Parma », dans G. Federici Vescovini (éd.), *Filosofia e Scienza Classica, Arabo-latina Medievale e l'Età Moderna*, Louvain-la-Neuve, Fédération Internationale des Instituts d'Études Médiévales, p. 113-127, et C. Bolyard, « Knowing *naturaliter* : Auriol's propositional foundations », *Vivarium* 38, 2000, p. 162-176.

1. Sur cet usage de "forme" – traduction de l'arabe "*sura*", traduit en latin par "*forma*" –, cf. le commentaire de Sabra dans Alhazen, *The Optics of Ibn Al-Haytham*, translation, introduction and commentary by A. Sabra, 2 vols, London, The Warburg Institute, 1989, vol. 2, p. 68-70 (désormais cité *Optics*).

2. « Iam ergo declaratum est ex omnibus, que diximus, quod visus non sentit lucem et colorem, que sunt in superficie rei visae, nisi per formam extensam a superficie rei vise ad visum per corpus diaphanum medium inter visum et rem visam : et quod visus nihil comprehendit ex formis, nisi ex verificationibus linearum rectarum, quae intelliguntur extensae inter rem visam et centrum visus tantum, que sunt perpendiculares super omnes superficies tunicarum visus. », Alhazen, *Opticae thesaurus Alhazeni Arabis libri septem*, Basel, Risner, 1572, I, 23, p. 15 (désormais cité *Optica*) ; *Optics*, I, 6, 46, p. 77. Pour chaque texte latin cité, je donnerai aussi la référence à la traduction anglaise par Sabra du passage correspondant du texte arabe.

3. « Deinde iste sensus, qui cadit in glacialem, extenditur in nervo optico, et venit ad anterius cerebri, et illic est ultimus sensus, et sentiens ultimum, quod est virturs sensitiva, que est in anteriori cerebri. Et ista virtus comprehendit sensibilia : visus autem non est, nisi quodam istrumentum istius virtutis : quoniam visus recipit formas rerum visarum, et reddit eas sentienti ultimo, et sentiens ultimum comprehendit istas formas, et comprehendit ex eis res visibiles, que sunt in ei. », Alhazen, *Optica*, I, 27, p. 16 ; *Optics*, I, 6, 68, p. 84.

4. « Membrum vero sentiens, scilicet glacialis, non recipit formam lucis et coloris sicut recipit aer et alia diaphana non sentientia, sed secundum modum diversum ab illo modo : Quoniam istud membrum est praeparatum ad recipiendum istam formam : recipit ergo istam,

Le travail du raisonnement sur la sensation s'opère dans le passage de la perception de la couleur et de la lumière des formes à la perception de l'ensemble des propriétés de l'objet, « la configuration, la position, la taille, le mouvement et autres » (*figuram, et situm, et magnitudinem, et motum, et alia*)[1]. La perception des similarités entre les objets se doit aussi au raisonnement : comme il n'y a pas de forme de la similarité, sa perception n'est pas obtenue par la pure sensation, mais est plutôt le résultat de la comparaison des formes reçues[2]. De même, la transparence d'un corps n'est pas perçue par les seuls sens, mais par le jugement et l'inférence[3]. De la même façon, la reconnaissance (*cognitio*) qu'un homme est un homme, qu'un cheval est un cheval, ou que Socrate est Socrate (*hominem esse hominem, equum equum, et Socratem esse Socratem, quando viderit illum prius*)[4], n'a pas lieu en vertu de la sensation pure, mais par un type d'inférence. Dans le cas de la reconnaissance, l'inférence se fait par la perception des signes, et il n'est pas nécessaire de percevoir toutes ou même la plupart des propriétés de l'objet[5]. En fait, il y a différents cas de figure possibles : un mot peut tantôt être perçu par inférence à partir de la perception de quelques lettres, pour un mot connu[6], tantôt par l'examen de toutes les lettres, dans le cas

quatenus est sentiens, et quatenus est diaphanum. », Alhazen, *Optica*, I, 30, p. 17 ; *Optics*, II, 2, 11, p. 117. Sur ce point, cf. *Optics*, vol. 2, p. 74-76.

1. Alhazen, *Optica*, II, 10, p. 30.

2. « Et cum ita sit, comprehensio ergo sensus visus a consimilitudine formarum, et diversitate illarum, non est per solum sensum, sed per comparationem formarum inter se. », Alhazen, *Optica*, II, 10, p. 30 ; *Optics*, II, 3, 1-12, p. 126-127.

3. « Et similiter diaphanitas cuiuslibet corporis diaphani, non comprehenditur a visu, nisi postquam comprehensum fuerit corpus aut lux, quae est *a posteriori* eius, et comprehendatur insuper per distinctionem, quod illud, quod appareat *a posteriori*, est diversum a corpore diaphano : comprehensio autem eius, quod illud, quod est *a posteriori* corporis diaphani, est diversum ab illo corpore, non est comprehensio solo sensu, sed est comprehensio per rationem. Et eum diaphanitas non comprehendatur nisi per signationem, ergo non comprehendetur, nisi distinctione et ratione. », Alhazen, *Optica*, II, 10, p. 30; *Optics*, II, 3, 13-14, p. 127-128.

4. Alhazen, *Optica*, II, 10, p. 31 ; *Optics*, II, 3, 18, p. 128.

5. « Et comprehensio similitudinis est comprehensio per rationem, quoniam non est, nisi ex comparatione unius forme ad alteram. Cognitio ergo non est, nisi modus rationis. Sed ista ratio distinguitur ab omnibus rationibus : quoniam cognitio non erit per inductionem omnium intentionum, quae sunt in formae, sed per signa. Cum ergo visus comprehendit aliquam intentionum, quae sunt in forma, et fuerit memor primae formae, statim cognoscet formam, et non est ita omne, quod comprehendit per rationem : quoniam plura eorum, que comprehenduntur per rationem, non comprehenduntur, nisi post inductionem omnium intentionum, quae sunt in eis. », Alhazen, *Optica*, II, 11, p. 31. *Optics*, II, 3, 22, p. 129.

6. « Quoniam scriptor quando momento aspexerit formam a b c, statim comprehendet, quod est a b c, ex apprehensione ergo eius, quod a est praecedens, et c ultimum, comprehendet, quod est a b c. Et similiter si viderit (DOMINUS) scriptum, statim comprehendet

d'un mot rare, un même mot pouvant passer d'un cas à l'autre[1]. Ce travail d'inférence n'est pas fait par la vision, mais par la vertu distinctive (*virtus distinctiva*) :

> Et de même, beaucoup de choses visibles, quand on considérera la qualité de leur compréhension, ne sont pas saisies (*comprehenduntur*) seulement par les sens, mais par la raison et le discernement (*distinctio*). Et ainsi, tout ce qui est saisi par la vision n'est pas saisi seulement par les sens, mais beaucoup d'intentions (*intentiones*) visibles sont saisies par la raison et par le discernement, avec la perception de la forme vue. La vision toutefois n'a pas de vertu distinctive, or la vertu distinctive distingue ces choses... [2].

C'est la constitution même de l'objet de la perception, comme le remarque A. Sabra[3], qui dépend de ce processus inférentiel. La pure sensation ne peut offrir que les lumières et les couleurs, et l'objet perçu n'est pas identique à ces formes, ou même à un agrégat de ces formes. Ce travail de la vertu distinctive n'agit pas seulement dans la détermination du prédicat sortal (*sortal predicate*) attribué à l'objet, mais aussi dans la perception de sa configuration, de la distance à laquelle il se trouve, de sa taille, bref, dans sa constitution même comme objet[4].

Ces inférences qui constituent l'objet de la perception, décrites dans le vocabulaire du raisonnement, ne sont pas perçues en vertu de leur rapidité :

> Et beaucoup d'intentions visibles, qui sont saisies par la raison et le discernement, sont saisies dans un temps très court (*in tempore valdo parvo*), et il n'apparaît pas que leur saisie se fait par la raison et le discernement, en vertu de la rapidité de la raison (*propter velocitatem rationis*) par laquelle on saisit ces intentions. Puisque la configuration, la grandeur et la transparence d'un corps, et des propriétés semblables, sont saisies dans

ipsum per cognitionem et consuetudinem. », Alhazen, *Optica*, II, 11, p. 31 ; *Optics*, II, 23, p. 129-130.

1. Cf. Alhazen, *Optics*, II, 3, 30, p. 132.

2. « Et similiter multae res visibiles, quando considerabitur qualitas comprehensionis illarum, non comprehenduntur solo sensu, sed ratione et distinctione. Et cum ita sit, non ergo omne, quod comprehenditur a visu, comprehenditur solo sensu : sed multae intentiones visibiles comprehenduntur per rationem et distinctionem cum sensu forma visae. Visus autem non habet virtutem distinguendi, sed virtus distinctiva distinguit istas res ... », Alhazen, *Optica*, II, 10, p. 31., *Optics*, II, 3, 20, p. 129.

3. « Strictly speaking, however, there is no vision of the object without the concurrence of certain mental operations that is the aim of the book II to expound. », A. Sabra, « Sensation and inference in Alhazen's theory of visual perception », art. cit., p. 161.

4. Pour un excellent examen des théories contemporaines de la perception comme inférence, qui peut aider à en voir plus clairement les enjeux conceptuels, cf. J. Bouveresse, *Langage, Perception et Réalité*, Jacqueline Chambord, 1995, surtout le deuxième chapitre, « La perception comme inférence », p. 232-304.

> la majeure partie à partir des intentions qui sont dans les choses visibles par une saisie très rapide, on ne saisit pas que leur compréhension se fait par la raison. Et comme la saisie de ces intentions se fait par la raison, elle se fait seulement par leur caractère manifeste et par l'habitude (*consuetudinem*) qu'a la vertu distinctive envers ces intentions[1].

La perception n'est pas le seul cas de raisonnement non perçu « en vertu de la rapidité » (*propter velocitatem*) :

> Et de même dans l'argumentation et dans tous les raisonnements dont les propositions sont universelles et manifestes, la vertu distinctive n'a pas besoin de beaucoup de temps pour saisir leur conclusion, mais une fois dans l'intellect, la conclusion de la proposition est immédiatement appréhendée[2].

Si les prémisses sont présentes à l'esprit, la faculté de jugement saisit immédiatement la conclusion, c'est-à-dire, l'accepte comme vraie.

Le processus par lequel l'esprit arrive à la conclusion dans les inférences rapides n'est pas le même que dans les syllogismes conscients :

> Et la cause en est que la vertu distinctive n'argumente pas (*non arguit*) par composition et mise en ordre des propositions, comme une argumentation est composée de termes, parce qu'un argument qui conclut sera selon les mots et l'organisation des propositions, alors qu'un argument de la vertu distinctive n'est pas ainsi, puisque la vertu distinctive saisit la conclusion sans le besoin des mots, ni de la mise en ordre des propositions et des mots (*sine indigentia in verbis, et sine indigentia ordinationis propositionum, et ordinationis verborum*). Parce que la mise en ordre des mots d'un argument n'est pas autre chose que le mode de la qualité de la saisie qu'a la vertu distinctive de la conclusion. Mais la saisie de la vertu distinctive de la

1. « Et plures intentiones visibilium, quae comprehenduntur per rationem et distinctionem, comprehenduntur in tempore valdo parvo, et non apparet, quod comprehensio earum fit per rationem et distinctionem, propter velocitatem rationis, per quam comprehenduntur istae intentiones. Quoniam figura, et magnitudo, et diaphanitas corporis, et similia, ex intentionibus, quae sunt in rebus visibilius, comprehenduntur in maiori parte comprehensione valde veloci, et non comprehenditur tunc, quod comprehensio earum fit per rationem. Et cum comprehensio istarum intentionum est per rationem, non est, nisi per manifestationem positionum illarum, et per consuetudinem virtutis distinctivae ad istas intentiones. », Alhazen, *Optica*, II, 12, p. 31 ; *Optics*, II, 3, 26, p. 130-131.

2. « Et similiter in argumentatione et omnibus rationibus, quarum propositiones sunt universales et manifestae, non indiget virtus distinctiva aliquanto tempore in comprehendendo illarum conclusiones, sed apud intellectum statim propositionis intelligetur conclusio. », Alhazen, *Optica*, II, 12, p. 32 ; *Optics*, II, 3, 27, p. 131.

conclusion n'a besoin ni du mode de la qualité ni de l'ordre de la qualité de la saisie[1].

La description du raisonnement dans un temps imperceptible (*in tempore insensibili*) par un syllogisme correspond à un processus réel, mais aussi à un rapport de justification entre les prémisses et la conclusion. On pourrait être tenté de dire qu'un même syllogisme peut avoir différentes occurrences dans l'intellect, mais il n'est pas clair quel statut qu'il faut accorder à l'occurrence des prémisses dans le raisonnement non perçu – il s'agit d'un raisonnement non linguistique, qui se fait sans le besoin des mots (*sine indigentia in verbis*)[2]. La différence de vitesse dans l'exécution, qui pourrait sembler la seule différence entre les deux types de raisonnement, semble correspondre à une différence plus importante dans les mécanismes cognitifs à l'œuvre dans la connaissance d'un raisonnement perçu et d'un raisonnement non perçu.

En effet, le comportement que l'esprit peut avoir vis-à-vis de ces deux cas n'est pas le même. Un syllogisme non perçu ne peut être sous le contrôle de l'intellect – comment contrôler un raisonnement dont on ne se rend pas compte? Comment refuser d'accepter la conclusion d'un syllogisme, si l'on ignore le raisonnement qui y a mené, si l'on ne sait même pas qu'il s'agit de la conclusion d'un raisonnement? Ce type de proposition paraîtra

1. « Et causa in hoc est, quod virtus distinctiva non arguit per compositionem et ordinationem propositionis, sicut componitur argumentatio per vocabula. Quoniam argumentum, quod concludit, erit secundum verbum, et secundum ordinationem propositionum : argumentum autem virtutis distinctivae non est ita, quoniam virtus distinctiva comprehendit conclusionem sine indigentia in verbis, et sine indigentia ordinationis propositionum, et ordinationis verborum : quoniam ordinatio verborum argumenti non est, nisi modus qualitatis comprehensionis virtutis distinctivae a conclusione : Sed comprehensio virtutis distinctivae ad conclusionem non indiget modo qualitatis, nec ordine qualitatis comprehensionis. », Alhazen, *Optica*, II, 12, p. 32. Le traduction anglaise du texte arabe correspondant à ce passage fondamental est bien plus claire, le texte n'étant pas tout à fait le même : « The reason for this is that the faculty of judgement does not syllogize by ordering and composing(and repeating the premisses as in the verbal ordering of a syllogism. For a productive syllogism is not verbally a syllogism without the ordering or premisses: for example, this thing can write, and everything that can write is a man, therefore this thing is a man. Thus by means of this ordering, the words are turned into a syllogism and the conclusion is made to follow. Had the words not been ordered in this way, the conclusion would not have been produced. But such is not the syllogisme performed by the faculty of judgement, for that faculty perceives the conclusion without the need for repeating and ordering the premisses, or the need for repeating and ordering the words. The order of the words that make up the syllogism is but a description of the manner in which the faculty of judgement perceives the conclusion, but the faculty of judgement's perception of the conclusion needs neither a description of that manner nor an ordering of the manner of perception. », Alhazen, *Optics*, II, 3, 28-29, p. 131-132.

2. Cf. K. H. Tachau, « What senses and intellect do: argument and judgement in late medieval theories of knowledge », art. cit.

à l'intellect comme accepté par lui-même, et Alhazen supposait probablement que chacun devait pouvoir en faire l'expérience en soi. Il est dans la nature de l'homme de faire ces syllogismes de façon non consciente, et le raisonnement peut avoir lieu sans être perçu[1]. Or dans les syllogismes perçus il semble raisonnable de penser que l'esprit peut ne pas accepter la conclusion, ne pas la former, ou encore se tromper. L'intellect voit alors qu'il s'agit d'un syllogisme, que la proposition à laquelle l'on donne l'assentiment est une conclusion, que toutes les étapes peuvent être l'objet d'examen – éventuellement fautif –, et que la volonté peut refuser la formation des propositions en question. Il y a une différence importante entre les connaissances qui s'imposent à l'intellect et les connaissances dont l'acceptation peut être bloquée par la volonté ou être l'objet de l'attention et de l'examen conscient de celui qui connaît. Encore faut-il distinguer l'expérience que tout un chacun doit pouvoir faire, à savoir, l'assentiment immédiat à certaines propositions et non pas à d'autres, et la théorie qui explique cette différence.

Reprenons les points en commun entre l'inférence constitutive de l'objet des sens et l'inférence des syllogismes :

I. Ce sont des inférences rapides, et pour cette raison non perçues par celui qui les fait, qui s'imposent à l'intellect.
II. C'est un processus non-conceptuel, parce qu'il ne présuppose pas la formation des propositions dans l'intellect.
III. Dans les deux cas, le processus a lieu dans un esprit qui se trouve dans un certain état. Le fait d'avoir déjà vu certains mots, ou certaines formes, ou certains objets, semble ainsi être une condition pour l'inférence des sens. De même, comme nous le verrons, l'assentiment à une proposition première requiert l'appréhension de ses termes, et donc un certain état de l'esprit.
IV. Le processus inférentiel semble toujours déjà connu par l'intellect, il ne faut pas avoir déjà fait une inférence pour que cela devienne une disposition et puisse être fait sans attention consciente. Même si ce point ne va pas sans problèmes, puisque ces inférences peuvent être apprises, il semble qu'il faille bien avoir au moins un schéma inférentiel dans l'esprit.
V. La description par un syllogisme est adéquate dans les deux situations, il y a un passage valide des prémisses à une conclusion, de sorte que la vérité des prémisses justifie la vérité des conclusions.

1. « Et etiam est homo natus ad distinguendum sine difficultate, et arguendum sine labore, et non percipit, quod arguit, nisi quando arguit cum difficultate, quando vero non utitur difficultate, et cognitione, non percipit, quod arguit. », Alhazen, *Optica*, II, 13, p. 33 ; *Optics*, II, 3, 38, p. 136.

Si ce qu'on pourrait appeler la dynamique cognitive – le comportement qu'a l'esprit dans certains états cognitifs, ou les rapports entre ces états – des deux situations semble pouvoir être rapprochée ((I)-(IV)), quelques difficultés importantes subsistent. L'idée même d'un raisonnement sensible n'est pas exempte de difficultés. Comment la perception des caractéristiques sensibles d'un objet peut-elle être associée à la conclusion d'un raisonnement? Faut-il identifier la perception d'un objet comme *F* et l'assentiment à une proposition du type "cet objet est *F*"? Il est raisonnable d'estimer que ce sont deux choses différentes, et la théorie d'Alhazen semble traiter du premier cas avec des outils appropriés au deuxième. On peut affaiblir la comparaison entre la perception des caractéristiques de l'objet sensible et celle de la vérité des conclusions des syllogismes, mais alors il n'est plus du tout sûr que l'on comprenne en quel sens la perception fonctionne par des raisonnements, puisque seul le deuxième cas offre un modèle de raisonnement. Il ne va pas du tout de soi que le point (V) puisse s'appliquer à la vision, ce qui est une conséquence de la difficulté qu'il y a à comprendre, à partir des raisonnements linguistiques, le raisonnement sensible.

Même si l'on admet le rapprochement, le rôle joué par la description de la situation par un syllogisme n'est pas du tout le même. Dans le cas des sens, le raisonnement semble être du type : telle forme *x* (agrégat de lumière et de couleur) est perçue à tel endroit du champ visuel et telle forme *y* est perçue à tel autre endroit du champ visuel etc., donc un objet *F* (ou plus simplement un objet quelconque) se trouve à tel endroit de l'espace. Même si l'on peut avoir l'impression de voir quel genre de prémisse serait nécessaire, il n'est pas facile de compléter l'enthymème. Cette difficulté n'est d'ailleurs pas sans renforcer l'idée qu'il s'agit d'une inférence non perçue, non consciente – si tant est que nous acceptions que c'est bien une inférence –; nous serions bien embarrassés si nous devions réaliser un tel raisonnement en répétant et ordonnant les prémisses, comme le suggère Alhazen. Il ne manque pas seulement une prémisse universelle qui nous permettrait de passer des formes à l'objet, mais nous n'avons pas accès non plus aux formes individuelles perçues, qui correspondraient aux prémisses du type "telle forme *x* est perçue à tel endroit du champ visuel"[1].

1. Le parallèle avec des discussions contemporaines peut être encore une fois éclairant; sur la difficulté de compléter avec des croyances ce qui pourrait correspondre à une inférence sensorielle, cf. S. Stich, « Beliefs and subdoxastic states », *Philosophy of Science* 45, 1978, p. 515-517.

Cette inférence explique le passage de l'analyse punctiforme de la vision[1] à ce que nous désignons comme l'objet de la vision : comment constituer un objet à partir d'un ensemble d'agrégats de lumière et de couleur ? Cette formulation de la question peut être trompeuse, puisqu'elle apparaît seulement à l'intérieur de la théorie. Ce que nous appelons "vision" et qu'Alhazen décrit comme un agrégat de raisonnements, nous apparaît comme quelque chose de simple, et pas du tout comme le résultat d'un processus complexe. Le hiatus ne comprend pas seulement le processus inférentiel, mais toutes les prémisses de l'inférence, qui sont le résultat de l'analyse : le donné de départ est la vision et l'acceptation de certaines propositions, qui paraissent justement être immédiats, directs[2].

Or le cas des principes est fort différent. Tout d'abord, il est évident que nous pouvons avoir accès à toutes les prémisses. Si le processus peut être non perçu, il peut être aussi conscient et contrôlé. Il n'y a aucune lacune à remplir, et il n'est pas certain qu'il y ait un gain théorique important. D'une part, nous pouvons avoir accès à tout le syllogisme, aux prémisses et à l'inférence, sans cette théorie du raisonnement rapide ; d'autre part, il ne semble pas y avoir ici une différence de nature entre les syllogismes perçus et les syllogismes non perçus.

Le parallèle entre la vision et l'assentiment à la conclusion d'un syllogisme perd beaucoup d'intérêt. L'examen de l'exemple de la lecture et de ce qu'il peut avoir de trompeur peut éclaircir les choses. Quand on perçoit quelques lettres d'un mot connu, on atteint tout de suite la perception du mot entier par inférence, ce qui n'est pas le cas s'il s'agit d'un mot rare, et l'habitude de percevoir le mot peut augmenter progressivement la vitesse de la perception, c'est-à-dire de l'inférence. Tout comme la perception d'un mot peut se faire sans que toutes les lettres soient perçues, le volume d'un corps peut être perçu sans que ses trois dimensions soient vues, et cette inférence est le résultat de la connaissance et de l'expérience[3]. Dans ces deux cas, on voit ce que peut être le processus entier de l'inférence.

Il n'en va pas du tout de même dans le cas de la perception, le passage de l'ensemble d'agrégats de couleur et de lumière à l'objet de la vision est

1. Cf. Alhazen, *Optics*, vol. 2, p. 23-29.

2. Une remarque de Jacques Bouveresse à propos d'une théorie contemporaine de la vision comme inférence, celle de R. L. Gregory, vaut, *mutatis mutandis*, pour Alhazen : « Le système perceptuel produit des hypothèses pour expliquer un donné ; mais, pour le sujet percevant, c'est plutôt l'hypothèse qui constitue un donné, alors que le donné supposé se présente comme une construction théorique qui fait partie d'une explication scientifique du mécanisme de perception. », J. Bouveresse, *op. cit.*, p. 374.

3. Cf. Alhazen, *Optics*, II, 3, 30, p. 132. Cf. aussi *Optics*, II, 3, 121, p. 168-168 ; *Optics*, vol. 2, p. 62-63.

toujours non conscient et, même s'il peut être objet de l'apprentissage, le syllogisme correspondant n'est jamais objet de l'attention et ne peut pas l'être. Pour se rendre compte de la différence, il suffit d'essayer de construire la description complète du syllogisme dans ces trois cas : il est possible de le faire pour la lecture et peut-être pour le volume d'un corps, mais il n'y a aucun correspondant pour la perception. On voit tout de suite que la perception même du mot dépend de la constitution des lettres comme objets de la vision à partir des formes ponctuelles, et qu'il ne saurait s'agir du même processus dans la formation de ces objets et dans la compréhension du mot. Si le gain théorique de l'inférence rapide se trouve dans le vide qu'elle remplit en postulant des processus auxquels nous n'avons pas accès directement, alors l'extension du modèle de la vision à l'inférence non consciente à la conclusion des syllogismes ne semble pas apporter beaucoup.

La démarche théorique d'Alhazen a un autre intérêt, celui de mettre en évidence une dynamique cognitive commune à tous ces cas, qui paraît dans les points (I)-(IV) : nous arrivons à certaines connaissances par des moyens non conscients, non linguistiques, rapides, quand l'esprit est dans un état adéquat, par des processus qui semblent inscrits dans l'activité de l'intellect et qui s'imposent à lui. De ce point de vue, il importe peu que, pour certaines de ces connaissances, il n'existe pas d'autre moyen pour y arriver et que pour d'autres nous puissions le faire.

Ces deux apports théoriques distincts et très importants laissent toutefois un vide, celui de la perception de la vérité des propositions premières. Selon Alhazen, la perception de la vérité des propositions acceptées par l'intellect comme premières se fait aussi par des inférences non conscientes :

> De beaucoup d'intentions (*intentiones*), dont la vertu distinctive ne saisit (*comprehendit*) la vérité que par un raisonnement (*per rationem*), on dit que ce sont des propositions premières (*propositiones primae*), et qu'elles ne sont saisies que par nature et par l'intellect, et non pas par un raisonnement. Par exemple, on dit que l'intellect juge par nature comme vrai que le tout est plus grand que ses parties, que la compréhension de sa vérité ne se fait pas par un raisonnement. Mais que le tout soit plus grand que ses parties n'est pas compris antérieurement, si ce n'est par un raisonnement, puisque la vertu distinctive n'a aucun moyen pour saisir que le tout est plus grand que ses parties, si ce n'est après avoir intelligé l'intention du tout, l'intention de la partie et l'intention du plus grand et du plus petit… et comme la saisie de la proposition que le tout est plus grand que ses parties ne se fait que par ce moyen, sa saisie ne se fait que par un raisonnement, et non pas par la nature de l'intellect. Ce qui est dans la nature de l'intellect n'est pas autre chose que la saisie de la coïncidence de l'intention du tout et de

l'intention du plus grand seulement dans ce qui excède. Le syllogisme est organisé de la façon suivante : "le tout est en plus par rapport aux parties ; tout ce qui en plus par rapport à une autre chose est plus grand que cette chose ; donc le tout est plus grand que ses parties". La saisie de la conclusion par la vertu distinctive est rapide parce que la proposition universelle est manifeste à partir de la saisie de la vertu distinctive. Mais la saisie que le tout est plus grand que ses parties se fait par un raisonnement[1].

1. « Et plures intentiones, quas non comprehendit virtus distinctiva, quod sint verae, nisi per rationem, putantur quod sint propositiones primae, et quod non comprehendantur, nisi per naturam et intellectum, non per rationem – verbi gratia, quod totum sit maius sua parte, putatur quod natura intellectus iudicet quod sit verum, et quod comprehensio veritatis ipsius non est per rationem. Sed totum est maius sua parte non comprehendit prius, nisi per rationem, quoniam distinctio non habet viam ad comprehendendum, quod totum sit maius sua parte, nisi postquam intellexerit intentiones totius et partis, et intentionem maioritatis et minoritatis ... et cum comprehensio huius propositionis, quod totum sit maius sua parte non sit nisi per istam viam, comprehensio ergo eius non est nisi per rationem, non per natura intellectus : et illud quod est in natura intellectus, non est nisi comprehensio convenientiae intentionis totius et intentionis maioris, et in augmentatione tantum. Et ordinatio istius syllogismi est ita : "omne totum addit super partem ; et omne addens super aliud est maius ipso ; ergo omne totum est maius sua parte". Et velocitas comprehensionis virtutis distinctivae circa conclusionem non est, nisi quia propositio universalis est manifesta ex comprehensione virtutis distinctivae ; sed comprehensio, quod totum est maius parte, est per rationem. », Alhazen, *Optica*, II, prop. 12, p. 32. La traduction anglaise du texte arabe est, encore une fois, plus claire que le texte difficile et quelque peu différent de la version latine : « For example, "the whole is greater thant the part" is called a primary notion. It is thought that the assertion of its truth is due to the intellect of its own nature, and not to inference, because it is quickly accepted by the understanding and because the faculty of judgement does not doubt it at any time. But "the whole is greater than the part" is perceived only by means of of a syllogism, and there is no way to perceive its truth except through a syllogism. For the faculty of judgement has no way of perceiving that "the whole is greater than the part" except after it has understood the meaning of "whole" and of "part" and "greater". For unless the faculty of judgement undertands the meanings of the parts of an expression, it will not understand the meaning of the total expression. Now the meaning of "whole" is totality, and "part" means some, and that which is "greater" is so in relation to something else, and "greater" denotes that which equals another thing in respect of a certain part of itself and exceeds the other by the remainder. From the coincidence of the meaning of "greater" with that of "whole" in respect of excess, it becomes manifest that the whole is greater than the part. Thus from the faculty's of judgement understanding of the meaning of "whole" and of "part" and of "greater", (and from its perception of the identity between the meaning of "whole" and of "greater" in respect of excess, it perceives that the whole is greater than the part. And if its perception of "the whole is greater than the part" occurs only in this way, then that perception occurs only by means of inference and is not native to mind. What is native to mind is only its perception of the identity between the meaning of "whole" and of "greater" in respect of excess. And that notion is the universal premiss which produced the conclusion. », Alhazen, *Optics*, II, 3, 32, p. 133 ; sur ce passage, cf. K. H. Tachau, « What senses and intellect do : argument and judgement in late medieval theories of knowledge », art. cit., p. 662.

Le syllogisme par lequel l'esprit conclut à la vérité de "le tout est plus grand que ses parties" est : "le tout est en plus par rapport aux parties ; tout ce qui en plus par rapport à une autre chose est plus grand que cette chose ; donc le tout est plus grand que ses parties". Il s'agit d'un syllogisme réalisé de façon non consciente par la vertu distinctive.

Comme chez Duns Scot, la compréhension de la vérité de ces propositions premières se fait par la compréhension des termes. Il ne s'agit cependant pas de la même théorie, parce qu'au fondement de tout syllogisme se trouvent des propositions. Il n'est toutefois pas très différent de donner son assentiment à "le tout est plus grand que ses parties" et à "tout ce qui en plus par rapport à une autre chose est plus grand que cette chose". Cette explication ne résout pas tous les problèmes, et certainement pas celui de l'assentiment à ces fameuses propositions premières.

Les propositions qui participent du syllogisme dont la conclusion est "le tout est plus grand que ses parties", prises en elles-mêmes, sont-elles connues ou non ? Si l'assentiment à ces propositions dérive d'un syllogisme, nous rentrons dans une régression à l'infini. L'hypothèse selon laquelle l'intellect ne reconnaîtrait pas comme vraie la proposition "tout ce qui en plus par rapport à une autre chose est plus grand que cette chose" est évidemment absurde. Il y a quelque chose qui est dans la nature de l'intellect (*in natura intellectus*), la « saisie de la coïncidence de l'intention du tout et de l'intention du plus grand seulement dans ce qui excède ». Mais à quoi correspond exactement cette perception ? S'il s'agit d'une proposition innée, alors cette explication ne nous apporte pas beaucoup, nous ne faisons que remonter d'un cran les propositions qui seront acceptées sans syllogisme. Si ce n'est pas une proposition, comment "tout ce qui est en plus par rapport à une autre chose est plus grand que cette chose" peut-elle être la prémisse d'un syllogisme ? Quel est le comportement de l'intellect devant les propositions qui jouent le rôle de prémisses dans les raisonnements qui conduisent à l'assentiment aux propositions premières ? Comme le verra Ockham, l'analyse d'Alhazen des propositions qu'il appellera connues par soi ne fonctionne pas [1].

Le passage de la compréhension du sens des mots aux prémisses du syllogisme pourrait peut-être éclaircir la situation, mais outre le fait qu'il n'est pas du tout clair comment le sens des mots peut justifier les prémisses en question, ce passage devrait être lui-même syllogistique, selon le

1. Ockham critique l'analyse de cet exemple même d'Alhazen – un syllogisme ne peut rendre compte de la façon par laquelle on donne son assentiment à des phrase de ce genre ; Cf. *Ord. I*, Prol. q. 2, p. 78, l. 15-21 et p. 81, l. 2-82, l. 26. Sur la prétention de démontrer des propositions connues par soi, cf. *Brevis Summa Phys.*, II, 1, l. 63-79, p. 27.

modèle proposé, et il faudrait d'autres propositions – par exemple, la définition des mots – auxquelles il faudrait donner son assentiment. L'éclaircissement de la façon dont nous comprenons les mots peut jouer un rôle important, mais il faut sortir des chemins syllogistiques, par exemple, par la naturalisation de l'acquisition du langage, comme ce sera le cas chez Ockham[1]. Il est évident aussi qu'un raisonnement non linguistique et non-conceptuel, comme c'est le cas pour la vision, ne peut résoudre ce problème, puisqu'il s'agit bien de la compréhension du sens des mots qui accepte une formulation syllogistique, et Alhazen n'hésite pas à en offrir une. Peut-être leur acceptation est-elle un fait primitif, comme il semble être le cas chez Duns Scot, mais il s'agirait alors d'un fait sur lequel la théorie du syllogisme non conceptuel n'aurait aucune prise. Là où l'on pourrait espérer retrouver le double apport, à savoir, la dynamique cognitive et l'explication d'une connaissance spécifique, on risque de perdre les deux.

Dans les traits communs à l'acceptation immédiate des syllogismes et à la constitution de l'objet de la vision, les points (I)-(IV) décrivent une dynamique cognitive commune, même si le parallèle ne manque pas de présenter quelques problèmes. On voit maintenant que la théorie d'Alhazen ne peut justifier le point (V) : l'assentiment aux premiers principes ne peut être expliqué par une telle approche parce qu'on ne peut trouver un syllogisme qui corresponde à un processus de ce genre sans s'engager dans une régression à l'infini.

Alhazen rencontre une limite dans son analyse au même point que Duns Scot, mais il ne semble pas s'en rendre compte. Le problème est évidemment bien moins grave dans un livre qui traite de la vision, comme c'est le cas du *De aspectibus*, que dans un contexte où l'on examine les propositions connues par soi, comme c'est le cas dans la réfutation scotiste d'Henri de Gand. Il n'en reste pas moins qu'Alhazen était perçu comme la source de l'approche scotiste par un auteur oxonien d'une génération après

1. Le point est exprimé de façon concise par la *Logica « Ad Rudium »*, d'inspiration ockhamienne, même si dirigée en partie contre lui : « Diffinitio exprimens *quid nominis* non potest demonstrari de diffinito sed illa presupponitur omni demonstrationi. Et de ista non est multum cure. Diffinitio exprimens *quid rei* non potest *a priori* demonstrari, et ideo non potest *a priori* eius questio terminari, sed *a posteriori* per notitiam intuitivam a partium rei. Qui enim intuitive cognosceret partes rei, statim formaret conceptum de illa re, quibus statim intellectus assentiretur. », *Logica « Ad Rudium »*, éd. L.-M. de Rijk, Nijmegen, Ingeninum Publishers, 1981, III, 8, 61, p. 114 (désormais cité *Logica « Ad Rudium »*). Cf. Ockham, SL, III-2, 12, l. 12-20, p. 525, et 31, l. 3-37, p. 562-563. Cet aspect apparaît aussi une approche contemporaine du problème, d'inspiration ockhamienne, dans D. Brown, « Analiticity : An ockhamist approach », *American Philosophical Quarterly* 34, 1997, p. 441-455.

Duns Scot, Jean de Reading. Le Docteur Subtil hésite à parler de l'assentiment à ces propositions là où Alhazen parle de la saisie de la vérité par une inférence et se garde bien d'offrir un syllogisme supplémentaire justifiant l'acceptation des prémisses. Il y a une activité non consciente, rapide et inscrite naturellement dans l'intellect à l'œuvre dans ces cas, une dynamique qui est au cœur des rapprochements opérés par Alhazen entre la perception et l'acceptation des premiers principes, qui peut être proche de l'explication scotiste, même si le problème de l'extension de ces raisonnements rapides à l'assentiment aux propositions premières et l'abîme de la régression à l'infini qu'elle annonce restent entiers. Notons toutefois qu'il n'y a pas de cause d'assentiment chez Alhazen et, même si nous ne savons pas comment nous arrivons à la connaissance des prémisses des syllogismes rapides, il s'agit d'un processus rationnel, de compréhension, qui peut s'accommoder d'une description déflationniste de l'assentiment aux premiers principes. En fait, il semble bien qu'il faille une approche plus faible, qui passe non pas par un syllogisme, mais par la compréhension du sens des mots motivant l'assentiment à la proposition en question. La motivation de l'assentiment n'est pas l'assentiment, justement le seuil que Duns Scot n'a pas franchi et qui était la source de ses ennuis. Alhazen fait ce pas supplémentaire, et il n'est pas certain que son explication de la vision puisse être étendue aux propositions premières comme il le prétend.

La solution ockhamienne a des points en commun importants avec ces deux théories, surtout par le rapprochement des processus cognitifs à l'œuvre dans l'assentiment aux propositions connues par soi et aux propositions connues par les sens, même si les processus inférentiels n'y jouent aucun rôle. Certains problèmes disparaissent, notamment celui de la comparaison entre un raisonnement conceptuel et un raisonnement non conceptuel : la théorie de la connaissance évidente ockhamienne a trait uniquement à la connaissance linguistique. Nous quittons le terrain de la théorie de la vision, seule nous intéressera l'idée que la connaissance sensible et la connaissance des propositions connues par soi ont un mécanisme commun, inscrit dans la nature même de l'intellect et qui se manifeste dans leur acceptation immédiate. Il est clair qu'Alhazen n'est pas la seule source possible d'un tel rapprochement – on le trouve aussi chez Themistius, par exemple, qui peut avoir une influence dans cette histoire à travers Grosseteste[1].

1. « Et propositio quidem manifesta absque medio est quam non antecedit alia ; neque est possibile ut super eam veniat demonstratio neque indiget illo. Et ex istis quaedam est quae est ex rebus universalibus quaedam est ex sensibus. Sermo enim quod iste pannus est albus est ex propositionibus manifestis absque medio. Verumtamen illae propositiones non sunt proposi-

Il est important de voir ce rapprochement intervenir non seulement dans des considérations concernant l'ordre de la justification, mais aussi dans la description d'une certaine dynamique cognitive. Une approche par les causes de la connaissance, telle qu'esquissée par la lecture d'Aristote par Grosseteste, peut prendre sa place ici. La causalité peut avoir certains traits de ces syllogismes rapides : être naturellement inscrite dans l'activité de l'intellect, ne pas être perçue, être à l'origine de l'assentiment immédiat et universel à certaines propositions, s'imposer à l'intellect et, par ces caractéristiques, réunir les propositions connues par les sens, les conclusions des raisonnements et les propositions connues par soi. Il est avantageux de donner une explication homogène de différents cas, ce que la théorie d'Alhazen n'est pas à même de faire. Le problème est qu'un syllogisme justifie la proposition à laquelle il mène, ce qu'une cause ne peut faire, et c'est précisément cette relation de justification qui semble requise ici. Ce double héritage dessine en creux la théorie ockhamienne de la connaissance évidente.

tiones quae sunt principia demonstrationis. Et non sunt principia demonstrationis nisi propositiones universales. », Themistius, *Super Librum Posteriorum*, I, 2; O'Donnell, « Themistius' paraphrasis of the *Posterior Analytics* in Gerard of Cremona's translation », art. cit., p. 249. Cf. aussi *ibid.* II, 19, p. 314, pour l'usage de "*statim*" dans la description du fonctionnement du syllogisme.

CHAPITRE II

LA CONNAISSANCE ÉVIDENTE CHEZ GUILLAUME D'OCKHAM

La connaissance évidente selon Ockham est l'assentiment à des propositions vraies, et seulement à des propositions vraies, causé naturellement par l'appréhension des termes. Il est dans notre nature, selon Ockham, de donner l'assentiment à la phrase "ceci est rouge", dans laquelle "ceci" désigne une chose rouge que nous voyons, tout comme il est inscrit dans l'activité de l'intellect de donner l'assentiment à des principes tels que "aucune surface n'est en même temps entièrement rouge et non rouge", si nous comprenons les termes. Ce chapitre présente la théorie de ce type d'assentiment, ses tenants et ses aboutissants.

La définition de la connaissance évidente est assez claire, et reprend une idée qui se met en place dès les premiers écrits ockhamiens, même si le concept n'y est pas encore présent. Le déploiement de cette définition dans ce qu'on peut appeler une théorie naturaliste de l'esprit, plus précisément, dans l'application de la causalité naturelle aux événements mentaux, ne se laisse pas voir aussi clairement – et en tout n'a pas été suffisamment étudié dans la littérature, me semble-t-il. C'est à cette théorie et à ses conséquences que je consacrerai les deux derniers chapitres de ce livre.

LA DÉFINITION OCKHAMIENNE DE LA CONNAISSANCE ÉVIDENTE

Le mécanisme cognitif commun aux propositions connues par soi et aux propositions connues par les sens apparaît chez Ockham avant que la théorie de la connaissance évidente ne soit complètement mise en place. Dans la *Reportatio*, la connaissance intuitive

> ... est celle par laquelle il est connu que la chose existe, quand elle existe, et qu'elle n'existe pas, quand elle n'existe pas. Parce que quand j'appréhende parfaitement les extrêmes d'une proposition de façon intuitive, je peux

> immédiatement former le complexe que ces extrêmes sont unis ou ne sont pas unis, et donner l'assentiment ou refuser. Par exemple, si je vois intuitivement un corps et une blancheur, immédiatement l'intellect peut former ces complexes, "un corps existe", "une blancheur existe" ou "un corps est blanc", et une fois formés ces complexes, l'intellect donne immédiatement l'assentiment. Et cela en vertu de la connaissance intuitive qu'il a des extrêmes. De même, si l'intellect appréhende les termes d'un certain principe – par exemple, "le tout est plus grand" etc. –, une fois formé ce complexe par l'intellect qui les appréhende, immédiatement l'intellect donne l'assentiment en vertu de l'appréhension des termes[1].

La théorie ockhamienne de la connaissance évidente se trouve *in nuce* dans ce passage : nous y trouvons l'assentiment ou le refus immédiat d'une proposition connue par le sens ou d'un principe, à partir de la connaissance des termes, une fois ces propositions formées. La petite imprécision dans la formulation du premier cas (par la connaissance intuitive on sait que quelque chose existe, si elle existe, ou qu'il n'existe pas, s'il n'existe pas) est corrigée par l'exemple : elle concerne toutes les vérités contingentes (comme "un corps est blanc"). Manquent trois expressions dans ce texte, "cause", "connaissance évidente" (*notitia evidens*), "proposition connue par soi" (*propositio per se nota*). Nonobstant ces absences, il faut surtout noter que la dynamique de la connaissance évidente s'y trouve, même si le cadre théorique complet reste à développer.

La théorie de ce type d'assentiment dans la *Reportatio*, dans cette question et dans d'autres, est la même que celle qui sera développée plus tard dans le prologue de l'*Ordinatio*. Les expressions "connaissance évidente" (*notitia evidens*) et "de façon évidente" (*evidenter*) sont employées pour caractériser surtout la connaissance des vérités contingentes connues par les sens[2], mais il arrive aussi que des termes semblables soient appliqués aux propositions qui seront dites plus tard connues par soi[3]. Le

1. « … est illa mediante qua cognoscitur res esse quando est, et non esse quando non est. Quia quando perfecte apprehendo aliqua extrema intuitive, statim possum formare complexum quod ipsa extrema uniuntur vel non uniuntur; et assentire vel dissentire. Puta, si videam intuitive corpus et albedinem, statim intellectus potest formare hoc complexum "corpus est", "album est" vel "corpus est album", et formatis istis complexis intellectus statim assentit. Et hoc virtute cognitionis intuitivae quam habet de extremis. Sicut intellectus apprehensis terminis alicuius principii – puta huius "omne totum [est maius'] etc. – et formato complexo per intellectum apprehensivum, statim intellectus assentit virtute apprehensionis terminorum. », *Rep.*, II, q. 13, p. 256, l. 3-p. 257, l. 5.

2. Cf. *Rep.* II, q. 13, p. 258, l. 1-5; q. 14, p. 318, l. 4-p. 319, l. 5; q. 16, p. 363, l. 13 et p. 379, l. 11 et 16.

3. Cf. *Rep.* II, q. 13, p. 264, l. 3-7. Remarquons que l'application de la notion de "*ratio evidens*" à l'assentiment aux premiers principes ne va pas de soi, et semble de prime abord

mécanisme cognitif qu'est la connaissance évidente, à défaut d'être nommé, y est déjà esquissé autour de la connaissance intuitive.

Il y a une différence terminologique importante entre l'usage de "principe" (*principium*) et celui de "proposition connue par soi", comme ce sera le cas dans l'*Ordinatio*[1]. L'identification d'un type spécifique d'assentiment n'implique nullement que la proposition en question soit un principe. Définir la proposition comme principe ou comme proposition première revient à la situer par rapport à d'autres propositions qu'elle aura à justifier, sans être à son tour justifiée par d'autres propositions. Il est clair que, pour jouer un tel rôle, elle doit être connue d'une façon spéciale. Mais, inversement, être connue de cette façon spéciale ne préjuge en rien du rôle qu'une telle proposition peut avoir par rapport à d'autres propositions; autrement dit, une telle proposition peut n'être principe de rien, n'être première par rapport à aucune autre proposition. L'expression "proposition connue par soi" cerne plus précisément le phénomène de l'assentiment que l'expression "premier principe", qui associe deux types différents de considération. La constitution du concept de connaissance évidente rend la situation plus claire: les propositions connues par les sens ne sont pas en général des principes pour d'autres connaissances, et pourtant elles sont connues par le même mécanisme que les propositions connues par soi, décrit par la connaissance évidente. La mise en place de la notion de connaissance évidente permet d'identifier une dynamique de l'assentiment indépendante du rôle des propositions dans l'organisation du savoir[2].

Ockham évolue dans la doctrine de la connaissance évidente en vue d'une plus grande intégration des concepts. Plus précisément, il passe de la reconnaissance d'une dynamique cognitive commune à ces deux types de proposition à leur réunion sous un concept unique, défini par un mécanisme causal qui n'était pas explicité auparavant[3]. Il est remarquable que la

susceptible des mêmes critiques adressées à Alhazen ci-dessus. Cf. aussi *Rep.*, II, q. 14, p. 319, l. 9.

1. L'usage de "*per se notis*" dans *Rep.*, II, q. 13, p. 269, l. 7 n'est pas dans un contexte qui implique l'application de ce mécanisme d'assentiment; cf. toutefois "*notitiam propositionum necessariarum*", *Rep.*, II, q. 14, p. 319, l. 6-7, qui correspond aux propositions connues par soi. L'expression "*propositio per se nota*" se trouve déjà chez Boèce: «Propositionum quoque aliae sunt per se notae et quarum probatio non queat inveniri...», Boèce, «*Boethius'* De topicis differentiis *und die byzantinische Rezeption dieses Werkes*», Einleitung und Textkristische ausgabe von D. Z. Nikitas, Athènes-Paris, The Academy of Athens-Vrin, 1990, I, 4, p. 7, 13-14 (désormais cité *De Differentiis Topicis*).

2. Sur la distinction entre proposition proposition connue par soi et premier principe, cf. SL, III-2, 4, l. 39-42, p. 511.

3. Il me semble que la condition de la présence de la chose (*praesentia rei*) est plus utilisée dans la *Reportatio* qu'elle ne sera dans l'*Ordinatio*, où le vocabulaire causal l'emporte

théorie reste essentiellement la même, à quelques ajustements près, tout au long de la philosophie d'Ockham.

La connaissance évidente est la première notion épistémique de l'*Ordinatio*, où elle est définie de la façon suivante :

> ... la connaissance évidente est la connaissance d'un complexe vrai, qui peut par nature être causée de façon suffisante, de façon immédiate ou médiate, par la connaissance incomplexe des termes [1].

Les termes "connaissance" (*notitia*) et "évident" (*evidens*) n'ont pas le même rôle dans la définition. Le premier apparaît dans le *definiens*, et le deuxième non. En effet, toute connaissance (*notitia*) n'est pas évidente, et non pas seulement par le fait que toutes nos croyances n'ont pas le même statut épistémique. La connaissance évidente est la connaissance d'un complexe vrai, c'est-à-dire d'une proposition vraie, à partir de la connaissance des termes; or seules les propositions peuvent être vraies. Il y a donc bien des connaissances qui ne sauraient être évidentes, puisqu'elles n'ont pas pour objet des propositions. On peut distinguer l'appréhension des

définitivement; cf. *Rep.*, II, q. 13, p. 257, l. 9-p. 260, l. 25 et q. 14, p. 323, l. 17-24. Ces textes sont remarquables parce que, tout en gardant la présence de la chose pour la connaissance intuitive, ils décrivent le processus en termes causaux, ce qui impose comme condition la présence *in determinata distantia* (cf. par exemple, *Rep.*, II, q. 13, p. 314, l. 3-11 et p. 316, l. 5-13; p. 61, q. 3-4; *Ord. I*, d. 1, q. 3, p. 415; *Quod.*, VI, 6. Voir M. Adams, *William Ockham, op. cit.*, p. 746). Par là l'idée même de présence devient superfétatoire, au profit des conditions dans lesquelles un processus causal peut avoir lieu. Comme le fait remarquer André Goddu, « Ockham nowhere made explicit the conditions of presence other than in terms of efficacious action » (A. Goddu, « William of Ockham's « empiricism » and constructive empiricism », dans W. Vosseunkuhl, et R. Schönberger, R. (éds.), *Die Gegenwart Ockhams*, VCH-Acta Humaniora, 1990, p. 221). On peut remplacer des questions du type "à quelle distance une chose est-elle présente à l'esprit ?" ou "un chose est-elle présente à l'esprit par une nuit sombre ?", par une autre, "sous quelles conditions un certain processus causal peut-il avoir lieu ?", qui concernera la chose, l'esprit et les conditions du processus. Encore une fois, la terminologie devient plus compatible avec la théorie. Il faut distinguer une théorie qui utilise la présence de la chose pour définir la connaissance intuitive (*notitia intuitiva*) de celle qui dit qu'une chose présente est nécessaire pour rendre un jugement d'existence vrai; cf. *Quod.*, V, 5, l. 64-65, p. 498. Bien que les vocabulaires ne soient pas équivalents, les situations seront à la fin les mêmes, une chose devant être présente pour causer l'intuition. On remarquera aussi l'imprécision dans la portée de "*statim*" dans *Rep.*, II, q. 13, p. 15 et q. 14; OTh V, p. 317, l. 21, qualifiant la formation de la proposition, et non pas l'assentiment. Je note enfin que la théorie de la connaissance intuitive imparfaite (*notitia intuitiva imperfecta*) comme ce qui cause la connaissance évidente sur le passé, se trouve essentiellement dans la *Reportatio*. Dans l'*Ordinatio*, prol., q. 1, p. 33, l. 8-12, l'imperfection de la *notitia intuitiva* a un autre sens, bien moins intéressant théoriquement. Sur la connaissance recordative, cf. M. Adams, *William Ockham, op. cit.*, 517-525 et C. Michon, *Nominalisme – La théorie de la Signification d'Occam*, Paris, Vrin, 1994, p. 114-115.

1. « ... notitia evidens est cognitio alicuius veri complexi, ex notitia terminorum incomplexa immediata vel mediata nata sufficienter causari. », *Ord.*, Prol., q. 1, p. 5, l. 19-21.

termes de l'assentiment à une proposition, en gardant à l'esprit qu'Ockham désigne les deux situations par le même terme, "*notitia*".

L'assentiment évident est causé par l'appréhension des termes, et cette origine causale est suffisante pour le définir :

> ...quand la connaissance incomplexe de certains termes, qu'ils soient les termes de cette proposition ou d'une autre, dans tout intellect ayant cette connaissance, est suffisante pour causer ou être apte à causer médiatement ou immédiatement la connaissance du complexe, alors ce complexe est connu de façon évidente[1].

On doit noter que la définition par le rôle causal s'accompagne d'une précision concernant le caractère dispositionnel de la connaissance évidente : elle est apte à causer l'assentiment. La causalité naturelle qui agit dans la connaissance évidente explique son caractère dispositionnel et permet des formulations contrefactuelles[2].

Dans une question quodlibétale dans laquelle le *Venerabilis Inceptor* se demande si les connaissances abstractives et intuitives diffèrent[3], on retrouve l'idée que la qualification de la connaissance des termes dépend du rôle qu'elle peut jouer dans la connaissance de la proposition. La connaissance intuitive est celle par laquelle je donne l'assentiment à des propositions contingentes, ou encore celle par laquelle je dis qu'une chose existe ou qu'elle n'existe pas. La connaissance abstractive n'est pas à l'origine de ce type de jugement[4]. Les deux types de connaissance des termes ne sont pas définis directement, par exemple, par telle ou telle caractéristique propre aux termes, mais par le fait qu'ils puissent causer ou non l'assentiment à tel type de proposition qui, lui, a telle et telle caractéristique[5].

Le primat sémantique du terme correspond à un primat gnoséologique de l'appréhension incomplexe, dans l'ordre chronologique et causal[6].

1. « ... quando notitia incomplexa aliquorum terminorum sive sint termini illius propositionis sive alterius sive diversorum propositionum in quocumque intelectu habente talem notitiam sufficienter causat vel est nata causare mediate vel immediate notitiam complexi, tunc illud complexum evidenter cognoscitur. », *Ord.*, Prol., q. 1, p. 5, l. 21 - p. 6, l. 5.

2. La théorie ockhamienne de la causalité a un aspect contrefactuel, ce que l'on peut voir dans la clause "*omni alio circumpscripto*" du passage suivant : « ... causa totalis est illa qua posita, omni alio circumscripto, ponitur effectus si sit totalis causa de facto, vel potest poni si sit causa totalis de possibili. », *Rep.*, II, q. 4, p. 63, l. 19-21. Cf. aussi : « ...illud quod posito vel non posito sine destructo non minus potest poni effectus naturaliter, illud non videtur esse causa illius effectus. », *Rep.*, IV, q. 14, p. 293, l. 14-16.

3. « Utrum cognitio intuitiva et abstractiva differant », *Quod.*, V, 5, p. 495-500.

4. Cf. *Quod.*, V, 5, l. 14-19, p. 49 et *Rep.* II, q. 13, p. 256, l. 11-p. 257, l. 1.

5. Cf. J. Boler, « Ockham on Evident Cognition », *Franciscan Studies* 36, 1976, p. 96-98.

6. Cf. C. Panaccio, *Les mots, les concepts et les choses*, *op. cit.*, p. 169-170.

Pourquoi alors ne pas définir de façon indépendante “connaissance intuitive” et “connaissance abstractive”? La réponse est indiquée par Marilyn Adams: Ockham déduit que nous avons la connaissance intuitive des objets physiques et de nos propres états du fait que nous avons une connaissance évidente des propositions les concernant, et non pas l'inverse[1]. Le point de départ est l'expérience d'un certain type d'assentiment qui s'impose à tout intellect, l'universalité d'assentiment qui joue un rôle si important dans l'examen scotiste des *cognoscibilia* naturels. D'un côté, il ne semble pas y avoir de critère introspectif qui permette de dire, indépendamment de l'assentiment donné à des propositions, si une appréhension incomplexe d'un terme est abstractive ou intuitive. De l'autre côté, la connaissance des propositions, ou du moins des propositions connues de façon évidente, ne semble pas être en défaut d'une autre connaissance pour être sûre[2].

Il n'est pas nécessaire pour autant d'abandonner l'atomisme sémantique, ni même l'atomisme gnoséologique. Il ne s'agit pas ici de priorité causale ou définitionnelle de la proposition sur le terme, mais de priorité épistémologique, comme le dit Marilyn Adams[3]. Nous savons que nous connaissons des propositions, la connaissance des termes apparaîtra comme le résultat de l'analyse, il n'est pas nécessaire que nous sachions que nous connaissons des termes avant de connaître les propositions qu'ils forment. Cela n'empêche nullement que notre connaissance des propositions soit causée par la connaissance des termes[4].

L'idée principale ici est que notre connaissance s'organise en propositions. S'il y a plus d'un sens de “*scientia*” chez Ockham, la science est surtout propositionnelle, expliquer la connaissance est expliquer la connaissance de propositions[5]. Les propositions apparaissent dans la

1. « … so far from infering that judgements are evident from the fact that cognitions are intuitive, Ockham actually deduces that we have intuitive cognitions of physical objects and of our own present mental states from the fact that we have evident cognitions of propositions about them. », M. Adams, *William Ockham, op. cit.*, p. 591. Voir aussi J. Boler, « Ockham on intuitive cognition », *Journal of the History of Philosophy* 11, 1973, p. 95-106, et C. Michon, *op. cit.*, p. 55.

2. « Thus, it will not be possible to use one's certainty that a cognition of a physical object is intuitive as a basis for one's certainty that some judgement about the physical world is evident and hence that some mind-independent state of affairs obtains. For the latter will be epistemologically prior to the former, and not vice-versa. », M. Adams, *William Ockham, op. cit.*, p. 592; cf. aussi p. 594-595.

3. Cf. M. Adams, *William Ockham, op. cit.*, p. 592.

4. Cf. par exemple, l'usage de “*per*”, *Quod.*, V, q. 5, l. 15-19, p. 496 et “*mediante qua*”, *Rep.*, II, q. 13, p. 256, l. 13-14.

5. Cf. section 3.1.

définition de “connaissance évidente” comme la cause finale, tout comme dans la définition de “signe” (*signum*) et “signifier” (*significare*), suivant une suggestion de Claude Panaccio[1]. La connaissance des termes dans les propositions évidentes apparaîtra alors comme l'origine de la chaîne causale qui mène à la science propositionnelle[2], même s'il n'est pas nécessaire que toute connaissance évidente puisse figurer dans un ensemble de propositions constituant une science. Si la description psychologique de la connaissance a été l'objet d'attention de plus d'un commentateur[3], le rôle épistémique de la notion d'évidence a été moins traité, sinon franchement rejeté. Je chercherai maintenant à montrer comment la théorie de la connaissance évidente porte à la fois sur les mécanismes cognitifs et sur la justification de certaines propositions.

Quelques commentateurs ont remarqué ce rôle de garant épistémique de la connaissance des termes dans la connaissance évidente[4]. C'est notamment le cas de Paul Streveler, qui note que la connaissance intuitive a un rôle de justification[5]. Cette remarque peut être étendue aux propositions connues par soi, elle concerne les deux types de proposition connue de façon évidente. Encore faut-il préciser que ce rôle de la connaissance intuitive ne dépend pas de la disposition à y recourir pour justifier l'assenti-

1. Cf. C. Panaccio, « Propositionalism and atomism in Ockham's semantics », *Franciscan Studies* 44, 1984, p. 69.

2. T. K. Scott a fait remarquer l'importance de la connaissance intuitive des termes pour la science ockhamienne; cf. T. K. Scott, « Ockham on evidence, necessity, and intuition », *Journal of the History of Philosophy* 7, 1969, p. 27-49. Cf. *Exp. Phys.*, I, 1, 1, l. 187-196, p. 20-21 et *Exp. Phys.*, I, I, 2, l. 38-46, p. 22-23. Cette description me semble préférable au vocabulaire kantien de condition de possibilité, comme celui de Cyrille Michon (cf. C. Michon, *op. cit.*, p. 54). Il y a moins unc déduction quc l'cxplication dcs proccssus qui ont lieu naturellement.

3. Cf. entre autres, le toujours très éclairant M. Adams, *William Ockham*, *op. cit.*, p. 495-550; pour des examens récents de ce point, cf. R. Pasnau, *Theories of cognition in the later Middle Ages*, Cambridge University Press, 1997; J. Biard, *Guillaume d'Ockham – Logique et philosophie*, PUF, 1997, p. 55-83; E. Karger, « Ockham's misunderstood theory of intuitive and abstractive cognition », dans P. V. Spade (éd.), *The Cambridge Companion to Ockham*, Cambridge University Press, 1999, p. 204-226. Pour une discussion des théories de la connaissance aux XIIIe et XIVe siècles, qui montre bien les rapports entre celles-ci et les théories psychologiques, cf. K. H. Tachau, *Vision and certitude in the age of Ockham*, *op. cit.*

4. Cf. T. K. Scott, « Ockham on evidence, necessity and intuition », art. cit., p. 40; A. Ghisalberti, *Guglielmo di Ockham*, Vita e Pensiero, 1972, p. 67; C. Michon, *Nominalisme*, *op. cit.*, p. 65-66.

5. « Intuitive cognition amounts to the evidential justification for making true existential judgements. That is to say, if someone were to challenge an existential claim, I would, naturally, appeal to intuitive cognition for the justification of my claim to know that something exists, or, alternatively, that something does not exist. », P. Streveler, « Ockham and his critics on intuitive cognition », *Franciscan Studies* 32, 1975, p. 225.

ment à des vérités contingentes, mais est déjà présent dans la cause de cet assentiment.

Cette fonction épistémique de la connaissance des termes dans la connaissance évidente a été l'objet d'un certain malentendu dans la littérature. John Boler a montré que l'évidence n'avait pas chez Ockham le rôle qu'elle sera appelée à jouer chez Descartes [1]. Il n'y a toutefois aucune raison de penser qu'Ockham se soit occupé d'un programme épistémologique cartésien, avec la réfutation du scepticisme et l'introspection à la clé. Tout rôle épistémique n'est pas l'évidence cartésienne. Il a cherché à expliquer comment nous arrivons à donner l'assentiment à des propositions vraies, et à définir par là le savoir. La théorie ockhamienne de la connaissance évidente est une réponse à ce dernier point qui ne passe pas par les mêmes chemins que ceux empruntés par Descartes.

LA FORMATION, L'APPRÉHENSION ET LA CONNAISSANCE ÉVIDENTE DE LA PROPOSITION

La connaissance des termes n'est pas une condition suffisante pour la connaissance évidente d'une proposition :

> … par le terme "par soi" n'est pas exclue la connaissance des termes, ni la connaissance des termes n'est la cause suffisante d'une telle connaissance, mais avec la connaissance des termes est requise la formation de la proposition à partir de ces termes et comme … la formation de la proposition ne peut se faire que par la volonté, pour la connaissance d'une proposition connue par soi la volonté même est requise comme cause efficiente, du moins médiate [2].

Ceci vaut pour toute proposition connue de façon évidente, et non pas seulement pour les propositions connues par soi, comme le texte nous

1. « The issue is neither certainty nor justification – at least as those are preoccupations of the epistemology of the modern. It has to do, rather, with how to talk simply and coherently about how we put together propositions and what those propositions are about – that is, how to talk about knowledge and its objects – without confusing thought and things independent of thought. », J. Boler, « Ockham on intuitive cognition », art. cit., p. 99. Ou encore : « … it seems to me exceedingly unlikely that Ockham intended to maintain (what is commonly ascribed to Descartes) that our cognitive states are essential evidence for what we believe to be the case. », J. Boler, « Ockham on evident cognition », art. cit., p. 86.

2. « … per ly per se non excluditur notitia terminorum, nec notitia terminorum est causa sufficiens respectu talis notitiae, sed cum notitia terminorum requiritur formatio propositionis ex illis terminis, et ita cum … formatio propositionis non possit fieri nisi mediante voluntate, ad notitiam propositionis per se notae requiritur ipsa voluntas tamquam causa efficiens saltem mediata. » *Ord. I*, d. 3, q. 4, p. 438, l. 13-19.

rappelle tout de suite[1]. La définition de "connaissance évidente" offerte au début de l'*Ordinatio* doit donc être amendée par une clause assurant la formation de la proposition[2].

Il est caractéristique d'Ockham de montrer la distinction conceptuelle par la possibilité d'une séparation réelle. S'il a souvent recours à la toute-puissance divine, il peut le faire ici à moindres frais, par la simple volonté humaine. En un certain sens, la connaissance des termes n'est jamais suffisante pour la connaissance évidente des propositions, puisque la proposition peut ne pas exister, les termes étant connus et présents à l'esprit. Mais il y a une asymétrie dans ces deux conditions pour une connaissance évidente. La formation d'une proposition ne joue aucun rôle épistémique : dire que j'ai la proposition *p* dans l'esprit n'a aucune importance pour le jugement de la valeur de vérité de *p*, même si *p* ne peut être vraie que si elle existe. La connaissance intuitive, au contraire, indique la raison pour laquelle un jugement contingent est vrai et, dans cette mesure, justifie le fait que ce jugement soit une connaissance, et non pas une simple croyance. La connaissance intuitive de Socrate est pertinente pour juger que la proposition "Socrate existe" est vraie – je peux très bien dire que je sais que la proposition "Socrate existe" est vraie parce que j'ai vu Socrate, comme le remarque Paul Streveler. De même, les termes d'une proposition connue par soi expliquent sa vérité (*causa veritatis*), comme le souligne Duns Scot. Il n'est pas difficile d'annuler en quelque sorte cette condition d'existence d'une proposition par une explication contrefactuelle dans la définition de la connaissance évidente : si, étant donné la connaissance des termes qui forment *p*, si *p* est formée par *S*, alors l'assentiment à *p* par *S* est causé de façon immédiate, alors *p* est connue de façon évidente.

Le rôle épistémique de la connaissance des termes dans la connaissance évidente est parallèle à son rôle causal dans la production de l'assentiment, et ne dépend pas de la disposition d'y avoir recours pour justifier la proposition acceptée. Il est même indépendant de la connaissance de la chaîne causale qui a mené à l'assentiment. Il ne saurait donc être question de demander un recours ultérieur et conscient à ce processus pour éclaircir son importance pour la connaissance. En outre, les situations dans lesquelles les conditions pour l'assentiment sont réunies, sans que la connaissance évidente ait lieu, correspondent à des défaillances d'un processus causal, et non pas à des dispositions épistémiques non reconnues par le sujet connais-

1. *Ord. I*, d. 3, q. 4, p. 438, l. 19-p. 439, l. 1.

2. Cf. aussi *Quaest. Var.*, q. V, l. 280-289, p. 170. A la suite de Marlyn Adams on peut noter que le vocabulaire ockhamien devient parfois inconsistant en raison de cette exigence ; cf. M. Adams, *William Ockham*, *op. cit.*, p. 532.

sant, ce qui serait le cas si la connaissance évidente dépendait de la capacité à justifier une assertion, cette deuxième situation étant évidemment beaucoup plus courante que la première.

En fait, la situation est plus complexe, puisqu'il y a une certaine forme de savoir qui ne s'accompagne pas de l'appréhension de la proposition, bien que celle-ci soit formée[1]. Il peut en effet y avoir un assentiment et un savoir sans l'appréhension de la proposition :

> ... je dis que cet acte n'a pas un complexe pour objet; et donc, comme cet acte peut exister par la seule formation du complexe, sans aucune appréhension du complexe, il ne peut être un acte d'assentiment au complexe. Ainsi l'illettré (*laicus*), qui sait que la pierre n'est pas un âne, ne pense pas à une proposition, et donc ne donne pas l'assentiment à une proposition. Bien qu'il donne son assentiment et sache que les choses sont ou qu'elles ne sont pas de telle ou telle façon par une proposition formée dans l'intellect, il ne le perçoit pas. Cet acte a une chose extérieure comme objet, par exemple une pierre et un âne, toutefois ni la pierre ni l'âne ne sont connus, mais il est connu que la pierre même n'est pas l'âne[2].

Dans l'hypothèse examinée, quelqu'un voit une pierre et un âne, sait que la pierre n'est pas l'âne, forme la proposition "la pierre n'est pas l'âne" dans l'intellect, mais ne l'appréhende pas. Il y a bien la formation de la proposition comme réquisit du savoir, mais cette proposition n'étant pas elle-même appréhendée, ne peut être l'objet de l'acte d'assentiment. Qu'arrive-t-il au *laicus* dans ce cas ? Il sait que la pierre n'est pas l'âne, mais aucune proposition n'est sue par lui. Faut-il dire qu'il n'est pas « porté aux

1. Ce problème n'apparaît que quand Ockham identifie concepts et propositions aux actes mentaux, soit la deuxième phase de sa carrière. Lorsqu'il adopte la théorie qui identifie (du moins certains) concepts et propositions à des *ficta* mentaux, « ... there is no distinction whatsoever to be drawn between the act of a forming mental sentence and that of apprehending it. », E. Karger, « William of Ockham, Walter Chatton and Adam of Wodeham on the objects of knowledge and belief», *Vivarium* 34, 1995, p. 176. Cf. aussi E. Karger, « Théories de la pensée, de ses objets et de son discours chez Guillaume d'Occam », *Dialogue* 33, 1994. Je remercie Claude Panaccio pour la discussion de ce point.

2. « ... dico quod ille actus non habet complexum pro obiecto; tum quia ille actus potest esse per solam formationem complexi et sine omni apprehensione complexi, et ita non potest esse actus assentiendi complexo; tum quia laicus sciens quod lapis non est asinus, nihil cogitat de propositione, et per consequens non assentit propositioni. Licet assentiat et sciat quod sic est in re vel non est, mediante propositione formata in intellectu, tamen hoc non percipit; sed iste actus habet res extra pro obiectis, puta lapidem et asinum, et tamen nec lapis est scitus nec asinus, sed scitur quod ipse lapis non est asinus. », *Quod.*, III, 8, l. 20-29, p. 233-234. Sur le sens du mot "*laicus*" au Moyen Âge, cf. R. Imbach, *Dante, la philosophie et les laïcs*, Cerf-Editions Universitaires de Fribourg, 1996, p. 8-13.

actes de pensée réflexive», comme le veut Elizabeth Karger[1]? Qu'est-ce que lui manque, un savoir sur soi ou la constitution propre d'un savoir sur les choses?

Selon Ockham, cette situation ne correspond pas au savoir au sens propre:

> Et si tu me demandes si quelque chose est connu par cet acte, je dis qu'à proprement parler, on ne doit pas dire que quelque chose est connu par cet acte, mais que par cet acte il est connu que la pierre n'est pas un âne, et cet acte équivaut à bien des égards (*quantum ad multa*) à un certain complexe par lequel quelque chose est connu[2].

Si l'interprétation qu'il faut donner de la différence entre les deux situations n'est pas claire, il semble qu'il n'y ait de savoir au sens propre que là où une proposition est l'objet de l'assentiment et donc de la connaissance[3]. Ce sens n'est pas seulement celui qui nous permet de dire que seul le vrai est connu ou celui de la science démonstrative, il est aussi le premier et le plus commun[4]. Dans l'interprétation d'Elizabeth Karger, ce deuxième sens correspond toujours à un acte réflexif, ce qui est sans doute une conséquence inacceptable[5]. Comment en effet l'acte de savoir premier et le plus commun serait-il réflexif? Ockham ne dit toutefois pas qu'il s'agit d'un acte réflexif. Cet argument *ex silentio* n'est pas sans importance, mais il n'est pas le seul. Il reste en fait une difficulté conceptuelle qui résulte de cette lecture.

Suivant une suggestion de Claude Panaccio rapportée par Elizabeth Karger[6], on peut recourir à une autre question quodlibétale:

1. Karger, E., «Théories de la pensée, de ses objets et de son discours chez Guillaume d'Occam», art. cit., p. 450.

2. «Et si quaeras utrum aliquid scitur isto actu, dico quod proprie loquendo, non debet dici quod aliquid scitur isto actu, sed quod isto actu scitur quod lapis non est asinus; et iste actus aequivalet quantum ad multa alicui complexo quo aliquid scitur.», *Quod.*, III, 8, l. 20-34, p. 233-234.

3. *Quod.*, III, 8, l. 40-50, p. 234-235.

4. *Quod.*, III, 8, l. 51-54, p. 235.

5. «Whereas formerly such an act was practically in all cases a non-reflexive act, since mental sentences, as they were conceived, practically never included mental acts, now, on the contrary, such an act will necessarily be reflexive, since mental sentences, as now conceived, are all composed of mental acts.», E. Karger, «William of Ockham, Walter Chatton and Adam of Wodeham on the objects of knowledge and belief», art. cit., p. 179; cf. aussi E. Karger, «Théories de la pensée, de ses objets et de son discours chez Guillaume d'Occam», art. cit., p. 450-451.

6. E. Karger, «William of Ockham, Walter Chatton and Adam of Wodeham on the objects of knowledge and belief», art. cit., p. 179, note 31.

> … il y a deux appréhensions : une est celle qui est la composition et la division, ou la formation d'une proposition ; une autre est celle qui est la connaissance (*cognitio*) de ce complexe déjà formé, comme la connaissance d'une blancheur est dite son appréhension[1].

Or si l'appréhension qui manque au *laicus* est la deuxième, il s'ensuit qu'il peut avoir une appréhension au premier sens.

Ces deux questions quodlibétales présentent un schéma à trois possibilités :

(a) *A* forme la proposition mais ne l'appréhende pas ;
(b) *B* forme la proposition, l'appréhende, mais n'en a pas de connaissance de la même façon que celui qui connaît une blancheur en a une appréhension ;
(c) *C* forme la proposition, l'appréhende, et en a une connaissance de la même façon que celui qui connaît une blancheur est dit en avoir une appréhension.

Il n'est pas facile de trouver une interprétation qui rende ces trois situations compréhensibles. La première hypothèse est de dire que (b) correspond à un acte réflexif, et la distinction entre (a) et (b) est claire. Mais si *B* a déjà un acte réflexif, on se demande quelle peut bien être la différence entre (b) et (c). Il est clair que (c) correspond à une connaissance réflexive, dans laquelle la proposition formée est connue ; *C* semble en effet être porté aux actes de pensée réflexive, il est peut-être même un philosophe ! Si (b) est déjà un acte réflexif, *B* est dans la situation décrite dans (c), et nous avons seulement deux situations plausibles. Si en revanche (b) n'est pas réflexif, la différence entre (b) et (c) est manifeste, il faut admettre qu'il y a une appréhension de la proposition qui n'est pas un acte réflexif. Mais dans ce cas nous n'avons plus de moyen pour distinguer (a) de (b). En effet, la situation (b) correspond à la formation de la proposition (*compositio et divisio propositionis sive formatio*). Il y aura non seulement un dédoublement de l'appréhension, mais aussi de la formation de la proposition, pour distinguer entre (a) et (b).

Ce que l'on gagne d'un côté, on le perd de l'autre. Si toute appréhension d'une proposition est réflexive, il n'y a pas de différence entre (b) et (c). Mais si (b) n'est pas réflexif, on ne voit pas quelle pourrait être la différence entre (a) et (b). Le point sensible est de savoir comment (b) peut être entre (a) et (c). Assumons que (c), et non pas (b), correspond aux actes réflexifs

1. « … duplex est apprehensio : una quae est compositio et divisio propositionis sive formatio; alia est quae est cognitio ipsius complexi iam formati, sicut cognitio albedinis dicitur eius apprehensio. », *Quod.*, V, 6, l. 20-23, p. 501.

par lesquels l'on prend ce que l'on pense comme objet de réflexion. Quelle serait exactement la différence entre (a) et (b) ?

J'ai devant moi une table, un ordinateur, une tasse de café. Je sais que ce sont des objets différents, même si je n'y pense pas chaque fois que je les regarde. Dans quel sens puis-je être dit savoir que ce sont des objets différents ? Il est clair qu'une simple disposition ne résout pas le problème (si on me demandait si la tasse de café etc.), puisqu'il y a bien la formation d'une proposition dans les trois cas, et non pas une proposition qui serait formée si on me posait telle ou telle question. Peut-on dire que parfois je pense que la tasse de café existe, qu'elle n'est pas la table etc., sans y faire attention ? Dans ce cas, quand je ferai attention à ce que je pense, j'aurai un acte réflexif sur mes pensées. Mais quand je saurai avec précision toutes les propositions du type "la tasse de café n'est pas la table" que j'ai pu avoir dans mon esprit concernant les différents objets dans mon bureau, qu'aurai-je fait exactement ? Le tour de mes pensées pendant que mon regard passe d'un objet à un autre ou un inventaire des objets que j'ai dans mon champ de vision ? Peut-être Ockham veut-il dire que j'aurai vraiment un savoir sur les objets qui m'entourent seulement quand j'aurai formé dans mon esprit, consciemment, des propositions les concernant. Nous dirons cette appréhension ou formation non réflexive, parce qu'elle porte sur les objets, et consciente, et elle peut correspondre à (b), alors que dans (a) la proposition n'est pas formée de façon consciente. Il est même légitime de penser qu'il y a une continuité entre la volonté comme cause de formation de la proposition et la volonté comme cause d'appréhension de la proposition, réflexive ou non, ce qui contribue à la cohérence de l'image ockhamiste du savoir.

La situation est plus claire si l'on pense à un savoir organisé en démonstrations. En même temps qu'il est difficile de penser à une démonstration sans l'appréhension des propositions, il ne semble pas que les démonstrations soient des actes portés sur soi. C'est peut-être aussi une façon de décrire la différence entre regarder ce qu'il y a dans un tiroir sans y faire attention, et y regarder en cherchant quelque chose. Dans le premier cas, je sais que les chaussettes rouges sont dans le tiroir, mais n'ai pas formé la proposition "les chaussettes rouges sont dans le tiroir". Dans le deuxième cas, je forme la proposition, je fais attention à ce que je vois et au savoir que la perception me procure sur ce qui se trouve au tiroir, mais ce ne serait pas une bonne façon de décrire la situation, que de dire qu'en cherchant avec attention mes chaussettes rouges dans le tiroir, j'ai un acte réflexif porté sur mes pensées. On peut dire que dans le premier cas je ne sais pas vraiment ce qu'il y a dans le tiroir. Or Ockham dit précisément que la situation (a) n'est pas un savoir à proprement parler. Si (b) n'est pas un acte réflexif, mais simplement l'attention portée à ce que l'on pense, on n'aura aucun problème pour dire que cette situation représente la forme la plus commune et première du savoir.

Cette lecture peut avoir l'air de faire une différence sur des exemples qui non seulement ne se trouvent pas chez Ockham, et qui n'ont rien à voir avec le genre d'analyse que l'on trouve dans ses textes. Elle présente aussi le désavantage de dédoubler non pas une, mais deux notions, l'appréhension et la formation de la proposition, alors que seule la première est objet d'une distinction textuelle. Finalement, il y a au moins un texte qui la rend peu plausible[1]. Je pense toutefois que les arguments présentés sont de bonnes raisons pour ne pas adopter une interprétation qui attribue à la théorie ockhamienne une conséquence non seulement inacceptable, mais que, à notre connaissance, il n'admet explicitement nulle part. On peut encore dire que tout acte par lequel on sait à quelles propositions l'on pense est réflexif, il ne sera pas inadmissible de dire que tout savoir est un acte réflexif. Il faudra alors accepter une distinction entre un acte réflexif plus fort, qui prend des actes mentaux comme objet, et un acte réflexif plus faible, qui correspond simplement au fait de savoir ce que l'on pense[2]. Le gain de ces deux stratégies n'est pas négligeable, il s'agit simplement de rendre plausible le type de savoir qu'Ockham considère comme premier et commun (*prior et communiter*). Si la formation de la proposition est un réquisit nécessaire pour tout savoir, l'appréhension de la proposition est un réquisit pour le savoir à proprement parler. Aussi bien la formation que l'appréhension de la proposition sont des conditions psychologiques de la connaissance, qui exigent que la proposition existe dans l'esprit et, dans le deuxième cas, qu'elle soit appréhendée. Elles ne décident pas de l'évidence de la proposition, ce sont deux *background conditions*, à deux niveaux distincts, qui ne constituent pas des éléments de justification[3].

1. Un autre texte des *Quodlibeta* rend en effet ma lecture plus difficile, et favorise l'interprétation d'Elizabeth Karger : « ...apprehensio complexi nec est pars propositionis compositae ex cognitionibus rerum extra nec est ipsa propositio, quamvis possit esse pars unius alterius propositionis ; sed est una alia distincta cognitio tam a propositione quam ab assensu... », *Quod.*, IV, 16, l. 70-74, p. 379.

2. Ockham envisage ces deux sens de "*actus reflexus*" dans *Quod.*, I, 14, l. 24-40, p. 79-80.

3. J'emprunte l'idée et l'expression "*background condition*" à T. Burge, T., « Content preservation », *The Philosophical Review* 102, 1993, p. 457-488. Autrecourt tire les conséquences de la non distinction de ces deux niveaux ; cf. *Nicholas of Autrecourt – His Correspondence with Master Giles and Bernard of Arezzo*, ed. L.-M. De Rijk, Brill, 1994, Prima Epistola ad Bernardum, 12-13.

L'ASSENTIMENT ET LA VOLONTÉ

L'examen des rapports entre la volonté et l'intellect dans l'assentiment aux propositions aide à situer le rôle épistémique joué par l'évidence. La connaissance évidente exerce une contrainte de nature épistémique sur celui qui connaît :

> … quiconque connaît de façon évidente un certain complexe, ne peut le refuser (*dissentire*) par le seul pouvoir de la volonté, mais il faut qu'il soit persuadé par une raison plus forte qui meuve son intellect au refus, ou il faut qu'il oublie quelque chose connu de façon évidente [1].

On ne peut pas, par le seul pouvoir de la volonté, ne pas juger vraie, ou plutôt juger fausse une proposition connue de façon évidente. Si *p* est connu de façon évidente, pour changer l'assentiment à *p* en un refus il faut des raisons plus fortes que celles qui portaient à juger que *p* était vrai ou alors oublier les raisons de l'assentiment évident à *p*. Je me concentrerai sur la première clause.

Si un jugement évident ne peut être abandonné que par des raisons plus fortes, c'est bien parce que l'évidence est une sorte de raison. Si je vois un mur blanc, je ne peux pas donner mon assentiment à "il n'est pas vrai que ce mur soit blanc", à moins que je n'aie une raison plus forte pour le faire, comme une correction par l'intellect de ce qui me vient des sens (par exemple, je considère que les conditions d'illumination peuvent fausser ma vision etc.).

Selon ce texte, l'esprit ne peut refuser (*dissentire*) une proposition évidente, ne peut donner son assentiment à la proposition contraire, il n'est pas exactement contraint à donner son assentiment à une telle proposition, ce qui ne revient pas au même [2]. Il n'y a pas d'action qui s'impose à l'esprit, mais une action lui est interdite, ou plutôt impossible dans l'ordre naturel des choses, à savoir, donner son assentiment à la négation d'une proposition connue de façon évidente. Cette contrainte sera renforcée dans d'autres textes.

La volonté ne peut causer l'adhésion à ce qui paraît évidemment faux, comme une sorte de contrainte de rationalité à laquelle elle doit se soumettre. Ce type d'argument a un rôle important, comme nous l'avons

1. « … quicumque scit evidenter aliquod complexum, non potest dissentire illi complexo solo imperio voluntatis, sed oportet quod persuadetur per rationem fortius moventem intellectum suum ad dissentiendum, vel oportet quod obliviscatur alicuius evidenter noti. », *Ord. I*, Prol., q. 7, p. 192, l. 11-15.

2. Pour la distinction entre le refus et la non acceptation d'une proposition, cf. G. Priest, « Contradiction, belief and rationality », art. cit., p. 105-106.

vu, chez Duns Scot, qui, à la suite d'un texte du livre IV de la *Métaphysique* d'Aristote[1], voit l'adhésion simultanée à deux opinions contraires non pas comme une interdiction qui doit être respectée, mais comme une impossibilité naturelle, de la même façon qu'une même surface ne peut être en même temps entièrement noire et entièrement blanche. En fait, la situation n'est pas tout à fait la même chez les deux confrères oxoniens, Ockham n'a affaire ici qu'à un assentiment, alors que Scot parlait de contradiction, et donc de deux assentiments; les difficultés dans lesquelles ce dernier s'était trouvé étaient liées précisément à ce point. Dans les deux cas toutefois il ne s'agit pas d'une règle à suivre : le "peut" (*potest*) de "ne peut refuser" (*non potest dissentire*) n'a pas de poids normatif, c'est une description des possibilités naturelles de l'intellect. Or l'impossibilité d'un tel dissentiment à *p*, si *p* est connu de façon évidente, ne préjuge en rien d'une contrainte concernant l'assentiment à *p*. Il n'en va pas de même dans tous les textes ockhamiens.

Il est en effet des textes où la contrainte est plus forte, où la volonté ne peut empêcher l'assentiment à une proposition *p*, si *p* est connue de façon évidente. Ainsi peut-on lire dans un passage où il est question de l'assentiment à une proposition qui suit nécessairement d'autres propositions tenues pour vraies. Soit *p* une telle proposition :

> La volonté ne pourra nullement empêcher cet assentiment, une fois que ce complexe [*p*] est appréhendé, pas plus qu'elle ne peut empêcher l'assentiment à une proposition connue par soi, une fois que celle-ci est appréhendée. Ainsi la foi et l'acte de croyance à ce deuxième complexe [*p*] seront-ils causés par la connaissance de ses termes, son appréhension et par l'acte d'assentiment au premier complexe par lequel il est dit que cet homme dit et fait toujours le vrai. Parce qu'une fois ces conditions posées, sans aucune activité de l'intellect ou de la volonté, suit immédiatement et nécessairement l'assentiment relatif au deuxième complexe[2].

Il y a ici bien une action que la volonté ne peut empêcher, et non pas seulement une action qui lui est impossible. Non seulement la volonté ne peut empêcher l'assentiment à une proposition connue par soi, mais elle ne

1. Aristote, *Met.*, IV, 3, 1005b 18-35.

2. « Nec erit aliquo modo in potestate voluntatis impedire illum assensum, facta apprehensione illius complexi, non plus quam potest impedire assensum respectu propositionis per se notae, facta prius eius apprehensione. Ista igitur fides et actus credendi secundo complexo causabitur ex notitia terminorum huius complexi et apprehensione eius et ex actu assentiendi primo complexo quo reputat hominem universaliter veracem in dictis et factis. Quia ista positis, sine omni activitate intellectus vel voluntatis, statim sequitur necessario assensus respectu secundo complexi. », *Quaest. Var.*, q. V, l. 614-623, p. 185.

peut pas non plus empêcher l'assentiment à une proposition qui suit de façon évidente d'autres propositions acceptées comme vraies. C'est un trait commun à toutes les propositions connues de façon évidente, les propositions contingentes, les propositions connues par soi et les propositions qui suivent de façon évidente d'autres propositions.

L'évidence, la volonté et l'autorité sont les causes possibles de l'assentiment à une proposition[1]. Je laisserai de côté ici la notion d'autorité, plus difficile à situer et qui, me semble-t-il, ne reçoit pas un traitement systématique de la part d'Ockham. Elle n'a pas, de toute façon, l'importance théorique de l'évidence et de la volonté[2]. Il y a une asymétrie entre l'évidence et la volonté comme causes de l'assentiment : pour dire que *p* est vrai, je peux dire que *p* est justifié par l'évidence des choses (*evidentia rei*), mais non que *p* est vrai parce que je veux donner mon assentiment à *p*. Ma volonté peut être seulement la cause de mon assentiment à un certain nombre de propositions, non la cause de la vérité de ces propositions. Quand la volonté est la cause unique de l'assentiment, il s'agit d'un assentiment sans évidence. Mais que veut dire le manque d'évidence dans un assentiment ? Regardons deux textes qui traitent de ce point.

Quelle peut être la cause de l'assentiment à une proposition ? Soit *A* la proposition "celui-ci dit et fait toujours le vrai" (*iste est verax in dictis et factis*). Par quoi l'assentiment à *A* peut-il être causé ? Il y a cinq types de cause de l'assentiment, selon ce texte ockhamien : (I) la connaissance des termes (*notitia terminorum*) et l'appréhension du complexe ; (II) une autre connaissance évidente scientifique (*notitia evidens scientifica*) ; (III) la connaissance intuitive des extrêmes (*notitia intuitiva extremorum*) ; (IV)

1. « ... intellectus nulli adhaeret nisi propter evidentiam rei vel propter auctoritatem vel propter imperium voluntatis. », *Quaest. Var.*, q. VII, a. 3, l. 674-676, p. 370. Pour la volonté comme cause d'assentiment à un article de foi, cf. *Quaest. Var.*, q. V, l. 665-667, p. 187. Cf. aussi *Quod.*, IV, 6, l. 79-84, p. 326.

2. La place de l'autorité dans la description ockhamienne de la connaissance n'est pas sans ambiguïté. Parfois elle apparaît du côté de l'évidence plutôt que de la volonté : « Tertia conclusio probatur, quia sicut nihil debet poni nisi quando habetur experientia vel demonstratio vel auctoritates ad hoc ... », *Rep.*, III, q. 9, p. 281, l. 7-8. On peut aussi lire qu'une même proposition « ... potest sciri per rationem et auctoritatem. », *Quod.* V, 3, l. 22-23, p. 488. Il n'est pas clair comment interpréter "*sciri*" dans cette phrase. Si l'on donne une lecture forte, l'autorité produit le savoir ; si l'on donne une lecture plus faible, comme semble suggérer la question, qui distingue différents états épistémiques devant une même proposition, l'assentiment causé par l'autorité aura un statut épistémique moins fort que l'assentiment évident. Sur la notion d'autorité chez Ockham, cf. M. Adams, *William Ockham*, *op. cit.*, p. 1008 et R. Wood, *Ockham on the virtues*, Purdue University Press, 1997, p. 26-27.

une autre croyance (*ex alio actu credendi*) dont *A* suit de façon évidente; (V) la volonté[1].

Les trois premières possibilités sont des connaissances évidentes : le premier mode correspond aux propositions connues par soi et le troisième à la connaissance évidente par une connaissance intuitive. Le deuxième type reprend une clause de la définition de la connaissance évidente selon laquelle une connaissance évidente peut être causée de façon médiate par la connaissance des termes[2]. La deuxième possibilité correspond à la transmission de l'évidence de la connaissance des prémisses à la connaissance de la conclusion, une évidence donc causée médiatement. L'assentiment à *A* n'est en aucun de ces modes, il ne s'agit pas d'un assentiment évident, mais d'un acte de foi.

L'acte de foi n'est pas causé de façon évidente, dit Ockham, sinon il ne pourrait se distinguer d'autres actes d'assentiment[3]. S'il s'agissait de montrer que la foi est différente des propositions connues de façon évidente, l'argument serait circulaire. Tel n'est pas le but du texte. Il est admis que la foi naturellement acquise est distincte d'autres *habitus* d'adhésion aux propositions, donc la cause pour l'assentiment à un article de foi ne peut être la même que la cause de l'assentiment aux autres types de croyances. L'argument est le suivant : si les articles de foi étaient connus de façon évidente, ils ne seraient pas distincts d'autres types d'adhésion aux propositions; or les articles de foi sont distincts d'autres types d'adhésion aux propositions, donc ils ne sont pas connus de façon évidente. C'est un argument qui vise à montrer la dépendance de la différence entre les types d'assentiment des types de causes de l'assentiment : la cause de l'assentiment est le critère pour la séparation des états épistémiques, séparation qui met les propositions connues de façon évidente d'un côté, et celles qui ne le sont pas de l'autre.

1. *Quaest. Var.*, q. V, quaest. disp. 3, l. 629-635, p. 186.

2. Outre la définition de connaissance évidente dans *Ord.*, Prol., q. 1, p. 5, l. 19-21, voir, entre autres : « In secundo modo est notivia evidens ex obiecto, quia euis notitia causatur evidenter ex notitia evidenter praemissarum, et sic evidentia illius obiecti non accipitur praecise ex terminis sicut in primo modo, sed ex evidentia praemissarum. », *Quaest. Var.*, q. V, quaest. disp. 3, l. 639-643, p. 186. Pour une autre interprétation de la clause "*mediata*" dans la définition de la connaissance évidente, cf. A. Goddu, *The physics of William of Ockham*, Brill, 1984, p. 29-30; cf. toutefois, A. Goddu, « The dialectic of certitude and demonstrability among fourteenth-century ockhamists », dans S. Caroti et J. Murdoch (éds.), *Studies in Medieval Natural Philosophy*, Leo S. Olschki, 1989, p. 95-131.

3. « Sed actus fidei adquisitae, ut distinguitur ab aliis habitibus naturaliter adquisitis, non est evidens ex obiecto aliquo dictorum modorum sicut manifeste patet, quia aliter non distingueretur ab aliis habitibus, igitur etc. », *Quaest. Var.*, q. V, quaest. disp. 3, l. 646-650, p. 186-187.

Reprenons l'argument. L'examen de la quatrième possibilité est l'occasion pour Ockham d'examiner un sujet assez courant dans la théorie de la connaissance, une version de l'argument du cercle de la croyance. Si quelqu'un donne son assentiment à *A* parce qu'il a antérieurement donné son assentiment à la proposition « nul ne peut faire de telles choses s'il n'est pas vérace » (*nullus potest facere talia facta qualia iste facit nisi esset verax*), on demande comment l'assentiment à cette dernière proposition a été causé. Si ce n'est pas par un des trois premiers modes, et s'il est causé par le quatrième, on peut poser à nouveau la question,

> ... et l'on s'engagera dans un processus à l'infini, ce qui n'est pas convenable, à moins que l'on ne s'arrête à un certain complexe auquel l'on donne fermement l'assentiment. Et toutefois ce complexe n'est pas connu de façon évidente à partir de l'objet selon l'un des trois modes précédents, ni n'est connu à partir d'un autre complexe antérieur dont il est inféré. Il faut donc nécessairement dire, semble-t-il, qu'un tel complexe n'est cru à partir d'aucun des modes précédents [1].

Ce n'est pas un argument à propos de la justification ou de la fondation de la connaissance [2], et pour cause, il s'agit justement des croyances non évidentes, des articles de foi. Il faut néanmoins trouver un acte d'assentiment initial non évident pour éviter une régression à l'infini dans le processus psychologique d'assentiment. Cet acte ne peut être causé que par

1. « ... et erit processus in infinitum, quod est inconveniens, vel stabitur ad aliquod complexum cui aliquis firmiter assentit. Et tamen illud non est evidenter notum ex obiecto aliquo trium modorum praedictorum, nec est notum ex aliquo complexo priori ex quo infertur. Igitur oportet necessario, ut videtur, dicere quod aliquod tale complexum est simpliciter neutrum credenti quantum ad omnes modos praedictos. », *Quaest. Var.*, q. V, quaest. disp. 3, l. 656-663, p. 187.

2. Cet argument ressemble plus à la preuve du premier moteur qu'à la demande de justification, puisqu'il ne s'agit pas de justifier, mais d'expliquer comment quelque chose (à savoir, l'assentiment à une proposition) vient à l'existence. Je n'ai pas trouvé l'argument précis du cercle de la justification chez Ockham, malgré une remarque de Marilyn Adams en ce sens, le texte auquel elle renvoie traitant plutôt de différents degrés d'adhésion à une proposition (cf. M. Adams, *William Ockham, op. cit.*, p. 550). Un passage de la *Somme de Logique* (SL, III-2, 41, l. 14-23, p. 583-584) en est peut-être plus proche. Ceci ne veut pas dire que le *Venerabilis Inceptor* n'accepterait pas ce type d'argument. Au contraire, il l'utilise même pour le fondement des actes vertueux (*Quaest. Var.*, VII, a. 1, l. 105-112, p. 327-328 et a. 4, l. 105-115, p. 381). En outre, l'argument se trouve dans les *Seconds Analytiques*, I, 3. La différence entre les deux points de vue apparaît dans E. Sosa, « The foundations of foundationalism », *Noûs* 14, 1980, p. 547-549.

la volonté, la cinquième possibilité envisagée, réponse qui est reprise à la fin de ce passage[1].

Une autre thèse importante apparaît dans ce texte. Alors que l'assentiment à *A* n'est pas évident, l'intellect n'en est pas moins contraint à donner son assentiment à ce qui suit de *A*[2]. Même s'il n'y a pas d'évidence à transmettre, la conséquence est elle-même évidente. L'esprit fonctionne de la même façon dans un raisonnement et dans l'assentiment à une proposition évidente, idée que l'on trouve déjà chez Duns Scot[3]. Ce que la volonté ne peut empêcher n'est pas l'assentiment à une proposition vraie, après tout *A* peut bien être fausse, mais l'inférence elle-même. Tout comme dans le cas de l'assentiment évident, il s'agit d'une contrainte d'ordre rationnel. Par le fait que les propositions évidentes, ainsi que les conséquences, s'imposent à l'intellect, se dessine une théorie qui explique par la causalité naturelle le fonctionnement de l'esprit selon des contraintes rationnelles.

J'avais déjà fait remarquer chez Alhazen l'imposition de la conclusion d'un syllogisme à l'intellect, ou du moins avais-je cru pouvoir déceler cette caractéristique dans les syllogismes rapides. Ici, la conséquence d'un syllogisme perçu s'impose bien à l'intellect, qui ne peut éviter l'assentiment à la conclusion. Chez Ockham, il s'agit toutefois d'un processus causal, l'assentiment a lieu sans la volonté, une fois posées certaines conditions. En fait, nous verrons qu'un assentiment non évident peut aussi avoir lieu nécessairement et être indépendant de la volonté, c'est-à-dire s'imposer à l'intellect.

Dans une remarquable question quodlibétale, Ockham se demande si la connaissance acquise par l'écoute d'une prédication et par la vision des miracles est un assentiment (*habitus adhesivus*) différent de la foi[4]. Suivons le développement de la question :

> ... celui qui voit de tels miracles et écoute en même temps une prédication a une certitude et une évidence que n'a pas celui qui n'écoute que la

1. « Respondeo quod a notitia incomplexa terminorum et apprehensione complexi et ex actu volendi quod aliquis vult assentire tali complexo, quantumcumque evidentiam habeat. », *Quaest. Var.*, q. V, quaest. disp. 3, l. 665-667, p. 187.

2. *Quaest. Var.*, q. V, l. 614-623, p. 185.

3. Cf. Jean Duns Scot, *Ord. I*, d. 3, pars 1, q. 4, p. 135, 14-136, 2; 140, 12-115. Cf. aussi Nicolas d'Autrecourt, *op. cit.*, Prima Epistola, 21.

4. « Utrum audiens praedicationem articulorum fidei et videns miracula fieri pro illis adquirat aliquem habitum adhaesivum distinctum a fide », *Quod.*, IV, 6, p. l. 322-327.

> prédication; mais par la seule prédication ce dernier a la foi; donc celui qui voit des miracles a une autre disposition (*habitus*)[1].

L'argument pour la réponse positive est le suivant : (I) *S*, qui écoute une prédication et voit des miracles, a une certitude et une évidence que *S'*, qui écoute seulement une prédication, n'a pas; (II) or *S'* a la foi; (III) donc *S* a plus d'évidence et de certitude que *S'*. La conclusion a le poids de la prémisse (I). Celui qui écoute une prédication et voit un miracle a une certitude et une évidence (*aliquam certitudinem et evidentiam*) que n'a pas celui qui écoute seulement une prédication.

Doit-on garder à la fois la certitude et l'évidence? La réponse sera l'abandon de l'évidence, pour le type de raison indiquée dans la clause "*contra*" :

> Parce que sinon il pourrait y avoir un savoir (*scientia*) à propos de l'article de foi, ce qui est faux[2].

Aucun assentiment demandant la foi n'est évident, et pour cette raison elle n'atteint pas le même niveau épistémique que la science[3]. La conclusion va situer la différence entre les deux assentiments, causés par la vision d'un miracle et l'écoute d'une prédication ou seulement par l'écoute d'une prédication, dans le degré d'adhésion : celui-là est plus intense que celui-ci. La conclusion de l'argument va donc modifier la prémisse (I) : on devra dire que *S*, qui écoute une prédication et voit des miracles, a une certitude, c'est-à-dire une croyance plus forte, que *S'*, qui écoute seulement une prédication, n'a pas[4].

Le premier mouvement argumentatif d'Ockham consiste en effet à séparer ces raisons d'adhésion de l'évidence. Par la prédication et par les miracles il est possible d'adhérer aussi bien à des propositions vraies qu'à des propositions fausses, et ainsi un musulman peut croire à des

1. « ... videns talia miracula fieri et audiens praedicationem simul, aliquam certitudinem et evidentiam habet quam non habet audiens solam praedicationem; sed per solam praedicationem habet fidem; igitur alius habet aliquem alium habitum. », *Quod.*, IV, 6, l. 5-9, p. 322-323.

2. « Quia tunc de articulis fidei posset esse scientia, quod falsum est. », *Quod.*, IV, 6, l. 10-11, p. 323.

3. « Quod autem talis habitus – praeter fidem et habitus scientialis qui possunt naturaliter adquiri – non sit scientia proprie dicta patet, quia nihil scitur evidenter ad cuius assensum requiritur fides; quia habitus inclinans ad notitiam evidentem non dependet a fide quam e converso. Sed secundum omnes sanctos et omnes opinantes contrarium sine fide nullus potest assentire veritatibus credibilibus. Ergo respectu illorum non est scientia proprie dicta. », *Ord. I*, Prol., q. 7, p. 197, l. 16-22.

4. Un autre texte ockhamien donne deux sens à "*certitudo*", « pro adhaesione vel pro evidentia » (*Ord. I*, Prol., q. 7, p. 200, 6-7). Il est clair qu'il ne peut s'agir ici que d'adhésion.

propositions fausses par la prédication et par des miracles, ou du moins par ce qu'il juge être tel. Or

> ... aucun acte évident n'est relatif au faux, parce que par l'acte évident il est impliqué (*importatur*) qu'il est dans les choses tel qu'il est dénoté par la proposition à laquelle est donné l'assentiment[1].

Si l'assentiment à *p* a été causé par *C*, et si *C* peut causer aussi bien l'assentiment à des propositions vraies qu'à des propositions fausses, *C* ne cause pas la connaissance évidente. Pour cette raison,

> ... celui qui écoute une prédication et voit la réalisation des miracles, n'acquiert pas par là une connaissance évidente de ces articles, mais seulement la foi[2].

Deux états épistémiques sont distingués en fonction de l'implication ou non de la vérité par la cause de l'assentiment. Si l'on associe le savoir à l'assentiment évident et l'opinion à l'assentiment donné par des causes qui n'impliquent pas la vérité, il est en effet légitime d'y voir la distinction entre l'opinion et le savoir, par l'implication par ce dernier, et non pas par la première, de la vérité. En fait, Ockham distingue plus loin dans le texte la foi et l'opinion. J'y reviendrai.

Revenons sur l'argument central. Il est possible de construire cet argument en termes de prédicats épistémiques. On sait que le savoir implique le vrai ("*nihil scitur nisi verum*"), soit "$Kp \rightarrow p$" (où "K*p*" équivaut à "*p* est connu"); la disparition de la modalité "vrai" ne doit pas poser de problème[3]. On peut donc associer le savoir, par ce comportement logique, à l'acte évident – l'acte évident relatif à *p* sera représenté par "K*p*", ou plutôt par "K*ap*" pour "*p* est connu par *a*". Soient "M*ap*" et "R*ap*" respectivement "*a* donne l'assentiment à *p* en vertu de ce que *a* juge être la vision d'un miracle" et "*a* donne l'assentiment à *p* en vertu de ce que *a* juge être l'écoute d'une prédication"; dans l'argument, "*p*" est par hypothèse faux. Il est important de remarquer que "M*ap*" ne dit pas que *a* a vraiment eu la vision d'un miracle, ni même qu'il y a des miracles, mais seulement que *a* pense avoir vu un miracle (*pro qua fiunt miracula apparentia*). De

1. « ... nullus actus evidens est respectus falsi, quia per actum evidentem importatur quod ita sit in re sicut denotatur per propositionem cui assentitur. », *Quod.*, IV, 6, l. 15-18, p. 323.

2. « ... audiens praedicationem et videns miracula fieri, non adquirit per hoc notitiam evidentem de illis articulis, sed solum adquirit fidem. », *Quod.*, IV, 6, l. 13-15, p. 323.

3. « The next and perhaps the crucial element in Ockham's view is the claim that "is true" doesn't express a real property of a sentence over and above what the sentence itself expresses. In short, he embraces a disappearance theory of truth. », C. Normore, « Divine omniscience, omnipotence and future contingence : an overview », dans T. Rudavsky (éd.), *Divine omniscience and omnipotence in medieval philosophy*, Reidel, 1985, p. 14.

même pour "R*ap*", il est indifférent que ce soit vraiment une prédication ou, disons, une hallucination ou un cours de philosophie pris pour une prédication. D'une part, on évite le problème de savoir si ce qui est vu par *a* est vraiment un miracle, d'autre part, on indique que seulement ce qui est appréhendé par un sujet peut être une cause de croyance pour ce sujet. Ces trois prédicats à deux places indiquent ce qui cause, dans un sujet donné, l'assentiment à une proposition.

L'argument peut être reconstruit comme une réduction à l'absurde, à partir des prémisses (I), (II) et (III) :

(I) (Map $\wedge$ Rap) $\rightarrow$ Kap	*ex hypothesi*
(II) (Map $\wedge$ Rap) $\wedge$~p	*ex hypothesi*
(III) Kap $\rightarrow$ p	*nihil scitur nisi verum*
(IV) ~ p	(II), simplification
(V) Map $\wedge$ Rap	(II), simplification
(VI) Kap	(I), (V), *modus ponens*
(VII) p	(III), (VI), *modus ponens*
(VIII) ~p $\wedge$ p	(IV), (VII), conjonction

La prémisse (III) est acceptée par à peu près tout le monde. Abandonner la prémisse (II) serait équivalent, soit à considérer comme vrais les articles de foi musulmans, soit à dire qu'ils ne sont pas acceptés par la croyance aux miracles et aux prédications. Le refus de la deuxième branche de l'alternative a pour conséquence très importante l'association des causes de croyances d'un musulman et d'un chrétien. Si ce mouvement est aidé par l'inclusion d'un indice pour le sujet connaissant, il fait également partie de la considération de ce qui se sépare de la foi chrétienne comme rationnel, un aspect de ce que Joël Biard appelle la « preuve par les infidèles » [1].

Par cet argument, la prémisse (I) doit être abandonnée, il n'y a pas de connaissance causée par la vision d'un miracle et par l'écoute d'une prédication. La foi peut notamment être associée ici à l'opinion, c'est-à-dire à une adhésion qui n'implique pas le vrai. L'argument montre qu'il y a des conditions suffisantes pour avoir une opinion qui ne suffisent point à garantir le savoir, ces mêmes conditions pouvant être à l'origine d'une croyance fausse. En effet, si l'hypothèse (II) identifie une opinion acceptée par la vision d'un miracle et l'écoute d'une prédication à une croyance fausse, rien n'empêche qu'une croyance vraie soit acceptée par ces mêmes causes.

1. J. Biard, *Guillaume d'Ockham – Logique et philosophie*, *op. cit.*, p. 95 et *Guillaume d'Ockham et la théologie*, Paris, Cerf, 1999, p. 43. Cf. *Ord. I*, Prol., q. 7, p. 188, l. 1-9.

La première objection fournit l'occasion à Ockham d'éclaircir les différents processus d'assentiment. Si la volonté agit vertueusement en ordonnant l'assentiment aux articles de foi, elle le fait selon la droite raison (*recta ratio*). Si tel n'était pas le cas, la volonté ne serait pas vertueuse. Cet assentiment selon la droite raison est ou bien évident, et dans ce cas l'assentiment aux actes de foi est lui-même évident, ou bien non, et alors la volonté l'ordonne parce qu'elle le veut (*quia vult*) et, sans suivre la raison, elle n'est pas vertueuse[1].

L'assentiment peut se faire dans deux situations possibles, soit celui qui le donne sait répondre aux arguments pour la foi, c'est-à-dire, il voit que ces arguments ne produisent pas d'évidence pour la foi, soit il ne sait pas le faire[2]. S'il ne les comprend pas,

> ...alors une telle personne adhère nécessairement à l'article, cependant non de façon évidente, mais plutôt donne l'assentiment en raison de l'ignorance, puisqu'elle ne sait pas répondre aux arguments. Et un tel assentiment n'est pas vertueux, puisqu'il n'est pas dans le pouvoir de la volonté[3].

Un acte qui ne dépend pas de la volonté n'est pas vertueux. Mais pourquoi un tel acte ne dépend-il pas de la volonté ? L'assentiment a lieu nécessairement, il s'impose à l'intellect comme un acte évident, parce qu'il semble à l'ignorant (*nescius*) évident. La dynamique cognitive est la même que celle d'un assentiment évident, mais le point de départ est la non compréhension des raisons en jeu. Ce qui sépare l'assentiment nécessaire de l'assentiment volontaire est le fait que le premier soit le résultat d'un processus naturel qui suit un ordre rationnel ou qui semble rationnel, alors que le deuxième inclut un élément de décision qui ne découle pas directement de l'intellect.

Si la personne peut pour ainsi dire déjouer les arguments pour la foi, l'assentiment ne suit pas nécessairement. Dans ce cas, la volonté commande l'assentiment, et elle peut le faire vertueusement[4]. La volonté

1. Sur ce point, cf. aussi *Quaest. Var.*, VII, p. 323-407. Cf. C. Normore, « Picking and choosing : Anselm and Ockham on Choice », *Vivarium* 36, 1998, p. 23-39.

2. « Ad primo istorum et pro aliis solvendis distinguo de tali audiente : quia aut scit solvere argumenta facta pro fide et consequentias inferentes articulos et etiam miracula, aut nescit. », *Quod.*, IV, 6, l. 51-53, p. 325.

3. « ... tunc talis necessario adhaeret articulis, non tamen evidenter, sed magis assentit propter ignorantiam, quia nescit rationes solvere. Et talis assensus non est virtuosus, quia non est in potestate voluntatis. », *Quod.*, IV, 6, l. 54-57, p. 325.

4. « Si autem sciat solvere, tunc assentit contingenter et non necessario. Et illum assensum potest voluntas virtuose imperare, ut intellectus conservet adhaesionem fidei iam causatam respectu articulorum. », *Quod.*, IV, 6, l. 58-61, p. 325.

vertueuse (*volitio virtuosa*) présuppose la raison correcte, mais non pas la raison correcte évidente. L'acte vertueux de la volonté sera quand même motivé rationnellement :

> Parce que bien que la raison sache répondre aux arguments, parce que les arguments sont vraisemblables, et qu'elle n'a pas de raison contraire, estime que celui qui prédique est vérace, n'ayant repéré chez lui aucune fausseté, et voit des miracles être confirmés par la prédication, toutes ces choses simultanées causent, sans aucune action de la volonté, cet ordre que l'assentiment aux articles doit être commandé[1].

Une chose qui doit être faite n'est pas encore chose faite, et c'est à la volonté vertueuse de suivre ce que la raison commande de faire. Cet ordre donné à la volonté a la dynamique d'un assentiment évident, même s'il ne découle pas de la connaissance des termes des propositions et n'a pas la forme d'un syllogisme. Il est inévitable de penser ici à une motivation rationnelle pour la décision de donner l'assentiment à l'article de foi. Il se trouve que l'ordre est causé sans aucune activité de la volonté, comme un assentiment évident, alors que l'on pourrait s'attendre à un acte d'assentiment plus faible.

Il existe une réponse alternative : l'assentiment aux propositions "ce sont de vrais miracles", "ce prédicateur est vérace" etc. est donné par la volonté, et de là suit immédiatement l'assentiment à "l'assentiment relatif aux articles de foi doit être commandé". Dans ce cas, la volonté fonctionne à nouveau de façon tout à fait indépendante de la droite raison pour les premières propositions, et l'acte ne peut être intrinsèquement vertueux. L'acte vertueux dépend des premiers assentiments, et non pas du passage de ces assentiments à ce qui suit de façon évidente, tout comme ce qui suit de façon évidente des prémisses non évidentes n'est pas évident.

Cette dernière réponse soulève la question des premiers assentiments : comment les expliquer dans la première branche de l'alternative ? Sont-ils évidents ou causés par la volonté ? Y a-t-il une troisième possibilité ? Il n'y a pas vraiment de réponse ockhamienne. Si l'explication d'un assentiment aux premières propositions ("ce sont de vrais miracles" etc.) par la volonté dans la deuxième branche de l'alternative suggère que dans la première l'assentiment n'était pas volontaire, dans la première branche on apprend que celui qui donne l'assentiment sait que les propositions ne sont pas

1. « Quia quamvis sciat rationes solvere, quia tamen rationes sunt multum apparentes, nec aliquam rationem habet in contrarium, et reputat praedicantem articulos veracem pro eo quod nullam falsitatem reperit in eo, et videt praedicationem per miracula confirmari, omnia ista simul sine omni actu voluntatis causant illud dictamen quod assensus respectu articulorum est imperandus. » *Quod.*, IV, 6, l. 72-78, p. 325-326.

évidentes. De prime abord, il semble y avoir une troisième possibilité, comme le suggèrent Alfred Freddoso et Francis Kelley, une motivation rationnelle non contraignante[1]. Le problème est que seule l'acceptation de l'injonction donnée à la volonté ("l'assentiment relatif aux articles de foi doit être commandé") est décrite pour la première possibilité, et il s'agit d'une acceptation nécessaire. Le développement argumentatif de la question oscille entre un assentiment nécessaire et un assentiment volontaire, et l'on voit mal comment une telle possibilité théorique, qui n'a à ma connaissance aucun appui textuel explicite chez Ockham, pourrait exister et ne pas être envisagée au long de la question. Les propositions premières ("ce sont de vrais miracles" etc.) causent l'assentiment à l'ordre, et il est difficile de voir comment un assentiment peut à la fois être causé et ne pas être « *intellectually compelling* », selon l'expression d'Alfred Freddoso et Francis Kelley. Le *Venerabilis Inceptor* n'identifie que trois causes d'assentiment, la volonté, l'évidence et l'autorité, et aucune d'entre elles ne me semble équivalente à la motivation rationnelle non contraignante. Le problème est ainsi plus général : le modèle ockhamien pour l'acceptation des propositions ne semble pas avoir de place pour une motivation rationnelle qui ne corresponde pas à la causalité naturelle de la connaissance évidente.

Si cette évaluation est correcte, il y a une leçon générale à en tirer : soit une proposition est évidente, soit elle est acceptée par la volonté, et l'expectative de l'assentiment raisonnable, que l'on a cru pouvoir déceler dans la motivation de la volonté vertueuse par la droite raison, n'est pas satisfaite. Il faut en effet remonter aux premières propositions qui sont acceptées ou bien de façon évidente, ou bien par la seule volonté ; il manque une motivation rationnelle non contraignante, sans force causale. Si Ockham est sensible à la difficulté, il n'a peut-être pas les moyens de répondre à cette expectative d'un assentiment motivé non nécessaire. Peut-être faut-il avoir recours à l'autorité qui, à défaut de figurer dans ce texte, est une partie des ressources ockhamiennes, comme troisième cause de l'assentiment, à côté justement de l'évidence et de la volonté. Outre le fait que l'autorité ne figure pas dans ce texte (et l'on voit mal comment elle pourrait justifier les exemples examinés), ce recours se fait aussi aux dépens d'une motivation raisonnable, de l'expectative d'une rationalité plus faible, qui n'aurait pas à choisir exclusivement entre les propositions évidentes, les

1. Alfred Freddoso et Francis Kelley croient déceler dans cette question un acte d'assentiment qui correspond à ce que j'appelle une motivation rationnelle, qui n'est pas « intellectually compelling, but is instead merely such that there is a preponderance of evidence in its favor. », *Quod.* Questions, t. I, p. 269, note 30 ; voir aussi t. II, p. 403, note 7.

propositions acceptées par la simple volonté et celles acceptées en raison d'une autorité.

La deuxième objection vise la distinction entre l'opinion et la foi. L'assentiment à un article de foi est un acte véridique (*veridicus*), il est donc causé par une certitude (*propter aliquam certitudinem*). Or, poursuit l'objection, si la seule volonté était suffisante, elle pourrait causer une opinion, et aucune raison ne serait nécessaire. La réponse ockhamienne révèle bien la difficulté dans laquelle il se trouve. L'acte de foi est véridique, soit en raison de l'ignorance, soit en raison de la volonté, mais non pas en raison de l'évidence[1].

Comment un acte d'assentiment aux articles de foi est-il véridique ? La question vient juste de montrer que les causes de l'assentiment à un article de foi n'assurent pas sa vérité. Or la pierre de touche de la théorie ockhamienne de la connaissance est justement la liaison entre une cause spécifique d'assentiment et la valeur de vérité des propositions ainsi acceptées. C'est en effet une, sinon la question centrale de toute théorie de la connaissance : comment arrivons-nous (ou pouvons-nous arriver, ou pourrions-nous arriver) à des vérités ? La seule explication ockhamienne pour la liaison entre l'assentiment et la vérité est la théorie de la connaissance évidente. En disant qu'un article de foi est véridique sans établir aucun lien entre la cause de l'assentiment à l'article et sa valeur de vérité, Ockham abandonne plus que le résultat de son analyse dans ce passage, il se trouve sans son principal concept épistémologique, l'assentiment évident. Cette position n'est toutefois pas la seule soutenue par Ockham, la foi n'est pas toujours définie comme un acte véridique[2].

La même difficulté apparaît pour la compréhension de la distinction entre la foi et l'opinion par le fait que cette dernière ne soit pas causée par la volonté[3]. Par quoi l'opinion est-elle causée ? Ce ne peut être l'évidence. Il est difficile d'imaginer que ce soit aussi l'autorité. Les opinions dérivent-elles toujours des assentiments qui semblent seulement évidents ? Bien que théoriquement possible dans un cadre ockhamien, cela ne semble pas une

1. « Ad secundum dico quod ille actus assentiendi est veridicus, et est ipsa certitudo, quae non praesupponit aliam certitudinem evidentem ex qua evidenter sequitur. Sed aliquando praesupponit ignorantiam propter quam nescit argumenta solvere, aliquando praesupponit dictamen volutarie imperatum, sicut dictum est. », *Quod.*, IV, 6, l. 99-103, p. 326-327.

2. « ...fides secundum totum ambitum suum non est habitus veridicus, quia ita potest esse respectu falsorum sicut respectu verorum, secundum eum, tamen praeter illos habitus est aliquis habitus veridicus, quia sibi non potest subesse falsum. », *Ord. I*, q. 7, l. 200, 20-23. Cf. aussi section 3.1.

3. « Nec est simile de actu opinandi, quia ille non est natus causari per imperium voluntatis. », *Quod.*, IV, 6, l. 104-105, p. 327.

raison satisfaisante : je peux sans doute adhérer à une proposition pour laquelle je n'ai pas de raison évidente ni crois en avoir. Inversement, l'idée même que la volonté puisse produire un acte véridique semble absurde : il n'est certainement pas le cas que sont vraies toutes les propositions que l'on croit parce qu'on le veut. La solution est peut-être théologique : une volonté inspirée par la grâce est véridique[1].

Aussi bien l'objection que la réponse sont motivées par des considérations qui ne sont pas elles-mêmes épistémologiques. Comme il apparaît dans la première objection, qui a recours à la volonté vertueuse, l'enjeu est la valeur morale de l'acceptation des articles de foi. Il ne semble simplement pas digne de les considérer comme équivalents à l'opinion. On peut ajouter la clause stipulant que n'est un article de foi qu'une proposition vraie, mais ceci n'aura aucune conséquence épistémologique. En effet, si ce qui mène à l'assentiment aux articles de foi (censés être vrais) peut tout aussi bien mener à l'assentiment à des propositions fausses, aucun critère épistémologique ne pourra séparer la foi de l'opinion. Cette distinction entre opinion et foi n'aura toutefois pas des conséquences dans l'épistémologie ockhamienne, elle n'aura notamment aucune influence sur l'évaluation épistémique des propositions théologiques[2].

Des considérations de logique épistémique, c'est-à-dire du comportement logique des propositions affectées d'un prédicat épistémique, montrent une séparation importante entre le savoir d'un côté, et l'opinion et la foi de l'autre. L'opinion n'implique pas la vérité, aussi la conséquence "Socrate est cru être blanc, donc Socrate est blanc" (*Sortes creditur esse albus, igitur Sortes est albus*) n'est-elle pas valide, alors que "un blanc est su être un homme, donc un blanc est un homme" (*album scitur esse homo,*

1. « Ad ultimum dico quod in tali casu Deus, qui nunquam deserit creaturam rationalem sine auxiliis opportunis, inspiraret sibi cuius praedicatio esset vera et cuius falsa... », *Quod.*, IV, 6, l. 113-115, p. 327.

2. Un texte de Buridan est très proche d'Ockham dans la séparation non justifiée entre la foi et l'opinion : « Unde juxta hoc notandum est quod differentia est inter fidem, scientiam et opinionem. Scientia enim, cum firmitate veritatis et assensus requirit evidentiam, quam non habet fides vel opinio. Sed fides differt ab opinione quia fides requirit firmitatem veritatis et assensus, quorum neutrum requirit opinio. Tamen opinio cum illis duabus stare potest, ut dictum fuit; et differt a fide quia opinio est per humanam rationem ex sensibus deductam, fides autem ex voluntate, propter auctoritatem sacrae scripturae solum. », Jean Buridan, *Quest. In Post. Analyt.*, Q. 2a. La *firmitas veritatis et assensus* n'assure la condition de vérité pour la foi que par la stipulation que les propositions crues sont vraies. De même, la croyance à la vérité des propositions de la *sacra scriptura* est aussi objet de foi, et n'est pas plus étayée que les croyances qu'elle est censée garantir. Cf. toutefois L.-M. De Rijk, « Foi chrétienne et savoir humain – la lutte de Buridan contre les *theologizantes* », dans A. de Libera, A. Elamrani-Jamal et A. Galonnier (éds.), *Langages et Philosophies*, Vrin, 1997, p. 393-409.

igitur album est homo) l'est[1]. Or l'assentiment aux articles de foi se trouve dans la même situation. Si l'on considère la cause de l'assentiment, il peut s'agir d'une proposition fausse (le musulman, dans l'argument que l'on vient de voir). Si l'on ajoute qu'il ne s'agit d'un article de foi que si c'est une proposition vraie, seule cette clause supplémentaire permet l'implication de la vérité, et elle aurait le même effet ajoutée à une opinion quelconque; on peut passer de "*p* est une opinion vraie" à "*p* est vrai". Le comportement logique de ce qui est accepté comme un article de foi est équivalent à l'opinion, la condition de vérité ajoutée sans un critère épistémique n'a pas d'effet sur l'évaluation épistémique de ces assentiments. Si l'on peut avoir des raisons pour vouloir séparer l'opinion et la foi, ce ne sont pas des raisons épistémologiques, ce qui sera reconnu par Ockham dans son évaluation de la scientificité des propositions théologiques.

En fait, l'opinion vraie, ou la foi (*fides*), peut être identifiée au savoir, mais dans un sens très faible, comme il apparaît dans le Commentaire sur la *Physique*, où sont distingués quatre sens de "science". Le sens le plus large, qui n'inclut pas l'évidence, identifie la science à la foi, à l'opinion vraie, alors que les trois autres sens incluent comme exigence supplémentaire l'évidence[2].

Ces textes rendent saillant le point nodal de la théorie ockhamienne de la connaissance, la séparation entre les différents statuts épistémiques de nos croyances à partir des causes de l'assentiment. Certaines contraintes sont ainsi imposées à l'analyse des états épistémiques. Une proposition ou un terme ne peuvent causer un assentiment que s'ils existent dans l'esprit du connaissant, s'ils sont connus par lui. Cette présence est nécessaire pour que l'action causale psychologique puisse s'exercer. Ainsi faut-il ajouter la clause "connaissance de", celle-ci est toujours au moins implicite, chaque fois que l'on parle d'une proposition ou d'un terme comme causant l'assentiment à une proposition. Le terme "connu" est ici synonyme de "appréhendé". La référence au sujet connaissant, indiquée par *a* dans présentation du prédicat "connu" par "K*ap*", est essentielle. S'il est possible d'en faire parfois l'économie, et dire, par exemple, que seul le vrai est connu (*nihil scitur nisi verum*) sans référence à celui qui connaît, ce n'est plus le cas dans les contextes où il s'agit d'établir le statut épistémique de telle ou telle croyance. En effet, comme le critère d'identification du

1. SL, III-3, 11, l. 44-48, p. 639. Cf. aussi SL, III-3, 18, l. 302-304, p. 661.

2. « Una est quod scientia uno modo est certa notitia alicuius veri; et sic sciuntur aliqua per fidem tantum ... quia tamen eis sine omni dubitatione adhaeremus et sunt vera, dicimur scire illa. », *Exp. Phys.*, Prol., 2, l. 29-30, p. 5. Sur les sens de "*scientia*", cf. section 3.1.

savoir et de l'opinion est dans la cause de l'assentiment, il faut voir quelle a été la cause de l'assentiment pour chaque sujet particulier. Aussi la question quodlibétale IV, 6 fait-elle référence à celui qui écoute une prédication etc. Il n'y a aucun sens à dire que la cause de l'assentiment à p est q (ou que la cause de la connaissance de p est la connaissance de q) si ce n'est la cause dans un esprit particulier. La distinction entre le savoir et l'opinion sera toujours le savoir et l'opinion d'un individu, puisque le critère de séparation ne fonctionne que pour un seul individu. Dire qu'une proposition est connue, et non pas crue, est toujours dire qu'elle est connue par a. Il est possible d'étendre ce genre de jugement par une conditionnelle : pour tout individu x, si x est dans telle et telle condition (par exemple, si x a déjà vu des lions et a le concept d'animal), x donnera son assentiment de façon évidente une telle proposition (par exemple, "un lion peut être un animal"). Ceci permet des considérations générales sur la connaissance, mais ne change rien au fait que la causalité propre au savoir ne peut avoir lieu que dans un individu, et c'est en référence à des processus ayant lieu dans chaque individu qui se fera le partage entre l'opinion et le savoir.

Un autre point important se trouve dans le fait que la volonté semble être une cause de l'assentiment tout à fait équivalente, du point de vue psychologique, à l'évidence. On peut estimer que l'immédiateté de l'assentiment évident produit une phénoménologie différente de l'assentiment causé par la volonté, mais cette différence peut s'estomper par le fait que la chaîne causale qui mène à l'assentiment n'est pas censée être accessible à l'introspection, et l'on peut simplement ne pas se rendre compte de différentes causes de l'assentiment. Devant une proposition dont il ignore la valeur de vérité, l'esprit peut simplement décider d'y donner son assentiment[1]. La possibilité de décider de croire est la marque d'un volontarisme doxastique qui ne va pas du tout de soi[2]. On peut en effet penser que l'on ne peut donner son assentiment à une proposition par la simple volonté, que l'adhésion suit toujours un certain état épistémique. Ce volontarisme est limité par le fait que l'on ne peut éviter de donner l'assentiment à une proposition évidente. Comme Ockham le dit à plus d'une reprise, la connaissance évidente est soustraite à l'emprise de la volonté, ce qui a la très importante conséquence de marquer la limite entre la causalité libre et la causalité naturelle.

1. « Item, omnis intellectus apprehendens propositionem sibi neutram vel ignotam potest sibi assentire si voluntas velit. », *Rep.*, II, q. 14, p. 320, l. 13-14.

2. Les difficultés du volontarisme doxastique sont mises en évidence dans l'article classique Bernard Williams, « Deciding to believe », dans H. Kiefer et M. Munitz (éds.), *Language, belief and metaphysics*, State University of New York Press, 1970, p. 95-111.

Le doute radical cartésien serait pour Ockham naturellement impossible, et ne peut certainement pas être l'effet de la volonté. On peut toutefois estimer que Descartes pense à l'acceptation des propositions, c'est-à-dire à un acte conscient, dans un cadre délimité, non soumis à des inclinations naturelles, plutôt qu'à la croyance, à ce qui s'impose naturellement à l'esprit[1]. Cette remarque ne permet pas seulement une sorte de réponse cartésienne à Ockham, mais jette un doute supplémentaire sur la capacité de la théorie du philosophe médiéval à rendre compte des différents types d'assertion. La volonté semble en effet relever plus de l'acceptation que de la croyance, plus de la décision consciente de prendre comme vraies des propositions dans un cadre donné, que de l'adhésion qui s'impose à l'esprit sans une décision consciente. Ockham développe toute sa théorie autour de la croyance, et une partie de ses difficultés vient peut-être des difficultés d'adaptation de ce modèle à l'acceptation des propositions.

Il est possible de répondre à la question posée plus haut : qu'est-ce qui différencie celui qui donne son assentiment avec évidence de celui qui donne son assentiment par la seule volonté ? Si l'on définit la justification comme la liaison entre la cause d'acceptation d'une proposition et sa valeur de vérité, celui qui donne son assentiment à une proposition sans évidence n'est pas justifié à croire cette proposition vraie, ce qui cause son assentiment n'a aucun lien avec la valeur de vérité de la proposition. Si l'évidence et la volonté sont à certains égards des causes équivalentes de l'assentiment, si bien qu'elles peuvent apparaître dans une même liste à côté de l'autorité, seule la première est aussi la justification de l'assentiment à la proposition. L'évidence fournit un critère pour distinguer le savoir de la foi et de l'opinion : le premier ne peut pas ne pas être vrai, alors que les dernières n'ont pas leur vérité assurée. Cette distinction, dont on ne saurait exagérer l'importance, montre le rôle que joue l'évidence dans la théorie ockhamienne du savoir, notamment dans le partage épistémique des différentes vérités auxquelles nous avons accès.

La causalité naturelle, non libre, à l'œuvre dans l'assentiment évident, explique un autre trait de ce type de connaissance. L'assentiment aux propositions connues de façon évidente suit immédiatement (*statim*) l'appréhension des termes[2]. C'est un aspect de la dynamique de l'assentiment aux

1. Sur cette distinction, cf. L. J. Cohen, *Belief and acceptance*, Clarendon Press, 1992. Au long du texte, j'utilise "acceptation" comme équivalent à "assentiment", et non pas selon ce sens qui la distingue de l'opinion.

2. « Et vocantur principia prima, quae subdividi possunt : quia quaedam principia prima sunt per se nota, quibus scilicet intellectus statim assentit ipsis terminis apprehensis, ita quod si sciatur quid significant termini, statim sciuntur. », SL, III-2, 4, l. 39-42, p. 511 ; « … quia

propositions évidentes qui se trouve dans l'assentiment aux premiers principes chez Duns Scot et chez Alhazen, entre autres[1]. Ce dernier l'explique par un raisonnement rapide, non perçu par l'esprit. Le premier n'avance pas vraiment d'explication à cette immédiateté, à moins que l'on n'attribue une causalité efficace à la connaissance des termes pour l'assentiment aux propositions. Comme on pouvait s'y attendre, c'est l'explication avancée par Ockham. L'importance de cette solution est manifeste si l'on voit que l'immédiateté de l'assentiment évident se doit au fait qu'il s'agit d'un processus naturel qui est déclenché une fois que certaines conditions sont posées. Ce trait phénoménologique va de pair avec l'universalité de l'acceptation de ces propositions. C'est une partie de la description naturelle de la connaissance.

L'adverbe "immédiatement" est parfois associé à l'assentiment non discursif. La proposition "un homme est un animal" n'est pas démontrable,

> ...mais une telle proposition est acceptée sans syllogisme (*sine syllogisme accipitur*), par la connaissance intuitive. Ainsi, si les concepts d'homme et d'animal existent dans l'intellect, si l'on voit un homme, l'on sait immédiatement qu'un homme est un animal[2].

Sous certaines conditions, l'assentiment à une proposition est un processus non discursif : si un concept *A* est contenu sous un concept *B*, et si l'on a les deux concepts dans l'esprit, après la vision d'un *A*, on juge immédiatement que *A* est *B* (un homme est un animal), ou que *A* est quelque chose (un homme est quelque chose)[3]. Le passage de l'appréhension des

notitia intuitiva rei est talis notitia virtute cuius potest sciri utrum res sit vel non, ita quod si res sit, statim intellectus iudicat eam esse et evidenter cognoscit eam esse ... », *Ord. I*, Prol., q. 1, p. 31, l. 10-12. Pour l'usage de ce terme dans un contexte semblable dans la théorie de l'action, cf. *Quaest. Var.*, q. VII, a. 3, l. 163, p. 348 et l. 395, p. 358.

1. Cette idée est largement acceptée. Cf. Thomas d'Aquin : « Ad secundum dicendum quod intellectus semper est rectus, secundum quod intellectus est principiorum, circa quae non depicitur, ex eadem causa qua non depicitur circa quod quid est. Nam principia per se nota sunt illa quae statim, intellectis terminis, cognoscuntur, ex eo quod praedicatum ponitur in definitione subiecti. », *Pars prima summae theologiae*, Roma, 1888, q. 17, a. 3 (désormais cité ST I- 1). Voir aussi, entre autres, Gilles de Rome, *Super Post. Analyt.*, 1rb-vb; Alexandre d'Alexandrie, *In duodecim Aristotelis metaphysicae libros dilucidissima expositio*, éd. Simone Galignanus de Karera, 1572, IV, 83ra; Robert d'Orford, *Reprobationes dictorum a fratre Egidio in primum sententiarum*, éd. A. P. Vella, Vrin, 1968, Prol., 4, p. 45 et d. III, q. 2, p. 63. On est proche de l'usage de "*simul*" dans SL, III-2, 16; OPh I, 17-21, p. 532 et dans la *translatio Iacobi* des *Analytica Posteriora* (Aristote, *Analyt. Post.*, I, 1, 71a 17-19; transl. Iacobi, p. 6, 1-6).

2. « ... sed propositio talis sine syllogismo accipitur, mediante notitia intuitiva. Unde istis conceptibus "homo" et "animal" exsistentibus in intellectu et aliquo homine viso statim scitur quod homo est animal. », SL, III-2, 29, l. 10-13, p. 557. Cf. aussi SL, III-2, 29, l. 18-19, p. 557.

3. SL, III-2, 29, l. 47-49, p. 558.

termes à l'assentiment à la proposition n'est pas inférentiel, il n'y a aucun transfert de vérité ou d'évidence d'une connaissance à l'autre – l'appréhension d'un terme ne saurait être vraie, ni *a fortiori* évidente, du moins au sens ockhamien du terme. La même suite immédiate des connaissances, de l'assentiment aux prémisses à l'assentiment à la conclusion, caractérise le fonctionnement d'un raisonnement[1].

Une façon de comprendre l'immédiateté de l'assentiment évident est d'attribuer à la connaissance des termes une valeur de justification pour le jugement : si p est une proposition connue de façon évidente, une fois connus les termes de p, il ne reste plus rien à connaître pour juger que p est vrai. Le jugement peut ainsi être immédiat, même s'il ne l'est pas réellement, ou plutôt ce n'est pas important qu'il le soit réellement. L'intérêt de l'usage de "immédiatement" serait d'indiquer la suffisance de la connaissance des termes pour la connaissance de la proposition. Mais ce n'est qu'un aspect de l'explication. La connaissance des termes est aussi ce qui cause immédiatement l'acte d'assentiment. Plus précisément, comme chez Alhazen, la phénoménologie de l'assentiment à un certain type de proposition s'explique par un certain processus psychologique. L'auteur de l'*Optique* et Ockham ne s'accordent pas sur l'explication de ce trait, mais tous les deux estiment que le fonctionnement réel de la connaissance, sa dynamique, est quelque chose dont il faut offrir une théorie. C'est l'identification de cet *explanandum* qui sépare Guillaume d'Ockham et Alhazen de Thomas d'Aquin[2] et Gilles de Rome[3], entre autres, dont certains textes s'accordent avec la première interprétation de "immédiatement". On retrouvera exactement cette différence autour de l'interprétation d'un passage des *Seconds Analytiques*[4].

Le passage immédiat de l'appréhension des termes d'une proposition connue de façon évidente à l'assentiment à cette même proposition est inscrit dans le fonctionnement naturel de l'intellect. Il ne faut pas moins que l'intervention divine pour empêcher l'assentiment immédiat à une proposition connue par soi, comme pour n'importe quelle rupture de l'ordre naturel[5]. L'importance de la nature est présente ici en creux, dans l'influence générale de Dieu.

1. Cf. entre autres, *Quaest. Var.*, q. V, l. 618-623, p. 185. Voir section 3.4.
2. Thomas d'Aquin, ST I-1, q. 17, a. 3.
3. Gilles de Rome, *Super Post. Analyt.*, 1rb.
4. Cf. section 3.5.
5. « Si dicatur quod tunc non erit propositio per se nota, quia propositio per se nota cognoscitur statim apprehensis terminis et cognitis, dico quod illa est propositio per se nota ad cuius evidentem notitiam sufficiunt termini cum generali influentia Dei ; potest tamen Deus

L'intellect n'a en effet aucune activité dans l'assentiment aux propositions connues de façon évidente :

> Je dis ainsi qu'une proposition à laquelle l'intellect donne son assentiment est ou bien connue par soi et nécessaire, ou bien contingente, ou bien n'est pour l'intellect dans aucun des deux cas. Si elle est connue par soi, l'assentiment est causé de façon suffisante par les connaissances incomplexes des termes, par l'appréhension du complexe et par Dieu en tant que cause partielle, sans aucune activité de l'intellect, puisqu'une fois ces conditions posées, l'assentiment à une telle proposition suit nécessairement[1].

Ceci suppose un intellect qui fonctionne selon le cours normal de la nature. Une proposition connue par soi au sens strict est celle qu'aucun intellect bien disposé (*bene dispositus*) ne peut refuser[2]. D'une façon générale, la causalité naturelle s'oppose à la volonté, et l'assentiment aux propositions évidentes est hors de l'emprise de la volonté – une fois appréhendés les termes et formée la proposition, l'assentiment suit. Inversement, la volonté peut causer l'assentiment à des propositions non évidentes, assentiment qui, *ceteris paribus*, peut ou non avoir lieu par la seule décision libre. Il y a ici une claire opposition entre la causalité volontaire et la causalité naturelle[3].

hoc impedire. Ita notitia intuitiva sufficit ad notitiam evidentem quod res sit nisi sit impedimentum vel nisi activitas illius notitiae intuitivae impediatur. », *Ord. I*, Prol., q. 1, p. 70, l. 9-15.

1. « Ideo dico quod propositio cui intellectus assentit, vel est per se nota et necessaria, vel est contingens, vel est sibi neutra. Si primo modo, tunc assensus causatur sufficienter ex notitiis incomplexis terminorum et notitia apprehensiva complexi et a Deo tamquam a causa partiali sine omni activitate intellectus, quia positis istis necessario sequitur assensus in intellectu respectu talis propositionis. », *Quaest. Var.*, q. V, l. 301-307, p. 171.

2. « Quintum notandum est quod "per se notum" poteste esse dupliciter, scilicet stricte cui nullus intellectus bene dispositus potest contredire, ut "omne totum est maius sua parte"... », *Brevis Sum. Phys.*, II, 1, l. 81-82, p. 28.

3. « Vel dicitur causare contingenter quia libere, sine omni variatione adveniente sibi vel alteri et non per cessationem alterius causae, potest cessare ab actu in alio instanti sit non causans, non quod in eodem instanti sit non causans. Et isto modo voluntas causat contingenter. Non sic autem causa naturalis, quia causa naturaliter agens semper agit, nisi ipsum mutetur vel aliqua novitas fiat circa ipsum vel quia alia causa cessat causare vel per aliquem alium modum, sine quo omnis potest ipsa voluntas sola sua libertate cessare ab actu. », *Ord. I*, d. 38, p. 580, l. 4-13. Pour les différents fonctionnements causaux de la nature et de la volonté dans la connaissance, cf. *Quaest. Var.*, q. V, quaest. disp. 3, l. 228-261, p. 167-168 ; *Rep.*, II, q. 4, p. 79, l. 4-15 ; *Tract.*, q. I, l. 256-264, p. 517 ; Cf. M. Adams, « Introduction », dans *Predestinantion, God's foreknowledge and future contingents*, second edition, Hackett, 1983, p. 17-18. Amos Funkenstein attire l'attention sur l'importance générale de l'opposition de ces deux types de causalité au XIVe siècle, cf. A. Funkenstein, *Théologie et imagination scientifique*, PUF, 1995, p. 165. Sur la passivité de l'intellect chez Ockham, cf. J. Boler,

Le contexte cognitif n'est pas le seul où se produit une liaison naturelle immédiate entre deux actes de l'esprit. Dans le cours normal de la nature, un acte d'appétit suit immédiatement l'appréhension d'un objet vers lequel il est naturellement porté :

> ... parce qu'il est en effet naturellement impossible – à moins que Dieu ne suspende l'acte d'appétit – qu'une puissance cognitive, sensible ou intellective, ait un acte relativement à un objet quelconque sans que l'appétit qui suit cette puissance cognitive n'ait relativement à cet objet un acte tel qu'il est par nature disposé à avoir. Chacun peut faire en soi l'expérience que, une fois appréhendé un objet quelconque, par les sens ou par l'intellect, immédiatement il peut avoir un acte d'appétit relativement à ce même objet qui est appréhendé [1].

Si un appétit est naturellement porté vers des objets *F*, et si un objet *x* est connu être *F*, *ceteris paribus*, on désire l'objet *x* parce qu'il est *F* ("désirer" étant ici un terme pour n'importe quel acte de l'appétit).

La liaison entre le désir de *x* et l'appréhension de *x* par une puissance cognitive est un lien rationnel qui est naturellement inscrit dans le fonctionnement de l'esprit. Ce type de considération appartient à la science morale non positive (*scientia moralis non positiva*). Alors que la science morale positive (*scientia moralis positiva*) s'occupe des lois humaines et divines, la science morale non positive est celle qui dirige les actes humains [2]. La science morale non positive, celle dont parle Aristote, est une science démonstrative,

> ... parce que la connaissance qui déduit des conclusions de façon syllogistique à partir des principes connus par soi ou connus par l'expérience est démonstrative, et ainsi est la discipline morale... [3].

« Ockham on intuitive cognition », art. cit., p. 105; R. Pasnau, *Theories of cognition in latter middle ages*, *op. cit.*, p. 146-158.

1. « ... quia enim impossibile est naturaliter – nisi Deus suspendat actum appetitus – quod potentia aliqua cognitiva sive sensitiva sive intellectiva, habeat actum circa quodcumque obiectum quin appetitus sequens potentiam cognitivam habeat talem actum circa illud obiectum qualem natus est habere – sicut quilibet experitur in se quod apprehenso quocumque obiecto, sive per sensum sive per intellectum, statim potest habere actum appetitus circa idem obiectum quod apprehenditur ... », *Rep.*, II, q. 20, p. 446, l. 7-14.

2. « Scientia moralis non positiva est illa quae sine omni praecepto superioris dirigit actus humanos; sicut principia per se nota vel nota per experientiam sic dirigunt, sicut quod omne honestum est faciendum, et omne inhonestum est fugiendum, et huiusmodi, de quibus loquitur Aristoteles in morali philosophia. », *Quod.*, II, 14, l. 24-28, p. 177.

3. « ... quia notitia deducens conclusiones syllogistice ex principiis per se notis vel per experientiam scitis est demonstrativa; huiusmodi est disciplina moralis... », *Quod.*, II, 14, l. 36-38, p. 177. Le rapprochement entre le raisonnement théorique et le raisonnement pratique est fait aussi dans *Ord. I*, d. I, q. 1, p. 381, l. 22-p. 382, l. 3.

C'est justement ce type de liaison qui est en cause dans l'assentiment aux propositions évidentes, et l'on voit se dessiner une théorie homogène de la rationalité humaine, dans le domaine moral et dans le domaine théorique.

La naturalisation de l'explication des processus cognitifs offre une image non normative des propositions évidentes. Il n'y a pas de règle à suivre, là où il n'y a pas d'agent libre. De même, l'explication ockhamienne de la cohérence des systèmes de croyances des hommes est beaucoup plus naturaliste que normative[1]. L'assentiment immédiat aux propositions évidentes selon un processus naturel est une thèse importante sur l'esprit humain (ou sur n'importe quel intellect) : dans certains cas, la nature assure des jugements vrais, de sorte que l'intellect, qui n'est pas un agent libre, reconnaît immédiatement la vérité de ces propositions, ou encore assure le passage d'une proposition à une autre dans une conséquence valide, que la proposition de départ soit vraie ou non. C'est la nature qui assure l'universalité et l'immédiateté de l'assentiment à la conclusion d'un raisonnement et aux propositions évidentes connues sans syllogisme (*sine syllogismo*) ou sans discours (*sine discursu*).

Aucune règle n'est engendrée pour produire des connaissances évidentes, pas plus qu'il n'y a de règle pour la vision d'un objet. Il est toutefois possible d'adopter, à partir de cette théorie, une attitude vis-à-vis de la connaissance. Je peux chercher à me mettre dans des situations cognitives telles que des assentiments évidents seront produits en moi, comme je peux me mettre dans une position dans laquelle je verrai un objet. Je peux surtout savoir que je suis dans telle ou telle situation, et reconnaître la différence, par exemple, entre former un concept par l'expérience intuitive d'une chose et par la description de cette même chose par une autre personne. Cette théorie permet l'analyse et l'évaluation du statut cognitif des jugements. En effet, un assentiment peut se produire nécessairement, s'imposer à l'intellect, sans être évident, par exemple, pour celui qui ne sait pas répondre (*solvere*) aux arguments en question, qui ne comprend pas ou comprend mal ses propositions. Les situations cognitives favorables à l'obtention de la connaissance incluent aussi la bonne compréhension des concepts. Le but de la logique n'est autre que l'exercice et l'amélioration de cette capacité[2]. La connaissance en profite, non pas par la production des règles et méthodes, mais par la création et par l'identification des contextes dans lesquels les assentiments qui s'imposeront à l'intellect seront tous, ou

1. Sur ce point, cf. section 3.5. Pour la cohérence de la rationalité de l'action, cf. *Quaest. Var.*, q. IV, quaest. disp. 2, p. 770, l. 1-9. Cf. aussi I. Boh, « An examination of Ockham's aretetic logic », *Archiv für Geschichte der Philosophie* 45, 1970, p. 259-268.

2. Cf. SL, I, Epistola Prooe., l. 9-17, p. 6.

pour la plupart, évidents. Je peux aussi juger mes assentiments à la lumière d'une telle théorie, les classifier selon leur statut épistémique de savoir ou de croyance, et même juger les discours en général (et pas seulement les miens) selon la façon dont ils ont pu se produire. Il en est ainsi dans la critique faite par Ockham à Thomas d'Aquin quant au statut de la théologie. S'il n'y a pas de règle guidant directement la production des connaissances, il y a une sorte de politique générale de la connaissance qui découle de cette théorie ockhamienne.

Si l'on veut lui attribuer une étiquette contemporaine, Ockham est un fiabiliste (*reliabilist*), comme le dit Marilyn Adams[1] : un assentiment est une connaissance s'il a été produit d'une certaine façon. Certains des points centraux de ce qu'on appelle aujourd'hui le fiabilisme en théorie de la connaissance se trouvent en effet chez lui, notamment la définition dispositionnelle de la connaissance évidente et le fait qu'elle soit une régularité naturelle. La connaissance intuitive est ainsi évidente, même si elle ne produit pas l'assentiment à une proposition, il suffit qu'elle soit apte à le causer. De même, la théorie de la connaissance évidente considère la production typique des assentiments, le cours normal de la nature, dans une façon plus ockhamienne de dire les choses, ou encore l'homogénéité épistémique des processus de formation de croyance – les mêmes processus produisant des croyances épistémiquement équivalentes –, selon une formule de William Alston pour la théorie fiabiliste contemporaine[2]. Je montrerai maintenant la liaison essentielle entre le fait que la connaissance évidente soit une régularité naturelle et son rôle d'identification du savoir.

LA JUSTIFICATION, L'ORDRE NATUREL ET SES RUPTURES

Une importante précision sur la dynamique de l'assentiment immédiat vient d'une autre question de la *Reportatio* :

> Si en effet un ange voyait intuitivement un mur et la blancheur dans ce mur, il donnerait l'assentiment au complexe "le mur est blanc" de façon évidente. Mais une fois détruite la blancheur ou détruit le mur, et la connaissance intuitive acquise antérieurement naturellement toujours existante, conservée maintenant par la puissance divine, l'intellect

1. M. Adams, *William Ockham*, *op. cit.*, p. 544.

2. W. Alston, « How to think about reliability », *Philosophical Topics* 23, 1995, p. 24. Cette exposition du fiabilisme contemporain par William Alston fournit un contrepoint très intéressant à la théorie ockhamienne de la connaissance évidente.

> refuserait immédiatement ce complexe “le mur est blanc”, parce que ce complexe serait alors faux[1].

Si l’assentiment immédiat n’a lieu que dans le cours normal de la nature et la conservation de l’intuition est surnaturelle, ne devrait-on pas espérer que, dans ces conditions, le refus évident de la proposition “le mur est blanc” se trouve hors du cours normal de la nature, et donc ne soit pas immédiat?

Deux liaisons naturelles sont à distinguer ici : (a) entre la chose qui cause l’intuition et l’intuition elle-même et, une fois que cette intuition existe dans l’esprit, (b) entre l’intuition et l’assentiment immédiat à une proposition contingente évidente, la proposition étant formée. Aussi bien (a) que (b) sont des relations naturelles dont les termes peuvent être séparés : l’intuition sans la chose, la chose sans l’intuition, l’intuition sans l’assentiment immédiat, l’assentiment immédiat sans l’intuition. Les dernières possibilités de chaque paire ne sont pas envisagées par Ockham mais, dans la mesure où elles n’incluent pas de contradiction, elles sont possibles. L’intuition sans la chose est la très célèbre connaissance intuitive du non existant (*notitia intuitiva de re non exsistente*), l’intuition sans l’assentiment immédiat correspond à la possibilité d’une intuition qui ne serait pas suivie du jugement contingent correspondant (donc ne serait pas suivie immédiatement d’un tel jugement). Or l’intuition du non existant et le non assentiment à un jugement évident sont deux ruptures différentes de l’ordre de la nature, qui peuvent donc parfaitement exister l’une sans l’autre. Tel est le cas dans notre texte. Alors que l’intuition du non existant est la production d’une intuition sans sa cause naturelle (la chose connue), le non assentiment immédiat est le non fonctionnement naturel de l’esprit humain, c’est-à-dire une intuition sans ce qu’elle cause naturellement (l’assentiment immédiat à une proposition formée correspondante). Si l’intuition existe, même sans la chose, l’assentiment immédiat peut toujours suivre, si la proposition est formée, à moins qu’il n’y ait une nouvelle rupture de l’ordre de la nature[2].

Ce texte de la *Reportatio* n’est pas sans apporter un argument contraire à la thèse selon laquelle, dans la première théorie ockhamienne du concept,

1. « Si enim angelus videat intuitive parietem et albedinem in eo, evidenter assentit illi complexo “paries est albus”. Sed destructa albedine vel pariete, et exsistente cognitione intuitiva prius habita naturaliter et modo per potentiam divinam conservata, statim intellectus dissentit iste complexo “paries est albus”, quia hoc complexum tunc est falsum. », *Rep.*, II, q. 14, p. 318, l. 11-17.

2. Pour un raisonnement tout à fait parallèle, concernant les liaisons entre la chose hors de l’âme et la vision et celle-ci et l’*actus phantasiandi*, cf. *Rep.*, III, q. 3, a. 2, p. 123, l. 9-p. 124, l. 2.

les individus eux-mêmes font partie des propositions singulières[1]. Le fait que la connaissance intuitive soit conservée après la destruction de l'objet montre qu'il y a quelque chose dans l'âme qui peut être maintenu surnaturellement sans la chose hors de l'âme, et en est donc différent. Si la chose même faisait partie de la proposition, qu'est-ce qui pourrait être conservé dans cette connaissance intuitive du non existant? Pour mon propos ici, il faut surtout remarquer que la chaîne causale de production de ce type spécifique d'assentiment reste essentiellement la même dans la théorie du concept comme *fictum* et dans celle du concept comme acte, comme le montre la possibilité de la rupture[2]. Si ce qui cause l'assentiment, une fois la proposition formée, peut être conservé surnaturellement sans la chose, ceci indique que naturellement la chaîne causale consiste en trois éléments, la chose, l'intuition et l'assentiment. La situation ne peut pas être tout à fait la même dans les deux théories du concept: l'intuition est un terme singulier, et c'est précisément la nature du terme qui change d'une théorie à l'autre. Mais il reste toujours qu'il y a deux rapports causaux (de la chose à l'intuition et de celle-ci à l'assentiment), thèse qui est au cœur de la théorie de la connaissance intuitive naturelle, ce qui ressort de la possibilité de leur rupture. La situation la plus révélatrice est précisément la connaissance intuitive du non existant, qui rompt le premier maillon, celui qu'on pourrait penser ne pas exister dans la théorie du *fictum*.

La rupture entre la connaissance des termes et l'assentiment à la proposition est aussi possible :

> … cette connaissance intuitive peut avoir lieu sans le jugement qui la suit (*sine iudicio consequente*), et de même quelqu'un peut aimer et toutefois ne pas juger qu'il aime, tout comme il n'est pas impossible que quelqu'un connaisse les termes d'une proposition connue par soi quelconque et toutefois ne connaisse pas cette proposition, même s'il l'appréhende.
> Si l'on dit que ce ne sera pas alors une proposition connue par soi, parce que la proposition connue par soi est connue immédiatement, une fois les termes appréhendés et connus, je dis qu'une proposition connue par soi est celle pour l'évidence de laquelle les termes suffisent avec l'influence générale de Dieu. Dieu peut toutefois l'empêcher. De même, la connaissance intuitive est suffisante pour la connaissance évidente que la chose

1. Cette thèse a été soutenue par Elizabeth Karger dans deux importants articles; cf. E. Karger, « Théories de la pensée, de ses objets et de son discours chez Guillaume d'Occam », art. cit., et « William of Ockham, Walter Chatton and Adam of Wodeham on the objects of knowledge and belief », art. cit.

2. Les deux théories ockhamiennes du concept ont été exposées par plus d'un commentateur; cf. par exemple, M. Adams, *William Ockham*, *op. cit.*, p. 71-107 et R. Pasnau, *Theories of cognition in latter middle ages*, *op. cit.*, p. 76-85.

> existe, à moins qu'il n'y ait un empêchement ou que l'activité de cette connaissance intuitive ne soit empêchée[1].

La séparation entre la connaissance des termes et l'assentiment à la proposition formée de ces termes, même si celle-ci est appréhendée, est un mouvement assez caractéristique d'Ockham, la toute-puissance divine aidant là où la volonté humaine ne suffit pas. La connaissance des termes et l'assentiment à la proposition sont en effet des qualités de l'esprit différentes et, comme telles, séparables.

Nous retrouvons les rapports naturels entre la connaissance des termes et l'assentiment à une proposition connue par soi, ou entre une connaissance intuitive des termes et l'assentiment à la proposition correspondante. Le passage immédiat entre la connaissance des termes et l'assentiment à une telle proposition se fait avec l'influence générale de Dieu (*cum generali influentia Dei*), qui ne garantit rien d'autre que la stabilité des processus naturels. Ce passage ne peut pas ne pas se faire naturellement[2].

La connaissance des termes est, en un certain sens, la cause suffisante de l'assentiment à une proposition évidente, mais elle ne l'est pas comme cause efficiente – elle n'est qu'une cause efficiente partielle –, mais bien comme raison pour juger vraie une telle proposition. Ceci était d'une certaine façon indiqué dans une clause dispositionnelle dans la définition même de la connaissance évidente[3], et apparaît plus clairement dans la suite du texte :

1. « … potest fieri illa notitia intuitiva sine iudicio consequente, et ita potest quis diligere et tamen non iudicare se diligere, sicut non est impossibile quod aliquis cognoscat terminos alicuius propositionis per se notae et tamen quod non sciat illam propositionem, etiam posito quod apprehendat. Si dicatur quod tunc non erit propositio per se nota, quia propositio per se nota cognoscitur statim apprehensis terminis et cognitis, dico quod illa est propositio per se nota ad cuius evidentem notitiam sufficiunt termini cum generali influentia Dei ; potest tamen Deus hoc impedire. Ita notitia intuitiva sufficit ad notitiam evidentem quod res sit nisi sit impedimentum vel nisi activitas illius notitiae intuitivae impediatur. », *Ord. I*, Prol., q. 1, p. 70, l. 3-15.

2. « … non est inconveniens quod res intuitive videatur et tamen quod intellectus ille credat rem non esse, quamvis naturaliter non possit hoc fieri. », *Ord. I*, Prol., q. 1, p. 70, l. 16-18. Cf. aussi *Quod.*, V, 5, l. 85-90, p. 499. L'importance des rapports naturels entre la connaissance des termes et l'assentiment à la proposition dans la connaissance évidente est bien mis en évidence par A. Ghisalberti, « L'intuizione in Ockham », *Rivista di Filosofia Neo-Scolastica* 70, 1978, p. 207-226.

3. « … notitia evidens est cognitio alicuius veri complexi, ex notitia terminorum incomplexa immediata vel mediata nata sufficienter causari. », *Ord.*, Prol., q. 1, p. 5, l. 19-21.

> Et il suffit pour la connaissance intuitive qu'elle soit par soi (*ex se*) suffisante pour faire un jugement correct sur l'existence ou la non existence de la chose [1].

Dieu ne peut causer une connaissance évidente fausse, en raison de la définition même de "connaissance évidente", comme le soulignent plusieurs auteurs qui ont traité de ce point [2]. Il peut toutefois causer une connaissance fausse analogue à la connaissance évidente :

> Dieu peut aussi causer un acte de croyance par lequel je crois qu'est présente une chose qui est absente. Et je dis que cette croyance (*cognitio creditiva*) sera abstractive, et non pas intuitive. Par un tel acte de foi, une chose peut paraître présente quand elle est absente, mais non pas par un acte évident [3].

Il peut enfin être la seule cause des connaissances évidentes, comme l'atteste la célèbre connaissance intuitive du non existant, par laquelle on juge correctement qu'une chose qui n'existe pas n'existe pas [4]. Ceci est possible parce que Dieu peut faire directement ce qu'il fait par des causes secondes, selon une célèbre thèse théologique : "tout ce que Dieu peut faire par des causes secondes, il peut faire et conserver immédiatement, sans de telles causes" [5].

Si Dieu peut être la cause à la fois de connaissances vraies et de connaissances fausses, de connaissances intuitives et de connaissances abstractives, et s'il ne semble pas légitime de dire qu'il justifie de tels jugements, comment dire que les causes de l'assentiment ont un rôle de garant épistémique, voire un rôle épistémique quelconque ? Le double rôle

1. « Et hoc sufficit ad notitiam intuitivam quod quantum est ex se sit sufficiens ad faciendum rectum iudicium de exsistentia rei vel non exsistentia. », *Ord. I*, Prol., q. 1, p. 70, l. 18-20.

2. « Nam cognitio evidens importat quod ita sit in re sicut denotatur per propositionem cui fit assensus ... », *Quod.*, V, 5, l. 64-65, p. 498. Cf. aussi *Quod.*, IV, 6, l. 15-18, p. 323. Cf. T. K. Scott, « Ockham on evidence, intuition, and necessity », art. cit., p. 45 ; M. Adams, « Intuitive cognition, certainty and skepticism in William of Ockham », *Traditio* 26, 1970, p. 392 et *William Ockham*, *op. cit.*, p. 589 ; J. Boler, « Ockham on intuitive cognition », art. cit., p. 103 ; A. Ghisalberti, « L'intuizione in Ockham », art. cit., p. 215 ; C. Michon, *Nominalisme*, *op. cit.*, p. 77.

3. « Tamen Deus potest causare actum creditivum per quem credo rem esse praesentem quae est absens. Et dico quod illa cognitio creditiva erit abstractiva, non intuitiva ; et per talem actum fidei potest apparere res esse praesens quando est absens, non tamen per actum evidentem. », *Quod.*, V, 5, l. 72-76, p. 498.

4. Cf. *Ord. I*, Prol., q. 1, p. 31, l. 10-16 et p. 38, l. 15-39, 16 ; *Quod.*, VI, q. 6, p. 604-607.

5. « Quidquid Deus producit mediantibus causis secundis, potest immediate sine illis producere et conservare », *Quod.*, VI, 6, l. 18-20, p. 604-605.

de la connaissance des termes comme cause de l'assentiment à une proposition évidente et comme justification de cette même proposition est suspendu hors du cours normal de la nature.

Dieu peut causer une intuition d'un non existant et, par cette intuition, un jugement contingent vrai. Un jugement contingent vrai causé par une intuition est évident en vertu de la définition de "connaissance évidente", une stipulation qui se maintient même dans un contexte surnaturel. Dans ce cas, Dieu, la seule cause du jugement, n'est en rien sa justification, ni la cause de la vérité ou de la fausseté de celui-ci. Le lien entre cause et justification d'un jugement évident, entre ce qui cause l'assentiment et ce qui rend vraie une proposition connue de façon évidente ne vaut que dans le cours normal de la nature. Dans le cours normal de la nature, c'est bien la chose existante qui se trouve à l'origine de la chaîne causale qui mène à un jugement évident à propos du contingent. Cette idée est présente dès la *Reportatio*[1] : la chose est toujours la cause naturelle de l'intuition, et donc médiatement d'un jugement d'existence, ou plus généralement d'un jugement contingent. Toute connaissance nécessairement liée à la chose dans le cours normal de la nature est intuitive[2].

Une connaissance abstractive peut être l'origine d'un jugement d'existence vrai, ou d'un autre jugement contingent quelconque, mais non d'un jugement contingent évident. Même si je n'ai jamais eu une intuition d'un lion, je peux juger qu'un lion existe, et cette proposition peut être vraie, elle ne sera pas pour autant évidente :

> Une proposition mentale dans laquelle le sujet est un nom simplement absolu affirmatif, ou une proposition vocale correspondante à une telle proposition mentale, ne peut en aucune façon être connue de façon évidente, à moins que la chose à laquelle renvoie le sujet ne soit connue intuitivement et en soi, par exemple, qu'elle soit aperçue par un sens particulier, ou, si elle est intelligible et non sensible, qu'elle soit vue par l'intellect, de la même façon que le visible est vu par la puissance visuelle extérieure. Ainsi, personne ne peut connaître de façon évidente qu'une blancheur existe ou peut exister, à moins qu'il ne voie une certaine blancheur, et ainsi de suite. Et pour cette raison, bien que je puisse croire

1. « Sic igitur patet quod per cognitionem intuitivam iudicemus rem esse quando est, et hoc generaliter sive intuitiva cognitio naturaliter causatur sive supernaturaliter a solo Deo. Nam si naturaliter causetur, tunc non potest esse nisi obiectum exsistat praesens in debita approximatione … », *Rep.*, II, q. 13, p. 258, l. 11-19. Cf. aussi *Rep.*, II, q. 13, p. 259, l. 2-4 et q. 14, p. 313, l. 10-16 ; SL, III-2, 25, l. 16-20, p. 550 ; *Quod.*, IV, 17, l. 43-46, p. 382.

2. « … omnis notitia ad quam necessario coexigitur exsistentia rei est intuitiva. », *Ord. I*, Prol., q. 1, p. 72, l. 7-8.

> par des récits qu'un lion existe ou qu'une autruche existe, et ainsi d'autres choses, cependant je ne le sais pas de façon évidente[1].

Ce qui sépare un jugement qui a l'origine causale dans l'expérience d'un jugement qui ne l'a pas n'est ni la valeur de vérité, ni le degré d'adhésion. Ockham peut croire à l'existence des lions aussi fermement qu'à l'existence des vaches ou des licornes, tout comme l'on peut croire avec autant de conviction à l'existence des lions et des vaches qu'à l'existence des ornithorynques ou des gnous, même si l'on n'a jamais eu une connaissance intuitive de ces derniers. L'enjeu est de déterminer ce qui est connu avec évidence, autrement dit, le statut épistémique de la croyance[2].

L'inscription de la théorie de l'assentiment évident dans l'ordre naturel permet de tirer en quelque sorte la leçon de la connaissance intuitive du non existant. La connaissance intuitive est dans le cours normal de la nature à la fois causée par l'objet et cause (au moins partielle) d'un jugement contingent, et ces deux rôles ne mènent à aucun paradoxe, contrairement à ce que veut Cyrille Michon[3]. C'est au contraire parce que l'intuition est causée par la chose même qu'elle peut être la cause d'un jugement évident, c'est-à-dire d'un jugement contingent vrai. Certes, cette liaison ne vaut que dans le cours normal de la nature, il n'en reste pas moins qu'elle vaut toujours dans ce qui se passe naturellement, et est donc suffisante pour une description naturelle de la connaissance. Il ne faut pas attacher trop d'importante au fait qu'une intuition évidente ne saurait être fausse par définition, bien que ceci soit exact et ait pu jouer un rôle dans le refus d'une certaine interprétation sceptique du philosophe anglais. La connaissance intuitive du non existant n'est pas le centre de la théorie ockhamienne de la connaissance[4], mais un résultat de la distinction réelle entre l'objet et l'acte[5]. Le plus important à retenir de la séparation possible entre la chose et la

1. « Et propositio mentalis, vel vocalis tali mentali correspondens, in qua subicitur nomen mere absolutum affirmativum, nullo modo cognosci potest evidenter nisi res importata per subiectum intuitive et in se cognoscatur, puta nisi aliquo sensu particulari sentiatur, vel nisi sit intelligibile et non sensibile et ab intellectu videatur illo modo, proportionaliter, quo potentia visiva exterior videt visibile. Unde nullus potest evidenter cognoscere quod albedo est vel esse postet nisi viderit aliquam albedinem, et sic de aliis. Et propter hoc, quamvis credere possim narrantibus quod leo est vel quod struthio est, et sic de aliis, tamen alia evidenter non cognosco. », SL, III-2, 25, l. 15-24, p. 550.

2. L'opposition entre ce qui est connu avec évidence et ce qui est connu *propter testimonium narrantium* apparaît aussi dans l'*Expositio* sur la *Physique* ; cf. *Exp. Phys.*, Prol., 2, l. 35-42, p. 6.

3. Cf. C. Michon, *Nominalisme*, *op. cit.*, p. 75.

4. C. Michon, *Nominalisme*, *op. cit.*, p. 75 ; cf. aussi M. Adams, *William Ockham*, *op. cit.*, p. 598-601.

5. Cf. J. Biard, *Guillaume d'Ockham – Logique et philosophie*, *op. cit.*, p. 64-67.

connaissance intuitive n'est pas « la dimension *sémantique* et *vérifonctionnelle* de la notion d'intuition »[1], mais la restriction du rôle de garant épistémique de la connaissance intuitive au cours naturel de la connaissance, ce qui est une façon de dire que la liaison vaut toujours, et donc peut toujours rendre vrai un jugement contingent, dans le cours normal de la nature, mais non pas dans ce qui arrive surnaturellement.

Ockham ne voit peut-être dans ce raisonnement par la puissance absolue qu'un « instrument pour établir ou conforter une thèse métaphysique »[2], liée à la notion de relation. Il reste toutefois qu'il est possible de s'interroger sur les résultats de son analyse pour la théorie de la connaissance. Ce qui unit l'intuition évidente de l'existant et du non existant résulte de la définition de "évident" (la connaissance d'une proposition vraie causée par la connaissance des termes) et de la thèse métaphysique de la distinction réelle de l'objet de l'acte. Il n'y a rien d'important pour la description de la connaissance humaine qui ne soit déjà présent dans l'analyse de l'évidence ayant lieu naturellement. La restriction de certains résultats de l'analyse au seul domaine de la nature est autrement importante : la connaissance est un processus naturel, soumis aux mêmes contingences que n'importe quel autre phénomène naturel, et certaines liaisons qui se font naturellement (ou même toutes, selon la façon dont on comprend la phrase) ne résistent pas à l'intervention de la toute-puissance divine. Tel est précisément le cas de la chaîne causale de la connaissance évidente : la cause du jugement et sa justification ne sont unies que dans la nature, l'évidence n'a un rôle de justification que dans les processus cognitifs naturels.

Cette restriction n'est peut-être pas le but d'Ockham, elle n'en découle pas moins de sa philosophie, et elle est plus importante pour sa théorie de la connaissance que telle ou telle définition stipulative. La proposition connue de façon évidente, dont l'assentiment a l'origine causale dans une intuition, est vraie par définition, définition qui rend compte du processus cognitif humain dont certains traits sont restreints à l'ordre naturel. Certes, la connaissance intuitive du non existant est la cause d'un jugement vrai, mais la cause de la connaissance intuitive elle-même n'a plus rien à voir

1. C. Michon, *Nominalisme*, *op. cit.*, p. 79 (italiques dans l'original). Il n'est pas très clair en quel sens une intuition pourrait être vérifonctionnelle ou sémantique. Si l'on remplace "intuition" par "proposition connue intuitivement", une telle proposition n'est pas définie de façon vérifonctionnelle.

2. J. Biard, *Guillaume d'Ockham – Logique et philosophie*, *op. cit.*, p. 66. Katherine Tachau écrit à propos du refus ockhamien de la notion scotiste de *notitia intuitiva* : « The notion of a « *necessarily* annexed relation » is incoherent in Ockham's appraisal. For him, relations are nothing other than the *relata* and, if they are not identical, than they are separable. », K. H. Tachau, *Vision and certitude in the age of Ockham*, *op. cit.*, p. 120.

avec la valeur de vérité de la proposition en question, et c'est précisément ce dispositif qui se trouve au cœur de la connaissance intuitive qui a lieu naturellement.

On peut se demander quelles seraient les conséquences pour la théorie de la connaissance d'Ockham, s'il n'avait pas une telle définition de la connaissance évidente. Il lui était possible de dire que Dieu peut causer en nous un jugement contingent vrai à propos d'un non existant mais réserver le mot "évident" pour la connaissance vraie obtenue naturellement. Dans cette hypothèse, il garderait sa conception de la possibilité, la distinction réelle entre l'acte et l'objet et sa théorie naturelle de la connaissance évidente, il n'aurait changé que la définition de "évident". Il lui manquerait seulement un terme pour décrire une intervention divine possible, que d'ailleurs nous ne saurions distinguer de la tromperie divine, à moins que Dieu ne veuille nous tromper et n'arrive pas à le faire, ce qui serait absurde aux yeux d'Ockham et, du reste, de tout penseur médiéval.

Il en irait tout autrement s'il avait une autre description de la connaissance intuitive naturelle, c'est-à-dire, de la série causale de l'objet à l'intuition, et de celle-ci au jugement évident. Si le premier pont causal était coupé, c'est-à-dire, si l'objet n'était plus la cause de la connaissance des termes, de l'intuition, et par là la cause partielle d'un jugement vrai, le réalisme épistémologique serait mis en cause. Il n'y aurait plus de lien entre la cause du jugement et la vérité de la proposition ainsi acceptée. Si l'on refusait le deuxième passage, entre la connaissance des termes et l'assentiment aux propositions, il faudrait une toute autre théorie pour expliquer le rôle épistémique privilégié et la dynamique cognitive particulière des jugements de ce genre. Il est bien sûr possible d'avoir une théorie de la connaissance sans ces deux relations causales, mais ce serait une théorie très différente de celle d'Ockham. Il est aussi très significatif que ce processus soit naturel et ait la stabilité de toute autre régularité naturelle. La thèse de la connaissance intuitive du non existant aide à faire ressortir cette spécificité de la théorie ockhamienne.

Il n'est pas sans intérêt de faire ici de brèves remarques à propos de la relation entre Ockham et le scepticisme, débat qui s'est développé autour de la connaissance intuitive du non existant. Le *Venerabilis Inceptor* n'était pas un sceptique, même s'il n'est pas sûr qu'il aurait les armes pour le combattre. Sa théorie de la connaissance semble aussi désintéressée du problème qu'impuissante face à une éventuelle attaque[1]. La liaison entre

1. Sur la position ockhamienne face au scepticisme, voir la mise au point dans M. Adams, *William Ockham*, *op. cit.*, p. 551-629; voir aussi L.-M. De Rijk, « Foi chrétienne et savoir

l'origine causale de l'intuition, la certitude du jugement d'existence et leur possible séparation se trouve au centre des textes médiévaux de trempe sceptique, qui vont justement dire que Dieu peut causer directement l'intuition sans l'objet[1]. Cette voie n'a pas été celle d'Ockham. La stabilité de la connaissance se fonde chez Ockham dans la régularité des processus naturels. Une image sceptique de la connaissance plus proche de la vision ockhamienne des choses serait peut-être dans l'instabilité de ces processus naturels, due surtout à la toute-puissance divine[2]. L'impossibilité de savoir si le monde est à la mesure de nos pouvoirs cognitifs semble même à Hans Blumenberg la clé du rôle historique du nominalisme médiéval, qu'il décrit comme un « système d'inquiétude extrême de l'homme par rapport au monde »[3]. Le jugement est exagéré, mais l'on voit pourquoi il faut localiser

humain – La lutte de Buridan contre les *theologizantes* », art. cit., p. 404-406. Ockham est face au scepticisme, me semble-t-il, dans une position proche à celle que Barry Stroud attribue au naturalisme contemporain : « This suggests that naturalistic views which emphasize the ways we actually come by our beliefs about the world can be accepted as perfectly legitimate even though they leave the sceptical challenge completely untouched and so provide us no philosophical satisfaction about our knowledge of the world. », B. Stroud, « The significance of scepticism », dans P. Bieri, et L. Krüger (éds.), *Transcendental Arguments and Science*, Reidel, 1979, p. 287.

1. Un auteur oxonien du XIVe siècle lie de façon explicite la certitude du processus causal et la certitude du jugement d'existence : « Aliter dicitur, concedo, quod pro statu isto non potest aliquis esse certus de existentia cuiuscumque rei ab eo distincte loco et subiecto, quia hic non potest scire an intuitio causetur ab obiecto an non, et ideo non potest iudicare an res sit praesens an non... », L. Kennedy, « Philosophical scepticism in England in the Mid-fourteenth century », *Vivarium* 21, 1983, p. 63.

2. Tel est, me semble-t-il, le sens d'une subtile remarque de Calvin Normore sur la liaison possible entre le nominalisme du XIVe siècle et le scepticisme : « I suggest that if there is any truth in this it is not so much because of the problems about intuitive cognition or causal principles on which the debate has focussed as because of the claim that God can deceive taken together with the view that one cannot be certain of what can be otherwise. », C. Normore, « Divine omniscience, omnipotence and future contingence : an overview », art. cit., p. 22. Une analyse ockhamienne de ce type de possibilité apparaît dans A. Goddu, *The physics of William of Ockham*, Brill, 1984, p. 32-51 et 71-72 ; voir aussi A. Goddu, « The dialectic of certitude and demonstrability among fourteenth-century ockhamists », art. cit., p. 174. Ernest Sosa offre une illustration contemporaine, indépendante donc de la toute-puissance divine, de comment un changement dans le fonctionnement naturel de l'esprit aurait des conséquences pour la théorie de la connaissance, à partir d'un cas d'idiots savants rapporté par O. Sachs ; cf. E. Sosa, *Knowledge in perspective – Selected essays in epistemology*, Cambridge University Press, 1991, p. 3-4.

3. H. Blumenberg, *La légitimité des temps modernes*, Gallimard, 1999, p. 164-165 ; pour son interprétation du nominalisme, voir surtout le chapitre III de la deuxième partie de son livre. La lecture de Hans Blumenberg me semble tributaire d'une interprétation fausse du nominalisme, de l'idée que, chez Ockham, l'ordre de la connaissance est subordonné à l'homme (cf. p. 167), mais aussi, plus généralement, de la déduction trop rapide des positions philosophiques complexes à partir des principes généraux (cf. par exemple, p. 166). Elle reste toutefois intéressante pour donner des pistes pour situer le nominalisme médiéval par rapport

l'importance épistémologique de la connaissance intuitive, et donc celle de la leçon de la connaissance intuitive du non existant, dans l'inscription de la première dans le cours normal de la nature. Il s'agit précisément de montrer que nos pouvoirs cognitifs sont à même de connaître naturellement le monde, et qu'ils ont la stabilité de la nature, ni plus, ni moins.

Comme je l'ai déjà remarqué à propos de la lecture de John Boler, il n'est pas raisonnable d'espérer trouver dans la théorie ockhamienne des réponses à des problèmes dont il ne s'est pas occupé, en particulier une réponse au scepticisme, même s'il est toujours possible d'imaginer des solutions à partir des ses théories. Cette projection indue se manifeste dans l'attente de trouver dans la connaissance évidente un critère capable de répondre aux exigences sceptiques pour la connaissance ou pour la certitude. Ce type de critère n'est pas un étalon universel à l'aune duquel se mesure toute théorie de la connaissance. Il est évidemment possible de refuser l'exigence sceptique, ou les exigences sceptiques, comme peu raisonnables[1]. Mais surtout, il n'est pas sûr que ce type de question puisse apparaître dans n'importe quel contexte théorique. Une théorie non normative comme celle d'Ockham, qui est surtout une description des processus cognitifs, semble simplement ne pas avoir de place pour des problèmes de ce genre. La possibilité que les choses se passent de façon différente, comme le remarque Calvin Normore, ne correspond pas à un critère exigeant pour lequel il faudrait trouver un test infaillible pour la connaissance, avec le scepticisme à la clé. Si l'ordre des choses changeait de telle façon que notre appareil cognitif ne serait plus approprié pour connaître le monde, il faudrait simplement le décrire autrement (si tant est qu'une description soit encore possible). Une théorie ne peut changer le fonctionnement d'un agent naturel, comme l'est l'intellect, elle peut simplement le décrire et indiquer la meilleure attitude vis-à-vis de cet agent. Nous verrons dans la critique de la constitution de la théologie comme science chez Thomas d'Aquin que la théorie de la connaissance évidente peut être vue comme ayant un certain aspect normatif. Elle ne propose pas des normes pour la direction de l'esprit, ou des instructions pour remplir les conditions pour la connaissance, mais plutôt des critères pour juger le statut épistémique des assentiments sur lesquels la théorie n'a aucune prise, du moins pour ce qui est des jugements évidents.

à la philosophie moderne. Anneliese Maier montre l'importance de la considération de la connaissance évidente (notamment de la connaissance intuitive) comme un phénomène naturel, en opposition à la possibilité de l'intervention divine surnaturelle, au XIVe siècle ; voir A. Maier, « Das Problem der Evidenz in der Philosophie des 14. Jahrhunderts », *Ausgehendes Mittelalter*, II, Edizioni di Storia e Letteratura, 1967, p. 367-418.

1. Cf. M. Adams, *William Ockham*, *op. cit.*, p. 601.

Les prédicats épistémiques et l'individuation des propositions

L'exemple du lion, que nous avons déjà rencontré, est l'occasion de l'établissement d'un lien très important entre le jugement évident et la formation des concepts. Une proposition mentale composée de concepts absolus peut être connue par soi, alors que toute proposition vocale correspondante ne l'est pas, puisqu'un terme vocal absolu peut être associé à un concept complexe[1].

> Ainsi moi je sais effectivement maintenant ce que signifie ce nom "lion", je sais ce que signifie ce nom "animal", et toutefois j'ignore cette proposition, "un lion peut être un animal", même si je la crois vraie. J'ai une proposition mentale dont le sujet est composé à partir de plusieurs connaissances incomplexes, dont aucune n'est simple et propre au lion. Mais je n'ai pas de proposition mentale dont le sujet soit un certain [nom] simple absolu simplement propre au lion. Si j'avais une telle proposition mentale, je la connaîtrais immédiatement, sans aucun syllogisme[2].

Cette situation se distingue de celle où l'on juge immédiatement que l'homme est un animal, si l'on a les concepts d'homme et d'animal et si l'on voit un homme[3]. Le *Venerabilis Inceptor*, n'ayant jamais vu de lion, n'en a qu'un concept connotatif. Il n'en aurait eu un concept simple que s'il en avait eu une connaissance intuitive et, dans ce cas, il aurait jugé immédiatement qu'un lion peut être un animal, tout comme l'on juge immédiatement que l'homme est un animal[4]. La clause contrefactuelle assure que la différence entre les jugements portés sur la connaissance de "un lion peut être un animal" dépend uniquement des concepts associés à "lion" et "animal", concepts qui dépendent à leur tour de l'histoire causale de leur

1. Il faut prendre dans ce qui suit "proposition vocale" comme équivalent à "proposition vocale ou écrite". Ces remarques concernent en effet n'importe quelle expression dans un langage arbitraire quelconque, en opposition au langage mental.

2. « Unde ego modo de facto scio quid significat hoc nomen "leo" et scio quid significat hoc nomen "animal" et tamen ignoro istam propositionem "leo potest esse animal" quamvis credam eam esse veram. Et habeo unam propositionem mentalem cuius subiectum est compositum ex multis notitiis incomplexis quorum nulla est simplex et propria leoni; sed propositionem mentalem cuius subiectum sit aliquod simplex mere absolutum proprium leonibus non habeo, quia si talem propositionem mentalem haberem, statim, sine syllogismo, scire eam. », SL, III-2, 29, l. 61-69, p. 559. Sur la présence des lions, en chair et en os, mais aussi décrits, peints, sculptés etc., dans l'occident médiéval, cf. M. Pastoreau, « Pourquoi tant de lions dans l'occident médiéval ? », *Micrologus* VIII, 2000, p. 11-30.

3. SL, III-2, 29, l. 11-13, p. 557.

4. L'exemple du lion est mentionné aussi dans *Exp. Phys.*, I, 1, l. 111-115, p. 25; cf. D. Webering, *Theory of Demonstration according to William Ockham*, The Franciscan Institute-F. Nauwelaersts-F. Schöningh, 1953, p. 111 et T. K. Scott, « Ockham on evidence, necessity, and intuition », art. cit., p. 43.

acquisition par celui à qui est attribuée la croyance à telle ou telle proposition affectée du prédicat "connue par soi" [1].

Toute occurrence de la proposition vocale "un homme est un animal" ne correspond pas à une même proposition mentale, ou plus précisément, à un même type de proposition mentale. Il ne s'agit pas toutefois des mots équivoques, qui auraient reçu différentes impositions [2]. Les différentes propositions vocales sont associées à de différents concepts formés à partir de différentes expériences. Le fait que le *Venerabilis Inceptor* n'ait jamais vu de lion empêche le jugement évident de la proposition "un lion peut être un animal", qui serait autrement (c'est-à-dire, s'il avait vu des lions) connue par soi. Une proposition connue par soi peut être jugée vraie par la seule connaissance de termes, elle dépend des concepts présents à l'esprit. Le mot "lion" parlé ou écrit est le même pour celui qui a vu un lion et pour celui qui n'en a pas vu, mais non le concept, et l'application du prédicat épistémique "connue par soi" à une proposition dépend des concepts dont elle est formée. Il est clair ainsi que si deux suites vocales formant une proposition sont identiques, et au moins deux occurrences d'une même partie vocale (par exemple, deux occurrences de "lion") sont associées à deux concepts différents, ce seront deux propositions différentes, dont l'une peut être connue par soi sans que l'autre le soit.

Mais que veut dire "même proposition"? Une réponse possible est de dire que dans un contexte propositionnel créé par l'expression modale épistémique "connue par soi", deux occurrences mentales correspondent à une même proposition si, et seulement si, elles sont formées par les mêmes concepts. Dans ce type de contexte – par l'extension de ces remarques à d'autres modalités épistémiques [3] –, deux suites identiques de mots parlés peuvent avoir des propriétés épistémiques différentes. Aussi Ockham distingue-t-il dans ce paragraphe la proposition mentale des propositions parlées [4].

1. Sur l'attribution des concepts par des clauses conditionnelles contrefactuelles, cf. aussi *Ord.* IV, q. 9, p. 169, l. 14-p. 170, 6.

2. Cf. SL, I, 13, p. 44-47.

3. Ockham le fait aussi pour "*demonstrabilis*" dans SL, III-2, 30, l. 88-96, p. 560.

4. SL, III-2, 29, l. 47-56, p. 558. On notera aussi l'idée que des termes vocaux simplement absolus (*voces mere absolutae*) puissent être associés à des concepts complexes suggère une détermination externaliste de la distinction entre termes absolus et termes complexes, doublée d'une distinction plus fine pour l'application des prédicats épistémiques. Il faut être prudent ici : la détermination de ce pour quoi suppose "lion" ne dépend pas de l'histoire causale de l'acquisition du concept. L'explication externaliste ne s'impose donc pas, dans ce cas, pour la valeur sémantique du mot.

Les trois questions qui ouvrent le livre V des *Quodlibeta* précisent le sens de “même proposition”. Il s’agit d’examiner les différents chemins pour accéder aux propositions théologiques. Dans la deuxième question Ockham se demande si une même proposition peut être connue par démonstration et par expérience :

> Sur cette question je dis brièvement que la même conclusion, non seulement en espèce, mais aussi en nombre, peut être connue de façon évidente par une démonstration et par l’expérience, et cela par une même disposition une en nombre[1].

Selon Ockham, l’unité de la proposition dont il s’agit ici est l’unité numérique. Ceci, dit la suite du texte, se voit par expérience[2]. Cet argument ockhamien, si c’en est un, ne semble pas satisfaisant. On acceptera que la même conclusion est connue par l’expérience et par la science seulement si l’on a déjà donné une réponse positive à la question !

Comment une même qualité de l’esprit pourrait-elle être connue par une démonstration et par l’expérience ? Si une même qualité de l’esprit est une occurrence temporelle continue, il est difficile de voir comment une chaîne démonstrative et une expérience (ou deux démonstrations différentes) pourraient avoir lieu en même temps, ou converger vers une même qualité comprise comme une proposition qui a lieu dans un même esprit dans un même temps. Ceci pourrait bien être vrai ou possible, mais ce n’est certainement pas quelque chose qui est manifeste par l’expérience. La difficulté ne tient pas uniquement à l’opacité de l’observation de tels états psychologiques, mais aussi au critère de définition de ce qu’est une même qualité. Faut-il faire l’expérience de démontrer que *p* et, en même temps, apprendre par expérience que *p* est vrai ? Mais que veut dire précisément “en même temps” ? Doit-on démontrer que *p* et, tout en gardant *p* à l’esprit, faire une autre démonstration que *p*[3] ? Mais surtout ce n’est pas du tout ce qui nous intéresse ici : alors que la possibilité de ces expériences de deux démonstrations simultanées est assez vague, un autre critère d’individuation de conclusions, moins strict, permet de se demander plus simplement si, par exemple, la phrase “Dieu existe” peut être connue par démonstration

1. « Ad istam quaestionem dico breviter quod eadem conclusio non solum specie sed etiam numero potest evidenter sciri per demontrationem et experientiam et per eumdem habitum numero. », *Quod.*, V, q. 2, l. 19-21, p. 481.

2. *Quod.*, V, q. 2, l. 22-25, 482.

3. Il y a une bonne distance entre faire ces expériences et admettre que deux actes peuvent avoir lieu simultanément dans l’esprit, comme il est admis dans le commentaire du *Peri hermeneias* ; cf. *Exp. Per.*, I, Pr., 6, l. 115-129, p. 356 et l. 190-192 ; p. 358. Une possibilité de ce genre ne paraît pas absurde à Ockham ; cf. SL, III-2, 1, l. 34-39, p. 506.

ou par expérience et comment. En fait, il ne semble même pas qu'Ockham pense que la même conclusion soit la même qualité de l'esprit.

Le premier contre-exemple et sa réponse offrent ce qu'il y a de plus intéressant dans cette question quodlibétale :

> … la même proposition n'est pas plus et moins évidente, mais la proposition qui est formée par la vision est composée à partir de connaissances plus évidentes que la proposition formée par la seule démonstration, puisque celui qui voit la chose donne l'assentiment de façon plus évidente que celui qui a seulement une démonstration, sans l'expérience[1].

Contre cet argument, le franciscain anglais nous dit :

> Quant au premier argument, je dis que la même proposition ne peut être plus et moins évidente en même temps pour une seule et même personne. La même proposition peut toutefois être en même temps plus évidente pour une personne et moins évidente pour une autre. De même, une même proposition peut être moins évidente pour une personne à un temps déterminé et plus évidente pour cette même personne à un autre temps[2].

Il est clair que "une même proposition" peut désigner des qualités de l'esprit différentes : si deux conclusions sont dans deux personnes différentes, elles sont nécessairement deux qualités différentes. Qui plus est, une même conclusion peut avoir des degrés différents d'évidence, une même conclusion, étant dans l'esprit de différents sujets connaissants, ou d'un même sujet dans des temps différents, peut être attachée à différents prédicats épistémiques[3].

C'est justement ce que montre la question suivante : une même conclusion peut être connue par le celui qui comprend, le bienheureux (*comprehensore*), et crue par celui qui est sur cette terre (*viator*). Ockham

1. « … eadem propositio non est magis evidens et minus evidens; sed propositio quae formatur mediante visione componitur ex cognitionibus evidentioribus quam propositio quae formatur mediante demonstratione solum, quia videns rem evidentius assentit quam habens demonstrationem tantum sine experientia. », *Quod.*, V, q. 2, l. 36-41, p. 482.

2. « Ad primum istorum dico quod eadem propositio non potest esse magis et minus evidens simul et semel uni et eidem ; tamen eadem propositio potest simul et semel esse magis evidens uni et minus evidens alteri. Similiter eadem propositio potest esse minus evidens uni uno tempore et magis evidens eidem alio tempore. », *Quod.*, V, q. 2, l. 70-75, p. 484.

3. Il me semble que les différents degrés d'évidence doivent être compris ici comme l'application de différents prédicats épistémiques, renvoyant peut-être à différents degrés d'adhésion. Il est en effet difficile de comprendre comment un processus causal peut recevoir des degrés. Ce texte n'est pas isolé, cf. aussi, entre autres, *Ord. I*, Prol., q. 1, p. 43, l. 7-14; *Quod.*, V, 4, l. 76-80, p. 494.

part d'un point qui, à défaut d'être objet d'expérience dans cette vie [1], est du moins accepté dans la tradition chrétienne :

> Ce que je prouve d'abord, parce qu'autrement le bienheureux ne connaîtrait pas les articles de foi de façon plus évidente que celui qui est sur cette terre, et ainsi le bienheureux ne peut certifier celui qui est sur cette terre à propos des articles de foi [2].

La situation est plus claire parce que, ayant recours à différentes personnes, ou à une même personne à différents moments, il n'existe plus la tentation de chercher l'unité numérique de la conclusion.

Après le refus des objections, qui insistent sur le fait que différents moyens d'arriver à la connaissance des propositions ou des termes produisent différentes propositions, nous trouvons la distinction attendue :

> Quant à l'argument principal, je dis que le bienheureux forme deux propositions, une composée de concepts composés qui ne causent pas une connaissance évidente, et celle-là est de même type que la proposition de celui qui est sur cette terre. Il a une autre proposition composée à partir de connaissances simples qui causent l'assentiment évident, et celle-là est d'un type différent que celui de la proposition de celui qui est sur cette terre.
>
> Quant à la forme, je dis que la même vérité n'est pas en même temps évidente et non évidente (*inevidens*) pour une seule et même personne, mais une même vérité peut bien être non évidente pour une personne et évidente pour une autre. Et il est ainsi dans ce cas, puisque la proposition crue n'est pas évidente pour celui qui est sur cette terre et est évidente pour le bienheureux. De même, la même vérité peut être d'abord non évidente pour quelqu'un, et ensuite évidente pour cette même personne. Et il est ainsi de quelqu'un qui est d'abord sur cette terre, et ensuite est un bienheureux [3].

1. Une précision de ce type apparaît dans un commentaire apocryphe buridanien sur le *De Anima* du XIVe siècle : « Secundo notandum est quod Aristoteles supponit hic quod intellectus post mortem non reminiscitur, et de hoc in veritate breviter est dubium, cum de hoc non possit haberi aliqua experientia per aliquem in hac vita. Unde secundum fidem et veritatem credendum est oppositum... ». Jean Buridan (Pseudo), *Le Traité de l'Ame de Jean Buridan [de prima lectura]*, éd. B. Patar, Editions du l'Institut Supérieur de Philosophie-Editions du Préambule, 1991, III, p. 141, 66-70.

2. « Quod primo probo, quia aliter beatus non cognosceret evidentius articulos fidei quam viator, et ita beatus non posset certificare viatorem de articulis fidei. », *Quod.*, V, 3, l. 11-13, p. 487.

3. « Ad argumentum principale dico quod beatus format duas propositiones : unam compositam ex conceptibus compositis qui non causant notitiam evidentem, et illa est euisdem rationis cum propositione viatoris; aliam habet compositam ex cognitionibus simplicibus causantibus assensum evidentem, et illa est alterius rationis a propositione viatoris.

Deux occurrences mentales quelconques p et q sont une même vérité si, et seulement si, elles ont les mêmes conditions de vérités, quels que soient les concepts dont elles sont formées, mais p et q seront dites être la même proposition si, et seulement si, elles sont formées de mêmes concepts. Il faut distinguer l'individuation des propositions, définie par les concepts, de celle des vérités, qui se fait, comme on pouvait s'y attendre, par les conditions de vérité. Le critère d'individuation des propositions est plus fin que le critère d'individuation des vérités, autrement dit, les conditions de vérité ne sont pas suffisantes pour déterminer ce à quoi s'applique un prédicat comme "évident", puisqu'une même vérité peut être à la fois évidente et non évidente, elle peut correspondre ainsi à deux propositions différentes.

Malgré un certain flottement de vocabulaire entre "proposition" et "vérité", le passage est assez clair et reprend les mêmes conclusions de l'analyse de la proposition "un lion peut être un animal". Si deux propositions mentales ont les mêmes conditions de vérité et sont différentes par au moins un concept, ce sont deux propositions auxquels l'on peut appliquer deux prédicats épistémiques différents. Ces prédicats épistémiques exigent ainsi une individuation plus fine de ce à quoi ils s'appliquent que l'individuation par les conditions de vérité. Cette individuation se fait par les concepts mentaux dont les propositions sont formées. Pour affirmer qu'une proposition est évidente ou non, connue par soi ou non, il faut savoir quels sont les concepts à partir desquels elle est formée.

Ces textes témoignent de la sensibilité ockhamienne aux différents degrés d'individuation exigée des propositions enchâssées dans des contextes créés par les différents prédicats modaux. Il faut déterminer les concepts dont une proposition mentale est constituée pour l'application des prédicats épistémiques tels que "connue par soi" ou "évidente", mais pas pour l'attribution d'autres prédicats modaux, comme les modalités aléthiques. La proposition modale possible "un lion peut être un animal" est vraie quels que soient les concepts dont elle est formée, mais elle sera évidente ou non selon les concepts qui la composent. La condition imposée à ce qui se trouve dans la portée d'une modalité varie en fonction de la modalité en question. Ainsi, pour savoir si "un lion peut être un animal", ou plus précisément "qu'un lion soit un animal", est connue par soi, il faut connaître tous les concepts qui la composent, parce qu'ils se trouvent tous

Ad formam igitur dico quod eadem veritas non est simul et semel evidens et inevidens uni et eidem, sed bene potest eadem veritas esse inevidens uni et evidens alteri. Et sic est in proposito, quia propositio credita est inevidens viatori et evidens beato. Similiter potest eadem veritas esse primo inevidens alicui, et post evidens eidem. Et sic est de aliquo, primo viatore et post beato. », *Quod.*, V, 3, l. 74-86, p 490-491.

dans la portée de “connue par soi”. D’autres conditions seraient imposées pour l’application des prédicats modaux “écrit” ou “écrit sur cette page”. Ce qui m’intéresse ici est surtout de faire remarquer que l’individuation fine des propositions exigée par certaines considérations dans la théorie de la connaissance évidente est en accord avec certains traits de la théorie ockhamienne des modalités, ou plus précisément de ce que j’ai appelé ailleurs sa méta-théorie modale, qui comprend tous les prédicats qui peuvent être attribués à des propositions entières, dont les prédicats épistémiques [1].

LES PRÉMISSES COMME CAUSES

Si une proposition *p* est jugée vraie en raison de la connaissance de *A*, que *A* soit une proposition ou un terme, la connaissance de *A* est la cause de la connaissance de *p*. Il est ainsi dans les démonstrations, la connaissance des prémisses (*notitia principiorum*) cause la connaissance de la conclusion (*notitia conclusionis*) [2]. Il faut bien distinguer la conclusion et les prémisses de la connaissance de la conclusion et des prémisses, comme le rappelle un argument remarquablement construit de l’*Ordinatio* :

> ...la connaissance des prémisses est la cause de la connaissance de la conclusion, bien que les prémisses ne soient pas la cause de la conclusion. Le premier point est manifeste, puisqu’une chose est véritablement la cause d’une autre quand l’existence de l’une suit de l’existence de l’autre, de telle façon que celle-ci ne peut exister sans celle-là. Mais dans un intellect, si la connaissance des prémisses est posée, suit la connaissance de la conclusion. J’affirme le deuxième point, puisque l’intellect ayant les termes peut former la conclusion, que les prémisses soient posées ou non.

1. J’ai examiné la théorie modale ockhamienne dans le deuxième chapitre de ma thèse de doctorat, dont sont repris ici le troisième et le quatrième chapitres. Sur la théorie modale ockhamienne, cf. E. Perini-Santos, « L’extension de la liste des modalités dans les commentaires du *Perihermeneias* et des *Sophistici Elenchi* de Guillaume d’Ockham », *Vivarium* 40, 2002, p. 174-188 et « La structure de la proposition modale ockhamienne », dans A. Maierù, et L. Valente (éds.), *Medieval theories on assertive and non-assertive language*, Leo S. Olschki, 2004, p. 355-375.

2. « ... notitia principiorum est causa effectiva notitiae conclusionis ; et hoc verum est in illo intellectu qui adquirit notitiam conclusionis per notitiam principiorum. », *Ord. I*, Prol., q. 7, p. 221, l. 18-20 ; « Omnes enim recte loquentes de demonstratione per demonstrationem intelligunt syllogismum compositum ex duabus praemissis necessariis notis, per quas scitur conclusio quae aliter foret ignota, nisi forte in eodem tempore simul concurrant cum illis praemissis aliae praemissae sufficientes ad causandum notitiam eiusdem conclusionis. », SL, III-2, 1, l. 34-39, p. 506.

> Par cela il est manifeste le premier point, que les prémisses ne sont pas la cause de la conclusion[1].

La connaissance de la conclusion est causée par la connaissance des prémisses (et par la formation de la proposition qu'est la conclusion) : sans la connaissance des prémisses, pas de connaissance de la conclusion. Mais une conclusion, une entité linguistique, peut très bien exister sans la connaissance des prémisses, il suffit de former la proposition. Ainsi la conclusion et sa connaissance ne sont-elles pas la même chose. La connaissance de la conclusion d'un syllogisme exige plus que l'adhésion, elle exige aussi un type spécifique de cause, tout comme la distinction entre le savoir et la croyance dépend de la cause de l'assentiment aux propositions. C'est une version du schéma classique platonicien (le savoir comme la croyance vraie justifiée), transmis par la théorie aristotélicienne de la science : la cause de l'assentiment, départageant la croyance de la connaissance, joue précisément le rôle de la justification.

Cet argument de l'*Ordinatio* est en quelque sorte repris par une distinction concernant les différents sens de "cause de la conclusion", dans un texte très important de la *Somme de Logique*. Les deux premiers sens sont les suivants :

> Les principes ne sont pas seulement premiers par rapport à la conclusion, mais sont aussi les causes de la conclusion, ce qui peut être compris de plusieurs façons. En un sens, la connaissance des principes engendre la connaissance de la conclusion, ce qui est vrai de n'importe quel principe par rapport à la conclusion dans celui qui fait une démonstration qui produit un savoir, parce que toujours la connaissance des principes dans une telle personne produit la connaissance des conclusions. En un autre sens on peut comprendre que les principes sont dits les causes de la conclusion parce que les principes expriment la cause en raison de laquelle il est dans les choses tel que la conclusion le dénote[2].

1. « … notitia praemissarum est causa notitiae conclusionis, quamvis praemissae non sint causae conclusionis. Primum patet, quia illud vere est causa alicuius ad cuius esse sequitur aliud, ita quod illud aliud non potest esse sine illo. Sed in tali intellectu posita notitia praemissarum sequitur notitiam conclusionis. Secundum declaratur, quia sive praemissae ponetur sive non, intellectus habens terminos potest formare conclusionem. Per hoc patet primum, quod praemissae non sunt causae conclusionis. », *Ord. I*, q. 8, p. 222, l. 1-8. Une remarque parallèle se trouve dans *Ord. I*, Prol., q. 9, p. 229, l. 5-19.

2. « Non solum autem principia sunt priora conclusionibus, sed etiam sunt causae conclusionum. Quod multipliciter intelligi potest. Uno modo quod notitia principiorum efficiat notitiam conclusionis ; quod verum est de quibuscumque principiis respectu conclusionis in habente demonstrationem facientem scire, quia semper notitia principiorum in tali facit notitiam conclusionum. Alio modo potest intelligi quod ideo principia dicuntur causae

C'est précisément le dédoublement de la cause dans la construction des conditions de la démonstration que nous avons vu au premier chapitre, dont l'origine semble se trouver chez Robert Grosseteste ou chez Themistius [1]. Dans cette partie de la *Somme de Logique*, Ockham suit le commentaire de Grosseteste des *Seconds Analytiques*. Le deuxième sens dans lequel un principe est la cause de la conclusion est sans doute celui que visait Aristote. Le premier sens est une certaine explication, par la cause efficiente, des processus qui ont lieu à l'intérieur de l'esprit. Comment construire une explication causale de la connaissance de la conclusion d'une démonstration?

Il faut d'abord identifier les événements (dans l'ontologie ockhamienne, les qualités) qui composent cette chaîne causale : la connaissance des principes cause la connaissance de la conclusion. Cette précision se trouvait déjà chez Grosseteste, qui parlait des «*scientiae*», là où le *Venerabilis Inceptor* parle des «*notitiae*». C'est une relation causale, à l'intérieur de l'esprit, entre des qualités mentales. Cette description ne s'applique pas au deuxième sens dans lequel les principes sont les causes de la conclusion. Dans ce cas, il s'agit des principes, et non pas de la connaissance des principes, distinction à laquelle Ockham est bien attentif. Les explications visées, et donc les relations causales auxquelles il fait appel, ne sont pas du tout les mêmes. Dans le premier cas, il s'agit d'une relation de causalité efficiente entre des événements singuliers, dans l'autre, d'une relation qui ne met pas en relation des événements mentaux, mais des états du monde signifiés par les prémisses de la conclusion, qui peuvent se trouver dans différents rapports causaux. On voit l'importance de la clause "dans celui qui fait une démonstration" : il s'agit des relations entre des qualités présentes dans l'esprit de tel ou tel individu. De la même façon, il apparaît clairement qu'une telle précision n'est pas pertinente pour le deuxième sens dans lequel les prémisses sont la cause de la conclusion. Ces deux explications ne mettent pas en jeu les mêmes relations causales.

La présence dans l'esprit de la connaissance des prémisses, l'assentiment aux prémisses, cause l'assentiment à la conclusion. Ce processus causal à l'intérieur de l'intellect résulte du déploiement de la théorie générale d'Ockham pour la connaissance évidente, un assentiment causé par la présence dans l'esprit de certaines connaissances. Il est remarquable

conclusionis quia principia exprimunt causam propter quam sic est a parte rei sicut denotatur per conclusionem. », SL, III-2, 15, l. 2-9, p. 530.

1. Ockham reprend cette interprétation de Grosseteste pour l'idée qu'une démonstration doit se faire à partir de la cause de la conclusion (*ex causa conclusionis*) dans *Ord.*, Prol., q. 6, p. 182, l. 14-23; cf. aussi *Ord. I*, Prol., q. 7, p. 221, l. 18-20.

qu'elle ait pu se greffer sur une interprétation erronée d'un passage d'Aristote, dont l'origine est Grosseteste, qui n'avait pas lui-même une théorie causale de la connaissance, ou du moins pas une théorie comme celle d'Ockham. On voit aussi comment l'idée que cette déviation pouvait en quelque sorte découler d'un schéma explicatif aristotélicien est superficielle, tant la notion de cause dépend de l'explication dans laquelle elle figure. Autrement dit, même si Ockham cherche une cause pour expliquer ce qu'il juge devoir expliquer, et en ce sens il applique un schéma aristotélicien, l'image qu'il offre du savoir lui est bien propre. Il n'est pas si certain qu'elle ressemble à celle du Stagirite, ou même à celle de Grosseteste.

La prudence est de mise ici. En un sens, il existe bien des théories causales de la connaissance de la démonstration au Moyen Âge avant Ockham, si bien que la science a pu être dite, à plus d'une reprise, l'effet de la démonstration (*effectus demonstrationis*)[1]. Il faut en fait se demander ce que doit expliquer une théorie de la connaissance. Une théorie de la connaissance doit expliquer entre autres choses, selon Ockham, l'assentiment à des propositions, c'est-à-dire des événements singuliers ayant lieu dans des esprits singuliers. Tel est l'objet de la théorie de la connaissance évidente en général et qui est repris dans cette explication du fonctionnement de la démonstration.

Nous savons que la conclusion est vraie parce que nous savons que les prémisses sont vraies. Ce n'est pas la transmission de la vérité qui est visée ici, mais la transmission du statut épistémique. Il est impossible qu'une conclusion ait un statut épistémique autre que celui que les prémisses peuvent lui transmettre :

> … la disposition relative aux principes est plus connue et plus évidente que la disposition relative à la conclusion, il est donc impossible que les principes soient seulement crus et les conclusions connues. L'antécédent est manifeste, puisque tout ce par quoi une autre chose est connue est plus connue que cette chose, c'est-à-dire, connu de façon plus évidente, donc les prémisses sont toujours connues de façon plus évidente que les conclusions.
>
> En outre, l'opinion relative aux principes est à l'opinion relative à la conclusion ce que la connaissance évidente des principes est à la connais-

1. Cf. par exemple, Richard Rufus dans R. Wood et R. Andrews, « Causality and demonstration : an early scholastic *Posterior Analytics* commentary », art. cit., p. 343 ; Jean Duns Scot, *Ord. Prol.*, Pars 4, q. 1, p. 148, 9-11 ; Gauthier Burley, *Liber universalium* dans *Burlei super artem veterem Porphyrii et Aristotelis*, 1497, 2rb (désormais cité *Liber universalium*).

> sance évidente des conclusions. Mais il est impossible que quelqu'un ait une opinion relative à la conclusion en raison des prémisses sans avoir une opinion relative aux prémisses. Il est donc impossible que quelqu'un connaisse de façon évidente des conclusions en raison des principes sans connaître, c'est-à-dire, sans connaître de façon évidente, les principes [1].

Ce qui se transmet est l'évidence et, avec elle, le statut épistémique du savoir, des prémisses à la conclusion. S'il faut transmettre le statut de connaissance des prémisses à la conclusion, les prémisses doivent avoir ce statut, la conclusion a la force qu'ont les prémisses. Cette transmission vaut aussi pour des statuts épistémiques plus faibles comme l'opinion, rappelle Ockham, suivant un texte du début des *Seconds Analytiques* [2].

Comment en effet penser qu'un savoir puisse dépendre de quelque chose épistémiquement plus faible que lui ? Si je sais que tous les chiens, et rien que les chiens dans cet appartement appartiennent à Ysé, et je crois que l'animal sur le sofa est un chien, je peux tout au plus croire que cet animal appartient à Ysé, je ne peux pas le savoir. La modalité épistémique est transférée des prémisses aux conclusions, elle ne peut être créée ni renforcée. La transmission de la force épistémique, dans le cadre ockhamien, se fait par un certain enchaînement causal entre des séries d'assentiments à des propositions liées entre elles par des rapports de justification. Dans une transmission, la conclusion est connue à partir des prémisses parce que l'assentiment à la conclusion est causé par l'assentiment aux prémisses.

Dans la philosophie ockhamienne, la cause de l'assentiment explique aussi bien la transmission du statut épistémique dans un raisonnement que la distinction entre le savoir et la croyance. Un assentiment évident peut avoir lieu immédiatement ou médiatement, et cette seconde possibilité correspond au cas où l'assentiment à une proposition serait causé non pas par la connaissance des termes, mais par la connaissance d'autres propositions dont l'assentiment serait causé par la connaissance des termes, c'est-à-dire, des propositions évidentes. Si, à ma connaissance, la sortie fondationnaliste pour l'argument du cercle de la justification ne se trouve

1. « … habitus principiorum est notior et evidenter habitu conclusionum, ergo impossibile est quod principia tantum credatur et conclusiones sciantur. Antecedens patet, quia unumquodque propter quod aliud scitur, magis scitur, hoc est evidentius cognoscitur; igitur praemissae semper evidentius cognosciuntur quam conclusiones. Praeterea, sicut se habet opinio principiorum ad opinionem conclusionum, ita se habet notitia evidens principiorum ad notitiam evidentem conclusionum. Sed impossibile est aliquem opinari conclusionem propter praemissas nisi opinetur praemissas. Igitur impossibile est quod aliquis sciat evidenter conclusiones propter principia nisi sciat, hoc est evidenter cognoscat, principia. », *Ord. I*, Prol., q. 7, p. 189, l. 18-p. 190, l. 8.

2. Aristote, *Analyt. Post.* I, 1, 71a 5-9 ; transl. Iacobi, p. 5, 4-12.

pas explicitement dans le texte ockhamien, elle est tout à fait dans l'esprit de sa philosophie. Ces textes ont une cible précise, la construction de la théologie comme science à partir de prémisses seulement crues. On aura reconnu Thomas d'Aquin.

Le statut épistémique de la connaissance est déterminé pour chaque proposition : comment l'assentiment à chaque proposition particulière a-t-il été causé ? La visée générale de la critique ockhamiste de la thèse selon laquelle la théologie est une science est que les propositions théologiques ne peuvent être connues parce que l'assentiment à celles-ci n'est pas causé de façon évidente[1]. La théorie de l'unité de la science d'Ockham et de Thomas n'est pas la même[2], et l'on pourrait peut-être estimer qu'il y a comme un changement de sujet entre l'un et l'autre. En fait, il n'en est rien. Aussi bien Thomas qu'Ockham parlent de la constitution d'un savoir selon le modèle des *Seconds Analytiques*. La critique ockhamienne de la solution thomiste porte justement sur le fait qu'il est impossible que les principes soient seulement crus et les conclusions connues (*principia tantum credantur et conclusiones sciantur*)[3].

Même si cette critique doit paraître à ses yeux suffisamment forte pour condamner la solution qui consiste à construire une science à partir de prémisses dont on n'a pas de science, il entreprend une critique plus spécifique de la solution qu'essaie d'apporter Thomas d'Aquin :

> ... quand on dit en premier lieu qu'il y a deux genres de sciences, un qui procède des principes connus par soi à la lumière d'une science supérieure etc., je dis que bien que cela soit vrai dans une science subordonnée, néanmoins personne ne connaît des conclusions de façon évidente sans les connaître ou bien par expérience, ou bien par des prémisses connues de façon évidente. D'où il ne sert à rien de dire (*nihil est dicere*) que je connais certaines conclusions, parce que tu connais les principes auxquels je crois, parce que tu le dis. Et de même il est puéril de dire (*puerile est dicere*) que je connais des conclusions de la théologie, parce que Dieu connaît les principes auxquels je crois parce qu'il les révèle[4].

1. *Ord. I*, Prol., q. 7, p. 187, l. 16-p. 188, l. 9.
2. Cf. section 3.3.
3. *Ord. I*, Prol., q. 7, p. 189, l. 19-20.
4. « ... quando primo dicitur quod duplex est genus scientiarum, unum quod procedit ex principiis per se notis lumine superioris scientiae etc., dico quod quamvis hoc sit verum in scientia subalternata, tamen numquam aliquis scit illas conclusiones evidenter nisi sciat eas per experientiam vel per aliquas praemissas evidenter notas. Unde nihil est dicere quod ego scio conclusiones aliquas, quia tu scis principia quibus ego credo, quia tu dicis ea. Et eodem modo puerile est dicere quod ego scio conclusiones theologiae, quia Deus scit principia quibus ego credo, quia ipse revelat ea. », *Ord. I*, q. 7, p. 199, l. 10-18. Pour une explication

Cet argument ockhamien ne fait que rappeler les principes de transmission de force épistémique, transmission qui ne peut avoir lieu que dans un même connaissant, dans lequel ont lieu les processus causaux qui expliquent cette transmission.

Imaginons la situation suivante : *A* connaît avec évidence une proposition *p*; *B* croit en *A* quand il dit que *p* est vrai et, sans aucune évidence, connaît *p*. Même si *A* sait que *p* de façon évidente, *B* n'acquiert pas cette évidence en y acquiesçant, puisque la cause de l'assentiment de *B* à *p* n'a aucune liaison avec la valeur de vérité de la proposition. Si l'on disait que *B* sait que *p*, ses assentiments seraient épistémiquement indistincts, il n'y aurait plus de différence entre ce qu'il sait et ce qu'il croit, puisque toutes les causes d'un assentiment pourraient produire le savoir. L'évidence se transmet d'une proposition à une autre dans le même connaissant, non d'un connaissant à un autre.

Nous retrouvons en effet deux points fondamentaux de la théorie ockhamienne de la connaissance : ce qui sépare l'opinion du savoir est la cause de l'assentiment, et la cause de l'assentiment n'est un critère opératoire que pour un seul individu. Donc, ce qui se passe chez un individu n'a aucune importance pour le statut épistémique des croyances d'un autre individu. Encore faut-il séparer ce qui est propre à l'approche ockhamienne, qui fait dépendre la distinction des différents statuts épistémiques de nos croyances de la cause de l'assentiment, cause qui joue ainsi un rôle épistémique, d'une idée bien plus générale selon laquelle séparer la croyance du savoir consiste à déterminer des conditions applicables à un individu. Les critères de séparation doivent donc être opératoires pour chaque individu, et ne passent pas d'un individu à un autre. Le texte ockhamien cité ci-dessus repose sur cette idée générale. Les théories distinguant le savoir de la croyance séparent les états épistémiques d'un sujet selon des conditions appliquées à ce seul sujet, qu'il s'agisse d'une théorie causale, d'une théorie fiabiliste, d'une évidence de type cartésien, ou autre. C'est bien ce point de vue général, selon lequel on ne peut dire que *S* sait que *p* que si *S* lui-même remplit telle ou telle condition pour savoir que *p*, qui meut la critique ockhamienne à Thomas d'Aquin.

Ockham dit simplement que le savoir d'un individu *S* ne peut venir que des conditions propres à *S*, et non pas des conditions propres à un autre individu. C'est le même principe qui est à l'œuvre si l'on accepte une proposition parce qu'un autre homme le sait ou parce que Dieu le sait. Dire, comme l'Aquinate, que l'on reçoit les principes de Dieu, et non pas d'un

historique de la virulence de certains textes ockhamien contre Thomas d'Aquin, dont celui-ci, cf. R. Wood, *Ockham on the virtues*, *op. cit.*, p. 14.

autre homme, c'est oublier le fait qu'il s'agit d'expliquer la connaissance de celui qui reçoit les principes, et non de celui qui les donne.

Ce dernier point est proche d'une remarque de Guillaume d'Alnwick, une des sources du commentaire ockhamien des *Sentences*. Dans un texte où il refuse la position de Gilles de Rome selon laquelle la théologie ne serait ni une science pratique, ni une science théorique, mais une science affective, il dit que

> ... bien que la théologie soit acquise dans une certaine lumière surnaturelle, si la théologie elle-même est dans l'intellect de quelqu'un qui est sur cette terre, il doit avoir naturellement un acte scientifique, et donc un acte de connaissance ou bien pratique, ou bien spéculatif[1].

Quand bien même la théologie se développerait selon des principes reçus d'une lumière supérieure, elle n'en est pas moins une science de l'homme, et doit donc être dans une catégorie propre à la science humaine. Or ce qu'Ockham fait voir est précisément que même si les principes de la théologie sont reçus directement de Dieu, pour faire partie de la science humaine, ils doivent suivre les conditions de la constitution d'un savoir pour l'homme.

Cette même critique se trouve aussi chez un autre oxonien, Jean de Reading, un scotiste contemporain d'Ockham. Il ne suffit pas que les principes de la théologie soient crus pour qu'elle soit une science,

> ... puisque selon le Philosophe dans les *Seconds Analytiques*, I, personne ne peut connaître les conclusions plus parfaitement que les principes, ni les connaître plus ni de façon plus évidente. Mais si les principes étaient seulement crus et la conclusion connue, il s'ensuivrait que la conclusion serait plus connue et plus évidente que les principes, ce qui est faux[2].

L'argument semble être ainsi accepté à Oxford. Ce n'est pas sans importance que, quelques lignes au-dessus, Reading renvoie au Docteur Subtil pour étayer une critique assez proche[3]. En effet, Duns Scot lui-même dit de façon très précise pourquoi la subordination (*subalternatio*) entre les

1. « ... licet theologia adquiratur in quodam lumine supernaturali, ipsa tamen habita in intellectu viatoris, oportet quod naturaliter aliquem actum scientialem habeat : aut igitur actum cognoscendi practicum aut speculativum. », Guillaume d'Alnwick, dans S. F. Brown, « Sources for Ockham's Prologue to the Sentences », *Franciscan Studies* 27, 1967, p. 79.

2. « ... quia secundum Philosophum, I *Posteriorum*, nullus potest perfectius cognoscere conclusiones quam principia, nec magis vel evidentius. Sed si principia essent tantum credita et conclusio scita, sequeretur quod conclusio esset magis cognita et evidentius quam principium quod est falsum. », Jean de Reading, *op. cit.*, Prol., q. 6, p. 106, 4-10.

3. Jean de Reading, *ibid.*, Prol., q. 6, p. 106, 19-22.

sciences ne peut jouer le rôle que lui attribue Thomas dans la constitution de la théologie comme science :

> La subordination requiert toutefois que la connaissance des principes de la science supérieure soit la cause de la connaissance des principes de la science inférieure[1].

Or dans ce cas, la cause de la connaissance des principes de la science inférieure est la foi, et non pas la connaissance des principes de la science supérieure.

Le plus important dans cet argument est qu'il soit utilisé pour appliquer à la théologie les mêmes exigences épistémiques qu'à n'importe quel autre domaine de la connaissance humaine. Comme le recours à Aristote l'indique, Duns Scot, Guillaume d'Ockham et Jean de Reading puisent dans des sources déjà disponibles pour Thomas d'Aquin. Il ne suffit pas d'avoir l'outillage conceptuel pour ainsi dire à portée de main pour qu'un argument soit utilisé.

Il ne va de pas de soi que dans tous les domaines les critères de connaissance soient les mêmes. Plus précisément, l'idée que la foi doive être soumise aux mêmes critères épistémiques que les autres croyances n'est pas acceptée par tous. Comme le montre fort bien Heikki Kirjavainen, la philosophie chrétienne, et ceci depuis Augustin au moins, doit faire face au problème de la détermination du statut épistémique de la foi[2]. Le cadre théorique hérité de la philosophie grecque n'offre pas seulement la disjonction à première vue exhaustive entre croyance et savoir (et donc un problème pour les chrétiens), il esquisse aussi la dépendance du statut épistémique des vérités auxquelles on a (ou on est censé avoir) accès de l'objet auxquels celles-ci se rapportent[3]. Cette complexe histoire dans laquelle s'inscrit l'œuvre de l'Aquinate se développe autour de deux axes : le besoin de trouver un casier épistémiquement digne pour la foi dans un cadre qui de prime abord n'offre pas une telle possibilité, et la dépendance de l'objet pour la définition de ces casiers.

1. « Subalternatio autem requireret quod notitia principiorum scientiae superioris esset causa notitiae principiorum scientiae inferioris. », Jean Duns Scot, *Ord. Prol.*, Pars 4, q. 1, p. 148, 9-11.

2. « If believing (*doxa*) belongs to lower level than knowledge (*epistéme*) because it does not consist of seeing something immutable and eternal, but of hearing something temporal and contingent, how can we relate religious believieng (faith) to genuine knowledge ? », H. Kirjavainen, « The simultaneity of faith and knowledge : tendencies in epistemic logic from antiquity to high scholasticism », dans H. Kirjavainen (éd.), *Faith, will, and grammar*, Luther-Agricola Society, 1986, p. 29.

3. Sur ce point, cf. J. Hintikka, *Knowledge and the Known*, *op. cit.*

Il peut sembler inacceptable à un chrétien que la foi ne soit pas différente, d'un point de vue épistémique, de la croyance que l'on peut avoir dans l'existence des gnous ou des licornes. Mais le dire, c'est déjà accepter le deuxième point, à savoir, que la distinction entre les domaines du savoir et de la croyance dépend de l'objet auxquels ils se rapportent, et non pas de la façon de donner l'assentiment à telle ou telle proposition ou des états épistémiques de celui qui connaît. L'identification des trois registres épistémiques différents, la science, la croyance et la foi (ou la croyance religieuse), s'inscrit ainsi dans ce type de raisonnement. Même si le cadre grec n'offre peut-être pas un tel schéma tripartite, ce qui n'est pas sûr[1], en raison de la dépendance de la distinction entre savoir et croyance de leurs objets, la foi n'aura pas de mal à trouver un objet différent pour se procurer un rang épistémique plus haut.

Thomas d'Aquin reste dans la « vielle tendance augustinienne » de trouver une place spéciale pour la foi sur la carte des notions épistémiques, comme le dit Heikki Kirjavainen[2]. Si l'histoire de ces notions peut être décrite de cette façon, alors le changement opéré par Jean Duns Scot, ou en tout cas à partir de lui, est majeur : la distinction entre les différents statuts épistémiques des vérités auxquelles nous avons accès ne dépend pas du tout de l'objet, mais seulement de la façon de donner l'assentiment à ces mêmes vérités.

On ne saurait exagérer l'importance de ce passage, d'autant plus que le Docteur Angélique avait déjà perçu le rôle de la cause de l'assentiment aux propositions dans la séparation entre le savoir et la foi[3]. Plus d'un type de considération entre en jeu, mais c'est peut-être cet enchevêtrement même qui est défait par Ockham. Thomas d'Aquin trouve un casier spécial pour la foi, entre la simple croyance et le savoir, en raison de son objet bien particulier, alors qu'Ockham ne prend en compte que la cause de l'assentiment pour faire la carte des notions épistémiques, ou du moins le fait-il dans la détermination de la scientificité de la théologie. Nous avons vu en effet que le *Venerabilis Inceptor* veut trouver lui aussi une séparation entre la croyance ou l'opinion et la foi, même si, me semble-t-il, il le fait contre sa théorie de la connaissance[4]. Il n'est pas difficile de voir comment une telle distinction pouvait paraître essentielle aux yeux d'un philosophe médiéval.

1. Le néo-platonisme semble être bien proche du christianisme ici; cf. H. Kirjavainen, « The simultaneity of faith and knowledge : tendencies in epistemic logic from antiquity to high scholasticism », art. cit., p. 40.

2. H. Kirjavainen, *ibid.*, p. 94.

3. Cf. Thomas d'Aquin, *Quaestiones disputatae de veritate*, q. 14, a. 1.

4. Cf. section 2.3. Pour une exposition générale de la perception des rapports entre théologie et philosophie au XIVe siècle, cf. A. Conti, « Paradigma aristotelico e teologia

Le texte crucial du Docteur Angélique sur la constitution de la théologie ne me semble pas posséder des ressources pour contrer l'attaque ockhamienne :

> A coup sûr la doctrine sacrée est une science. Mais, parmi les sciences, il en est de deux espèces. Certaines s'appuient sur des principes connus par la lumière naturelle de l'intelligence : telle l'arithmétique, la géométrie, etc. D'autres procèdent de principes qui sont connus à la lumière d'une science supérieure : comme la perspective à partir des principes reconnus en géométrie, et la musique à partir des principes connus par l'arithmétique. Et c'est de cette façon que la doctrine sacrée est une science. Elle procède en effet des principes connus à la lumière d'une science de Dieu et des bienheureux. Et comme la musique fait confiance aux principes qui lui sont livrés par l'arithmétique, ainsi la doctrine sacrée accorde foi aux principes révélés par Dieu[1].

Le schéma de subordination des sciences permet le passage d'une science à une autre, et nous pouvons le comprendre parfaitement dans le cas des sciences que nous acceptons comme telles, comme la perspective et la géométrie.

La compréhension de l'analogie proposée par Thomas repose sur le fait que nous savons que la géométrie est une science, que la perspective est une science et qu'il y a un transfert de principes de l'une à l'autre. Dans l'argument, il s'agit d'établir que notre théologie est une science. Or le quatrième terme de l'analogie, la science de Dieu et des bienheureux, est seulement objet de croyance : nous croyons seulement que la science de Dieu et des bienheureux est une science, et surtout nous croyons seulement aux propositions d'une telle science[2]. Il y a une asymétrie manifeste entre

cristiana nel secolo XIV. Fede e ragione a Oxford e Parigi sul finire del Medioevo », *Medioevo* 22, 1996, p. 137-223.

1. « Respondeo dicendum sacram doctrinam esse scientiam. Sed sciendum est quod duplex est scientiarum genus. Quaedam enim sunt, quae procedunt ex principiis notis lumine naturali intellectus, sicut arithmetica, geometria, et huiusmodi. Quaedam vero sunt, quae procedunt ex principiis notis lumine superioris scientiae, sicut perspectiva procedit ex principiis notificatis per geometriam, et musica ex principiis per arithmeticam notis. Et hoc modo sacra doctrina est scientia, quia procedit ex principiis notis lumine superioris scientiae, quae scilicet est scientia Dei et beatorum. Unde sicut musica credit principia tradita sibi ab arithmetica, ita doctrina sacra credit principia revelata sibi a Deo. », ST I-1, q. 1, a. 2. Traduction française *Somme Théologique*, trad. A. M. Roguet, Cerf, 1994.

2. Une remarque de Robert Holcot va dans ce sens, même si elle ne concerne que la science des bienheureux, il est clair que nous n'avons pas l'expérience de la science de Dieu même : « Theologia potest accipli dupliciter, scilicet, vel pro notitia de deo quam credimus habere illos qui sunt beati, vel pro notitia quam in nobis viatoribus communiter experimus. », R. Holcot, « *Utrum theologia sit scientia* – A Quodlibet Question », ed. by J. T. Muckle, *Medieval Studies* 20, 1958, p. 128. Sur la théorie de Robert Holcot concernant le statut

les deux situations. Nous passons de deux termes connus à deux termes seulement crus, alors il s'agit d'expliquer justement comment arriver à la connaissance. On pourrait peut-être répondre que nous connaissons les articles de la science de Dieu, la science qui joue le rôle de science subordonnante. Si tel était le cas, nous aurions simplement une science théologique comme nous avons une science géométrique, mais alors l'argument serait sans objet, puisque les deux termes de l'analogie seraient également connus, et la scientificité de notre théologie serait immédiatement établie.

L'analogie thomiste ne fonctionne pas et ne peut pas fonctionner, car l'asymétrie des principes épistémiques qui l'empêche d'éclaircir les choses est justement le nœud du problème qu'elle veut résoudre. Il ne serait d'aucune efficacité de dire que, dans les sciences seulement humaines, une personne peut recevoir les principes de sa science d'une autre personne, puisqu'il s'agit d'établir comment ce savoir pourrait être acquis et transmis selon le modèle de transmission des autres sciences[1]. Ockham dira d'ailleurs que seul celui qui connaît les principes en a la science, et non pas celui qui croit parce qu'il les entendus de celui qui en a la science. Si la géométrie était seulement objet de croyance, nous ne saurions pas du tout comment la perspective pourrait en recevoir les principes. C'est cette asymétrie qu'Ockham, à la suite de Duns Scot, met en évidence.

Celui qui croit aux principes de la théologie peut y adhérer avec plus de conviction qu'à n'importe quelle autre chose, il peut même les recevoir sans intervention de sa volonté, par imposition divine, si l'on veut. Il ne saura pas plus pourquoi ils sont vrais, alors qu'il sait pourquoi "l'homme est un animal" est vrai, s'il a les concepts adéquats, ou pourquoi il donne son assentiment à "Socrate existe", s'il voit Socrate. Le savoir ne peut se faire à moindres frais, il ne peut notamment pas se contenter de la simple croyance vraie, et la théologie thomiste ne peut offrir plus que cette

épistémique de la théologie, cf. A. Conti, « Paradigma aristotelico e teologia cristiana nel secolo XIV. Fede e ragione a Oxford e Parigi sul finire del Medioevo », art. cit., p. 161-168.

1. Ce type de comparaison semble être assez courant (cf. entre autres, M.-D. Chenu, *La Théologie comme Science au XIIIe siècle*, Vrin, 1957, troisième édition, p. 71 ; A. Freddoso, « Ockham on faith and reason », dans P. V. Spade (éd.), *The Cambridge Companion to Ockham*, Cambridge University Press, 1999, p. 333). Il faudrait montrer par exemple que la transmission des principes des mathématiques à la chimie et à la physique, selon la comparaison d'Alfred Freddoso, ressemble à la révélation, ou encore que la distance entre un mathématicien, d'un côté, et un physicien ou un chimiste, de l'autre, est la même que celle qui sépare Dieu et les bienheureux d'un *viator*. On pourrait encore faire remarquer l'exigence de reproductibilité des résultats, le caractère publique des arguments etc., qui invalideraient des connaissances qui ne seraient accessibles par principe qu'à une personne, ou qu'à un groupe de personnes. En fait, rien que l'énoncé des difficultés montre, me semble-t-il, la vacuité du parallèle.

dernière. Nous retrouvons la différence entre le savoir et la croyance, entre un état épistémique qui assure la vérité de ce qui est cru et un autre qui ne l'assure pas, dans la cause de l'assentiment. Il s'agit trouver une disposition intellectuelle véridique (*habitus veridicus*), c'est-à-dire, qui ne peut être relatif qu'au vrai. La théorie ockhamienne de la connaissance évidente répond à la question de savoir pourquoi la science, et non la foi, ne peut être relative qu'au vrai [1].

La construction de la théologie à partir des principes acceptés par la foi est au centre de la démarche thomiste, comme il apparaît clairement dans l'exposition faite par Jean-François Courtine. Le Docteur Angélique, dit-il,

> … modifie du tout au tout le rapport de la « science » philosophique à la *scientia divina* proprement dite – la *scientia Dei* (*et beatorum*) –, en interprétant la *participatio et assimilatio ad cognitionem divinam* en termes de foi, autrement dit en substituant à la philosophie (« métaphysique ») la théologie – comme science des *credenda* –, puisque c'est maintenant à cette dernière qu'il revient d'*accomplir* proprement et complètement la visée philosophique et de satisfaire au *desiderium naturale*, à savoir : connaître la cause [2].

On pourrait bien accepter que la théologie occupe la place de la sagesse suprême, qu'elle s'occupe de l'objet le plus général de la connaissance (même si ce n'est pas ce que pense Ockham), encore faut-il expliquer comment arriver à une science à partir de la foi, en d'autres termes, comment renforcer le statut épistémique des chaînes démonstratives appartenant à la théologie.

Jean-François Courtine explique ainsi l'analogie de structure et d'objet entre la théologie et la science [3]. Selon lui, ce passage des principes aux conclusions permet de considérer la théologie comme science *stricto sensu* [4]. En fait, cette structure formelle peut se trouver sur n'importe quel sujet. Il suffit de suivre un schéma déductif, aristotélicien ou autre [5], il

1. « …fides secundum totum ambitum suum non est habitus veridicus, quia ita potest esse respectu falsorum sicut respectu verorum, secundum eum, tamen praeter illos habitus est aliquis habitus veridicus, quia sibi non potest subesse falsum. », *Ord. I*, q. 7, p. 200, l. 20-23.

2. J.-F. Courtine, *Suarez et le système de la métaphysique*, PUF, 1990, p. 68.

3. *Ibid.*, p. 68-69.

4. *Ibid.*, p. 69.

5. Ce point est parallèle à une critique contemporaine au cohérentisme, selon laquelle l'exigence de la seule cohérence permettrait le développement d'une théorie sans aucun rapport avec la réalité, l'aporie qu'Ernest Sosa appelle « the problem of detachment from reality » (E. Sosa, « The foundations of foundationalism », art. cit., p. 556). La conséquence pour la connaissance est claire : « It seems clear that our ordinary bodies of belief as we know them depend essentially for their warrant on the special character of some of their contents.

restera toujours à expliquer comment les principes de départ peuvent donner origine à une science. Il n'est même pas nécessaire d'entrer dans la discussion sur l'objet des discours théologiques et philosophiques, la question est neutre quant à la détermination de l'objet de la métaphysique.

Tout repose sur l'analogie entre le rapport de subordination entre les sciences proprement humaines et celui entre notre théologie et la théologie de Dieu et des bienheureux : le problème n'est évidemment pas la première partie de l'analogie, mais l'extension de son modèle à ce qu'il s'agit d'expliquer.

> L'analogie ainsi instituée est apparemment tout à fait rigoureuse dès lors que l'on pose l'équation fondamentale : *articuli fidei = principia scientiae* [1].

Or c'est bien sur cette équation, qui n'est nullement expliquée par l'analogie avec la perspective et la géométrie, que repose tout le problème. Si l'on accepte cette équivalence, le problème disparaît, mais rien n'est établi, il y a seulement l'acceptation d'une thèse qui n'est pas justifiée par la théorie proposée.

Selon Jean-François Courtine,

> la situation est donc beaucoup plus complexe qu'il n'y paraît d'abord : la théologie qui, beaucoup plus légitimement que la science que transmettent les philosophes, peut prétendre au titre de *scientia divina*, est science absolument première. Mais science supérieure à toutes les autres et subalternante, elle n'est en réalité telle que parce que, à son tour, elle-même est subordonnée à la *scientia Dei* et à ses principes, auxquels elle doit faire entièrement crédit comme à des *articuli fidei* [2].

Cette solution, qui a plus l'air d'une aporie, ne répond en rien au problème : il s'agit d'expliquer comment on peut renforcer le statut épistémique des prémisses aux conclusions, comment on peut passer des propositions seulement crues à des propositions connues. Thomas d'Aquin ne semble pas pouvoir offrir une telle théorie, théorie qui serait aux yeux d'Ockham simplement impossible. On voit comment l'analyse ockhamienne permet de distinguer le savoir de la croyance, non par une norme que les procédés d'obtention du savoir devraient suivre, mais par une

First-person beliefs and present-tense belief have a special role. A body of beliefs lacking these altogether may be as comprehensive and coehrent as could be desired without the slightest degree of cognitive warrant. », E. Sosa, *Knowledge in perspective*, *op. cit.*, p. 77-78. Quelles que soient les croyances censées avoir un rôle spécial, l'application à ce cas est assez directe : à partir des principes non connus, la déduction peut être aussi rigoureuse que l'on voudra, le résultat ne pourra pas prétendre au statut de science.

1. J.-F. Courtine, *Suarez et le système de la métaphysique*, *op. cit.*, p. 70.

2. *Ibid.*, p. 73-74.

analyse des chemins qui ont été effectivement suivis. On a ainsi un critère tout à fait opératoire, déterminant comment il faut faire pour obtenir la connaissance[1].

La connaissance évidente comme indicateur de vérité

Le double rôle causal des prémisses dans un raisonnement montre le trait essentiel de la théorie ockhamienne de la connaissance évidente : les rapports causaux naturels entre des qualités mentales sont parallèles aux rapports de justification entre les propositions auxquelles ces qualités se rapportent. Le fonctionnement rationnel de l'esprit dans la connaissance est une partie de son activité naturelle, pouvant être suspendue par l'action divine, mais aussi ayant les traits de l'universalité et l'immédiateté des rapports causaux naturels. C'est le même schéma qui est à l'œuvre dans les deux types de proposition connue de façon évidente, les propositions connues par soi et celles connues par les sens. Le cœur de l'héritage reçu par Ockham se trouve dans cette dynamique de l'acceptation des propositions connues par les sens et surtout des premiers principes. Il a réuni ces deux situations sous le concept de connaissance évidente, qui est expliqué par l'application aux mécanismes cognitifs de la causalité naturelle, et ces points représentent une apport ockhamien original d'une grande importance[2].

La liaison entre les exigences rationnelles et le fonctionnement selon la causalité naturelle offrent une image non normative de la théorie de la connaissance. La séparation entre le savoir et les états épistémiques plus faibles, qu'ils soient relatifs à des propositions vraies ou non, se fait par une description de certains processus qui ont lieu indépendamment de la volonté, pour lesquels donc il n'y a pas de règle à suivre. Il n'en reste pas

1. Alfred Freddoso (« Ockham on faith and reason », art. cit., p. 332) semble estimer que Thomas et Ockham seraient d'accord quant au statut épistémique de la foi. Même si Ockham distingue la foi de l'opinion d'une façon qui m'avait paru peu compatible avec l'ensemble de sa théorie des états épistémiques (section 2.3), il n'est pas en accord avec Thomas sur ce point. Je ne vois en tout cas pas du tout comment les textes auxquels il renvoie (*Quod.*, III, 7-8 et IV, 6) peuvent soutenir une telle proximité. Pour une défense récente de la solution thomiste, cf. R. Työrinoja, « Faith and the will to believe. Thomas Aquinas and Robert Holkot on the voluntary nature of religious Belief », *Documenti e Studi sulla Tradizione Filosofica Medievale* 12, 2001, p. 467-492.

2. La théorie ockhamienne est très proche d'une remarque de Bernard Williams : « The point I want to make is that where the connection is rational – that is, non only does he believe that *p* because he believes that *q*, but we, and he, can also say « *p* because *q* », – that does not stop the « because » in « A believes that *p* because he believes that *q* » from being causal. », B. Williams, « Deciding to believe », art. cit., p. 101.

moins que l'évidence est un critère central, sinon le critère d'identification du savoir. Pourquoi ?

La connaissance évidente est un indicateur de vérité, et cette liaison avec la vérité par une nécessité naturelle en fait le critère d'identification du savoir. Dans la connaissance évidente, ce qui cause l'assentiment à la proposition explique pourquoi elle est vraie. Il en est ainsi pour la connaissance intuitive : ce qui se trouve à l'origine causale de l'assentiment évident à des propositions vraies contingentes est précisément la chose qui rend vraie la proposition. Ainsi l'assentiment évident à la proposition "Socrate existe" est causé par la connaissance de Socrate (la connaissance du terme "Socrate", dirait Ockham), qui est à son tour causée par Socrate lui-même. Or la proposition "Socrate existe" est vraie parce que Socrate existe. Ce qui se trouve à l'origine de l'enchaînement causal menant à l'assentiment à cette proposition est aussi sa *causa veritatis*, pour reprendre une expression médiévale (qu'Ockham n'affectionnait pas particulièrement). Il est vrai que cette liaison ne vaut que dans le cours normal de la nature. Mais une théorie de la connaissance naturelle a exactement les mêmes limites et la même stabilité que la nature. Or la limite de la liaison entre la cause de l'assentiment à une proposition connue par la connaissance intuitive et sa vérité est la toute-puissance divine, qui est la limite de tout processus naturel. Dans la connaissance intuitive du non existant la cause de l'assentiment n'est pas ce qui rend la proposition vraie, il y a donc une vraie rupture, et le choix de garder le nom de "connaissance intuitive" pour ces cas n'y change rien. Comme je l'ai déjà fait remarquer, le changement de cette décision terminologique aurait peu de conséquences pour la théorie ockhamienne, alors que la considération de la connaissance intuitive comme un processus naturel comme un autre est très important pour sa philosophie.

Le même type de considération s'applique aux propositions connues par soi. La situation est notoirement difficile, comme l'on sait au moins depuis les *Seconds Analytiques*. La connaissance d'une proposition connue par soi dépend des concepts qui la composent. Quelqu'un qui a un concept simple absolu de lion connaît de façon évidente "un lion peut être un animal", mais quelqu'un qui n'a jamais vu de tels animaux, et qui donc selon Ockham en a un concept composé, ne peut connaître de façon évidente cette proposition. D'aucuns seraient tentés de gloser cette exigence en disant que l'assentiment à une telle proposition dépend de la compréhension des concepts. Ce ne serait pas tout à fait en accord avec l'image ockhamienne de la théorie de la connaissance : en un certain sens, aucune compréhension ne semble intervenir à proprement parler dans ce processus, si bien qu'aucune explication ne peut rendre une telle proposition évidente pour quelqu'un qui n'a jamais vu des lions. Ou bien on a vu des lions et le concept formé par cette intuition a le pouvoir causal de rendre l'assentiment à "un lion peut être un animal" évident, ou bien on n'en a pas vu, et la proposition n'est pas évidente, quand bien même on y croit très fermement et que l'on a toutes les informations pertinentes pour juger cette proposition vraie [1]. Il reste toutefois que c'est bien un passage de la connaissance des concepts à celle de la proposition qui est en jeu ici, un passage dont la reconnaissance est inscrite dans le fonctionnement rationnel de l'esprit. Une telle proposition est vraie en raison des traits des concepts qui la composent, par exemple, parce que "lion" est une espèce dont "animal" est le genre : il n'y a pas d'autre cause de sa vérité, tout comme la seule cause de l'assentiment évident à une telle proposition est la connaissance des termes. La relation est peut-être moins claire que dans la connaissance évidente, parce qu'une proposition de ce genre n'est pas vraie en raison de la simple existence des choses qui peuvent être à l'origine causale de certains processus réels, comme pour la connaissance intuitive. La relation interne entre les concepts dans ces propositions, en utilisant une expression quelque peu anachronique, ne peut être reconnue que par un processus rationnel, sensible justement à ces relations. Comme ce processus rationnel est aussi un processus naturel, l'assentiment aux propositions connues par soi sera causé naturellement.

Pour différentes qu'elles soient, les deux types de propositions connues de façon évidente manifestent le même type de description de la connaissance humaine. C'est le même processus qui est à l'œuvre dans l'assentiment à la conclusion d'un raisonnement. On y trouve les traits essentiels des rapports causaux naturels, comme dans les propositions connues de façon évidente : l'universalité, l'immédiateté, l'action d'une causalité non libre. Comme pour les propositions connues par soi, il s'agit d'un fonctionnement causal sensible aux rapports rationnels entre les propositions composant le syllogisme. Comme pour les propositions connues par soi, et peut-être même davantage, on a le sentiment qu'il s'agit d'un modèle trop fort de rationalité. Nous verrons dans le prochain chapitre que cette description du fonctionnement cognitif de la démonstration a des conséquences inacceptables [2]. Ce n'est pas seulement parce que la causalité naturelle est

1. On pourrait songer ici à la célèbre expérience de pensée de Mary, la neuroscientiste qui n'a jamais vu des couleurs. Même si elle en a toute la connaissance théorique disponible (ou même toute la connaissance théorique possible), il lui manque la connaissance des *qualia* correspondant à la vision des couleurs. Il faut toutefois se rappeler qu'il n'est nullement question, chez Ockham, des *qualia*, mais bien d'une proposition aussi objective que "un lion peut être un animal".

2. Cf. section 3.5.

trop forte, mais aussi parce que ce qui s'y oppose, la causalité libre, ne semble pas pouvoir expliquer tout assentiment non évident, et la distinction entre savoir et non savoir qui s'ensuit semble trop rigide. Non seulement ce que j'ai appelé le volontarisme doxastique est un modèle peu convaincant de l'acceptation des propositions non évidentes, mais il manque aussi une explication ockhamienne pour des propositions seulement probables, que nous sommes portés à accepter, même si elles ne sont pas évidentes [1].

Il faut toutefois reconnaître la force du geste ockhamien, l'application d'une explication naturaliste, c'est-à-dire, selon la causalité naturelle, aux phénomènes cognitifs. Il en résulte une théorie cohérente, qui décrit de façon uniforme, par l'idée très simple de connaissance évidente, le processus cognitif à l'œuvre dans la connaissance qui vient des sens, dans celle des propositions acceptées comme vraies indépendamment de l'expérience et dans celle qui résulte de l'organisation des propositions dans des arguments. Cette cohérence permet de voir aussi, en retour, la pertinence d'un tel concept, qui réunit des phénomènes assez différents, dont le principal trait commun est de réunir des situations dans lesquelles il est raisonnable de dire qu'il y a connaissance. Nous verrons au chapitre suivant précisément comment ce concept sert à construire une théorie de la *scientia*, à la fois science et savoir.

1. Alfred Freddoso et Francis Kelley ont une interprétation opposée de ce point; cf. *Quod.* Questions, t. I, p. 269, note et t. II, p. 403, note. Cf. section 2.3. On trouve quelques éléments pour l'histoire de la notion de connaissance probable au XIVe siècle dans A. Goddu, « The dialectic of certitude and demonstrability amont fourteenth-century ockhamists », art. cit.

CHAPITRE III

LA SCIENCE ET LE SAVOIR

La dernière partie de ce travail est consacrée à la notion de *scientia*. Il s'agit d'examiner la théorie ockhamienne du déploiement du savoir à partir de la connaissance évidente. Cette description ne correspond toutefois qu'à une partie de ce qui est couvert par le mot "*scientia*", qui peut désigner aussi l'assentiment à une seule proposition, et même, qui plus est, un assentiment non évident. Les différentes acceptions du mot "*scientia*" ne sont pas la seule raison pour la difficulté de sa traduction. Il n'est tout d'abord pas sûr que l'on puisse parler proprement de science au Moyen Âge, et en fait l'approche même de la question n'est pas immédiate. D'un côté, il y a une simple décision stipulative touchant à l'emploi du terme "science", et de l'autre, la reconnaissance d'énormes différences dans la production du savoir au Moyen Âge et à partir de l'avènement de la science moderne au XVIIe siècle. Il n'est pas sans intérêt de songer ici à la distinction de Wilfrid Sellars entre l'image manifeste et l'image scientifique de la réalité (*image of man-in-the-world*), et au fait que la philosophie médiévale se développe entièrement à l'intérieur de l'image manifeste[1]. La meilleure façon de rendre compte et de ces différences et des origines médiévales de ce qu'il est convenu d'appeler la révolution scientifique n'est pas de se décider à l'application ou non d'un terme. La grande distance qui sépare les théories

1. W. Sellars, « Philosophy and the scientific Image of man », dans *Science, perception and reality*, Ridgeview, 1963, p. 1-40. Il faut nuancer cette affirmation. Il existe bien des sciences au Moyen Âge qui ne se trouvent pas en continuité avec l'image manifeste du monde, en particulier les mathématiques. Il faut toutefois noter, d'une part, que ces sciences n'ont aucune prise sur les phénomènes psychologiques qui nous intéressent ici, dont la théorie, dans le Moyen Âge, est essentiellement une extension des explications psychologiques ordinaires, utilisant des termes tels que "croyance", "assentiment" etc. D'autre part, les sens de "*scientia*", comme nous le verrons, ne concernent pas des savoirs spécialisés, mais bien le savoir que tout un chacun peut avoir.

médiévales des théories contemporaines des sciences, qui saute aux yeux pour peu que l'on ait en vue ce que l'on désigne aujourd'hui par "philosophie des sciences", se doit pour une bonne partie aux connaissances dont il s'agit justement de faire une théorie.

La remarque est sans doute triviale[1]. La démarcation nette des frontières historiques semble en outre être un exercice presque aussi vain que celui de résoudre par des décisions stipulatives concernant l'utilisation de tel ou tel mot des questions théoriques importantes. Il n'est toutefois pas sans intérêt de remarquer que si la théorie ockhamienne de la *scientia* n'a pas vraiment de contrepartie contemporaine, elle peut réunir des sujets qui sont aujourd'hui traités séparément. Jouons le jeu des comparaisons. L'examen des différentes sens de "*scientia*" est en partie une habile construction des conditions du savoir, proche d'un certain nombre d'analyses contemporaines, comme celles développées autour du paradoxe de Gettier (mais ne retrouve-t-on pas ici le *Théétète*?)[2]. Mais c'est aussi une théorie sur la place de la *scientia* dans l'ameublement du monde: à quel type de chose applique-t-on le mot "*scientia*"? Les états mentaux qui la constituent ont un objet dont il s'agit de faire une théorie, et un sujet, sur lequel il n'y a pas vraiment de théorie, mais qui appelle plutôt une mise au point concernant certaines questions posées à son propos. Cette mise au point concernant le sujet de la *scientia* en appelle une autre, sur son unité. Ockham n'en offre pas une théorie aussi informative que certains de ses

1. On peut néanmoins trouver dans la littérature des rapprochements plus directs entre la théorie ockhamiste (et médiévale) des sciences et les sciences contemporaines. Alfred Freddoso suggère ainsi un parallèle entre le rapport entre la théologie divine et la théologie *in via* et celui qu'entretiennent les mathématiques avec la chimie et la physique (cf. A. Freddoso, « Ockham on faith and reason », art. cit., p. 333). Ce type de rapprochement doit être jugé au coup par coup, et celui-ci me semble être, en l'occurrence, trompeur (cf. section 2.6). Sans revenir sur la question, je remarque seulement que la justification d'un tel mouvement réside dans une équivalence supposée entre les sciences et les philosophies des sciences contemporaines, d'un côté, et les sciences et les philosophies des sciences médiévales, de l'autre. Dans ce cas précis, le rapprochement a une valeur surtout rhétorique, celle de suggérer que ce qui peut sembler de difficile acceptation – la subordination thomiste de la *theologia nostra* à la *theologia Dei et beatorum* – correspond en fait à une situation contemporaine très banale. Il est clair que la valeur d'une telle suggestion diminue à la mesure que l'on estime importante la distance séparant la physique mathématique moderne et la théologie des médiévaux, et partant la théorie que l'on peut en offrir – distance qui, selon moi, rend le parallèle tout à fait injustifié. Un rapprochement plus intéressant, concernant un tout autre sujet, se trouve dans A. Goddu, « William of Ockham's "empiricism" and constructive empiricism », art. cit.

2. Le paradoxe de Gettier montre les difficultés qu'il y a définir le savoir comme la croyance vraie justifiée : il y a des situations dans lesquelles ces trois conditions sont réunies et néanmoins il est raisonnable de penser qu'il n'y a pas de savoir (E. Gettier, « Is justified true belief knowledge? », *Analysis* 23, 1963, p. 121-123). Cet article très court est devenu un classique et a fait couler énormément d'encre.

prédécesseurs, mais peut-être la théorie escomptée était-elle trop forte. Dire qu'une science n'a pas l'unité que l'on pensait pouvoir lui trouver n'est pas nier toute organisation au corps discursif qui la constitue. Suivant le modèle aristotélicien, le *Venerabilis Inceptor* a une théorie de la démonstration qui cherche à expliquer comment une science se fait. On peut estimer l'organisation démonstrative de la science à certains égards proches de certains modèles déductifs des théories contemporaines des sciences. Ce rapprochement indiqué, il faut tout de suite songer au fait que l'on aura affaire, avec Ockham, à la description du savoir des individus, chez qui l'assentiment à différentes propositions peut être causé de façon évidente ou non. Ainsi est-on amené, par la théorie de l'organisation du discours scientifique en des séries de démonstrations, à considérer la construction des systèmes de croyances des individus.

Je traiterai ainsi dans ce chapitre successivement des sens de "*scientia*", du statut ontologique de la *scientia*, son objet, son sujet et son unité, de sa construction par des démonstrations et enfin de la consistance des systèmes des croyances des individus. Il est important de voir que ces différents thèmes sont traités dans une seule théorie, même si leurs contreparties contemporaines font penser plutôt à un patchwork ayant certes comme horizon commun la connaissance, mais rien qui en fasse une théorie unique. Peut-être cette dernière remarque est-elle une réponse à une attente de toute façon peu plausible d'une correspondance exacte entre la philosophie ockhamienne et les théories que l'on peut soutenir aujourd'hui sur le savoir. Il n'est toutefois pas sûr que l'on puisse se passer entièrement de mises au point de ce type, d'autant plus que l'on ne sait pas toujours que choisir, dans la traduction de "*scientia*", entre "savoir" et "science"[1]. J'utiliserai tantôt un mot, tantôt l'autre, pour des raisons qui seront exposées à la fin de la section 3.1, mais qui se laissent peut-être déjà entrevoir dans ces remarques initiales. Pour voir comment ces différents sujets s'organisent, il faut partir des sens du mot "*scientia*" chez Ockham.

QU'EST-CE QU'EST LA *SCIENTIA* ?

Le prologue des commentaires des *Sentences* est l'endroit textuel privilégié chez les médiévaux pour expliquer ce qu'est une *scientia*. Notre philosophe le fait aussi dans l'ouverture des commentaires portant sur

1. Steven Livesey remarque que "*scientia*" « may be translated either as "science" or "knowledge". », S. Livesey, « William of Ockham, the subalternate sciences, and Aristotle's theory of *metabasis* », *British Journal for the History of Science* 18, 1985, p. 129. Cf. aussi A. Goddu, *The physics of William of Ockham*, *op. cit.*, p. 52.

d'autres ensembles textuels. Dans l'*Expostio* sur la *Physique*, Ockham présente de la façon suivante ce programme :

> On doit ainsi d'abord voir ce qu'est la science en général, ensuite on doit poser certaines distinctions relatives au terme "*scientia*", troisièmement, à partir de cela certaines conclusions sont tirées, et quatrièmement on doit examiner ce qui concerne la science naturelle en particulier[1].

J'examinerai les deux premiers moments de ce programme. Ce texte est le plus tardif parmi les cinq commentaires entrepris par Ockham, sur les *Sentences*, sur la *Logica Vetus* et, à trois reprises, sur la *Physique*; ils s'ouvrent par des développements autour de cette même question, "qu'est-ce que la science?" (*quid est scientia?*), et apportent essentiellement les mêmes réponses.

Qu'est-ce qu'une *scientia* en général?

> Sur le premier point, on doit dire que la science est ou bien une certaine qualité existant subjectivement dans l'âme, ou bien une collection de certaines telles qualités informant l'âme[2].

Une *scientia* est une qualité de l'esprit ou une collection de qualités de l'esprit. L'ontologie ockhamienne offre deux casiers ontologiques, les substances individuelles et les qualités individuelles, la *scientia* se trouve dans le deuxième.

Ockham propose un argument pour prouver que la *scientia* est une qualité de l'âme. Il commence par associer l'*habitus* de la *scientia* à un acte. Une âme rationnelle peut passer de l'ignorance à la compréhension, tout ce qui n'est pas dans l'âme restant le même; le changement a donc lieu dans l'âme. Ce changement n'est ni une perte, ni une production, ni une destruction, ni un mouvement local : c'est une acquisition de quelque chose par l'âme, soit une volition (*volitio*), soit une intellection (*intellectio*), en

1. « Est ergo primo videndum quid est scientia in generali, secundo aliquae distinctiones huius nominis "scientia" sunt ponendae, tertio ex dicendis sunt aliquae conclusiones eliciendae, quarto de scientia naturali magis in speciali est videndum. », *Exp. Phys.*, Prol., 1, l. 40-44, p. 4.

2. « Circa primum dicendum est quod scientia vel est quaedam qualitas exsistens subiective in anima vel est collectio aliquarum talium qualitatum animam informantium. », *Exp. Phys.*, Prol., 2, l. 2-4, p. 4-5. Cette disjonction est l'objet d'une discussion plus développée dans le prologue de l'*Ordinatio*: cf. *Ord. I*, Prol., q. 1, p. 8, l. 19-p. 11, l. 22. Cf. aussi SL, III-2, 20, l. 6-11, p. 537. Une exposition succincte des sens de "*scientia*" chez Ockham se trouve dans L. Baudry, *Lexique philosophique de Guillaume d'Ockham*, P. Lethiellieux, 1958, p. 238-240.

tout cas une qualité. Ainsi la *scientia*, ce qui est acquis dans ce processus, est-elle une qualité de l'âme[1].

La motivation de l'argumentation ockhamienne apparaît dans un élément manquant à cette brève exposition : il faut qu'un changement ait lieu quelque part pour que des contradictoires se vérifient d'une même chose successivement, ici, l'ignorance et l'appréhension d'une vérité par une âme rationnelle. Il est vrai que notre philosophe ne prend pas le temps de justifier son choix de l'acquisition, au détriment de la production, par exemple, mais ce n'est pas ce point qui m'intéressera ici. Cette prémisse justifie l'introduction d'une *mutatio* dans le passage de l'ignorance au savoir. Mais n'est-il pas évident qu'il s'agit d'un changement? La voie suivie par Ockham situe d'emblée la discussion sur ce qu'est la *scientia* comme portant sur des états du sujet connaissant : la théorie de la *scientia* est au moins aussi une théorie de ces états cognitifs, de leur acquisition et des relations qu'ils ont entre eux et avec le monde. On voit ici la distance entre ce qu'est pour Ockham la théorie de la *scientia* et ce que peut être aujourd'hui une théorie des sciences.

Qu'est-ce qu'acquiert une personne lorsqu'elle acquiert une *scientia*? Pourquoi la *scientia* et l'ignorance d'une même proposition ne peuvent-elles pas coexister? Qu'est-ce qu'est la *scientia* d'une proposition? Autant de questions qui permettent de décrire certains états cognitifs d'un sujet et se trouvent à l'ouverture de l'examen ockhamien de la *scientia*.

Le point de départ ockhamien ne fait que situer ontologiquement ce dont on parle, par une disjonction non encore élucidée. Les précisions théoriques se retrouvent dans l'examen des différents sens de "*scientia*". Déjà dans la *Reportatio* Ockham dit que ce mot peut être compris en plusieurs sens, dans un texte où il examine si l'*habitus* qu'est la *scientia* est une qualité absolue ou une relation. Un argument pour la deuxième branche de l'alternative est qu'un changement seulement dans les choses extérieures, et non dans l'âme, peut détruire une *scientia*. Dieu lui-même ne peut maintenir la *scientia*, si ce à quoi elle se rapporte en dehors de l'âme est détruit.

> … cette proposition "Socrate est assis", bien qu'elle ne puisse être connue au sens propre, parce qu'elle contingente, toutefois, parlant de la science au sens large, elle peut être connue, comme il est clair par le commentaire de Grosseteste des *Seconds Analytiques*, où il distingue quatre façons de savoir. Ainsi cette proposition, une fois que Socrate est assis, est connue de façon évidente par la connaissance intuitive des extrêmes, et une fois que

1. *Exp. Phys.*, Prol., 2, l. 6-18, p. 5. Cf. aussi *Brevis Summa Phys.*, Prol., 1, l. 9-14, p. 3.

> Socrate se lève, cette science est nécessairement détruite, de sorte que Dieu ne peut faire que cette proposition soit connue de façon évidente comme avant, parce qu'elle est maintenant fausse, et le faux ne peut être connu. Ainsi la science n'est pas une chose absolue, mais seulement relative[1].

Ockham n'accepte pas cette solution. Pour lui, "*scientia*" désigne une qualité absolue et est un terme connotatif qui signifie (de façon secondaire) que la proposition connue est vraie[2]. La condition de vérité visée par l'argument peut être expliquée par une ontologie simple et un mécanisme sémantique complexe, stratégie typiquement ockhamienne. Ce qui m'intéresse ici est la polysémie du mot. Nous pouvons en reconnaître deux dans ce passage : un qui inclut et l'autre qui exclut le contingent. Le *Venerabilis Inceptor* renvoie à Grosseteste, qui en reconnaît quatre sens[3]. Pour l'évêque de Lincoln, au sens le plus large, "*scientia*" désigne l'acceptation de toute proposition vraie, et il y a ainsi une science du contingent. En un

1. « … haec propositio "Sortes sedet", licet non possit sciri proprie quia est contingens, tamen communiter loquendo de scientia, potest, [ut patet] per Lincolniensem, I *Posteriorum*, ubi distinguit de quadruplici modo sciendi. Tunc haec propositio, Sorte sedente, mediante cognitione intuitiva extremorum, scitur evidenter, et Sorte surgente, necessario destruitur ista scientia. Ita quod Deus non potest facere quod ista sciatur evidenter sicut prius, quia haec nunc est falsa, et falsum non potest sciri. Igitur scientia non est res absoluta, sed solum respectus. », *Rep.*, III, q. 7, p. 195, l. 10-19.

2. « Ad aliud dico quod scientia, secundum nomen suum, est "ad aliquid", quia hoc nomen "scientia" vel conceptus significat qualitatem absolutam connotando obiectum suum, et ideo est "ad aliquid" quia significat unum et connotat aliud. », *Rep.*, III, q. 7, p. 213, l. 2-5. Cf. aussi *Sum. Phil. Nat.*, III, 22, l. 39-43, p. 317. Je remarque que si le *Venerabilis Inceptor* fait ici écho à une idée aristotélicienne (Aristote, *Categoriae vel praedicamenta*, « *Aristoteles Latinus* », édition par L. Minio-Palluelo, Desclée de Brouwer, 1961, 7, 7b 28-34; transl. Boethii, p. 21, 8-16, désormais cité *Cat.*), son interprétation s'en éloigne considérablement, Aristote n'ayant pas une explication linguistique du caractère relatif du savoir.

3. « Sed non lateat nos quod scire dicitur communiter et proprie et magis et maxime proprie. Est enim scientia communiter veritatis comprehensio, et sic sciuntur contigentia erratica ; et dicitur scientia proprie comprehensio veritatis eorum que semper vel frequentius uno modo se habent, et sic sciuntur naturalia, scilicet contingentia nata, quorum est demonstratio communiter dicta. Dicitur enim scientia magis proprie comprehensio veritatis eorum que semper uno modo se habent, et sic sciuntur in mathematicis tam principia quam conclusionis. Cum autem veritatis sit illud quod est et comprehensio veritatis sit comprehensio euis quod est, esse autem euis quod dependet ab alio non cognoscitur nisi per esse eius a quo dependet, manifestum esse quod maxime proprie dicitur scire comprehensio eius quod immutabiliter est per comprehensionem eius a quo illus habet esse immutabile, et hoc est per comprehensionem cause inmutabilis in essendo et in causando. Hoc est igitur simpliciter et maxime proprie scire : cognoscere causam rei inmutabilem in se et inmutabilem in causando… », Robert Grosseteste, *Commentarius*, I, 2, 9-24. Il existe une autre tradition d'extension du sens de "*scientia*", notée déjà dans l'ouvrage classique de M.-D. Chenu et développée autour de la discussion du statut scientifique de la théologie, depuis au moins Alexandre de Halès (cf. M.-D. Chenu, *La Théologie comme Science au XIII*e *siècle*, *op. cit*, p. 37-41), dont je ne m'occuperai pas ici.

sens plus strict, une *scientia* est la compréhension des vérités relatives à ce qui a toujours ou fréquemment lieu. Une acception plus stricte réserve le nom de "*scientia*" à des vérités qui ne changent pas, et le sens le plus strict la limite à la compréhension de la cause par laquelle une chose immuable est ce qu'elle est, ce qui correspond à une définition des *Seconds Analytiques*[1].

De cette suite d'acceptions de "*scientia*", Ockham retient, dans cet argument, la première distinction, qui lui permet de postuler un cas dans lequel une proposition connue, donc vraie, peut être rendue fausse, puisque contingente. Grosseteste n'a recours à aucun critère épistémique pour distinguer les différents sens du mot, l'intéressent seulement des traits de la chose connue – est-elle contingente? est-elle fréquente ou immuable? quelle est la cause de son immutabilité? Les sens successifs de "*scientia*" seront autant des restrictions sur ce qui peut être connu, des conditions de l'objet, non de la connaissance, comme le dira Duns Scot pour la distinction entre le nécessaire et le contingent[2]. Si la suite du texte explique qu'au sens le plus propre, la *scientia* ne peut être obtenue que par la démonstration, la façon d'arriver à une vérité n'est pas opératoire dans la construction de la liste. C'est par une thèse supplémentaire que le sens le plus strict pourra coïncider avec ce qui est établi par une démonstration[3].

Il n'en ira pas de même quand Ockham reprendra à son propre compte l'examen des différents sens de "*scientia*" dans le commentaire de la *Physique*. C'est le deuxième point du programme, l'examen des différentes acceptions non subordonnées de "*scientia*", dont voici la première[4] :

> Une acception est que la science, en un sens, est la connaissance certaine de n'importe quel vrai; et ainsi certaines choses sont connues seulement par la foi (*per fidem tantum*). De cette façon, nous disons savoir que Rome est une grande ville, bien que nous ne l'ayons pas vue; de même, je dis que je sais que celui-ci est mon père et celle-là mère, et ainsi pour d'autres choses qui ne sont pas connues de façon évidente; parce que nous adhérons à ces choses sans aucune hésitation et elles sont vraies, nous disons les connaître[5].

1. Aristote, *Analyt. Post.*, I, 2, 71b 9-12; transl. Iacobi, p. 7, 4-7.
2. Jean Duns Scot, *Ord.*, Prol., pars 4, q. 1, p. 144, 11-145, 1.
3. Robert Grosseteste, *Commentarius*, I, 2, 26-60; cf. section 3.1.
4. Pour une autre interprétation de cette liste des sens de "*scientia*", cf. A. Goddu, *The physics of William of Ockham*, *op. cit.*, p. 24 *sq.*
5. « Una est quod scientia uno modo est certa notitia alicuius veri; et sic sciuntur aliqua per fidem tantum. Sicut dicimus nos scire quod Roma est magna civitas, quam tamen non vidimus; et similiter dico quod scio istum esse patrem meum et istam esse matrem meam, et sic de aliis quae non sunt evidenter nota; quia tamen eis sine omni dubitatione adhaeremus et sunt vera, dicimur scire illa. », *Exp. Phys.*, Prol., 2, l. 29-34, p. 5.

Au premier sens, une *scientia* est une adhésion non accompagnée du doute à une proposition vraie. Ockham offre deux critères, un sémantique et l'autre psychologique, et en exclut un troisième, de nature épistémique, l'évidence. On remarquera aussi l'association de ce sens faible de "*scientia*" à ce qui est connu seulement par la foi (*per fidem tantum*). Si nous avons vu au moins un texte où Ockham essaie de trouver un statut épistémique pour la foi entre l'opinion et le savoir, par une condition de vérité qu'il ne semble pas à même de justifier, ici elle est simplement associée à une opinion vraie, sans condition supplémentaire. Ceci confirme l'instabilité, sinon l'inexistence, dans un cadre ockhamien, d'un casier épistémique spécial pour la foi[1].

Ce sens premier de "*scientia*" est le plus faible du commentaire sur la *Physique*. D'autres textes ockhamiens en identifient un autre encore plus faible, selon lequel une *scientia* est simplement l'adhésion à une proposition vraie, sans aucune condition psychologique, c'est-à-dire sans la certitude[2]. En termes ockhamiens, cette exigence apparaît dans le fait que "*scientia*" soit un terme relatif (*ad aliquid*), connotant la vérité de la proposition connue. L'important n'est pas le dénombrement des distinctions concernant le mot "*scientia*", mais l'identification de la condition de vérité comme un trait essentiel du savoir. Cette condition minimale correspond au *dictum* aristotélicien "*nihil scitur nisi verum*".

Aussi importante que la condition de vérité est l'exclusion explicite, dans le commentaire de la *Physique*, de la connaissance évidente. Cet élément sera introduit dans l'acception suivante du mot :

> En un autre sens, nous comprenons science comme la connaissance évidente, à savoir, quand quelque chose est dit être connu non seulement par le témoignage des gens, mais aussi, si personne ne disait être ainsi, à partir de la connaissance incomplexe de certains termes, nous y donnerions notre assentiment de façon médiate ou immédiate. … Et en ce sens la

1. Cf. section 2.3.

2. Cf. entre autres, *Rep.*, III, q. 7, p. 215, l. 2-9 ; *Sum. Phil. Nat.*, III, 22, l. 28-38, p. 317 ; SL, III-2, 24, l. 21-23, p. 549. On notera encore une autre distinction à propos de "*scire*", qui intervient dans la discussion sur le savoir divin des futurs contingents, séparant l'appréhension de n'importe quel élément participant à la connaissance, complexe ou incomplexe, vrai ou faux, de l'appréhension du vrai (*cognoscere verum*) ; *Ord. I*, d. 39, q. unica, p. 589, l. 9-16 ; *Tract.*, I, l. 299-304, p. 518. Le premier sens aura une contrepartie dans la méréologie de la *scientia*, le deuxième sens identifie le savoir à la connaissance du vrai sans aucune autre condition – il serait par ailleurs difficile d'imposer des conditions psychologiques ou épistémiques à la connaissance divine.

science n'est pas seulement des nécessaires, mais aussi de certains contingents[1].

L'assentiment évident inclut la condition de vérité, si bien que celle-ci n'a pas besoin d'être mentionnée dans ce deuxième sens de "*scientia*". On peut estimer qu'il inclut également la certitude, par le mécanisme de sa production, mais celle-ci n'est pas plus un trait essentiel de la théorie de la connaissance évidente que de celle de la *scientia*. Ou plutôt, si la certitude est une conséquence de l'assentiment évident, elle n'est pas liée à ce qui en fait le concept central de la théorie ockhamienne de la connaissance, à savoir, le fait qu'un tel assentiment soit indicateur de vérité.

C'est la première condition épistémique introduite dans la série des sens de "*scientia*", il n'y a pas de notion épistémique antérieure à la connaissance évidente chez Ockham[2]. Comme je l'ai remarqué, ce qui caractérise l'assentiment évident comme un concept épistémique est la liaison qu'il établit entre la valeur de vérité des propositions et la façon par laquelle on les accepte, une description de comment nous arrivons à donner l'assentiment à des propositions vraies. Cette liaison ne se trouve pas dans la certitude – l'adhésion ferme à une proposition ne garantit aucunement sa vérité. Sans doute est-il possible de construire une théorie de la connaissance à partir de la certitude conçue d'une autre façon, comme le fera Descartes, mais ce n'est pas le cas du *Venerabilis Inceptor*.

On aura reconnu dans ces deux premiers sens de "*scientia*" la construction des conditions du savoir, avec les éléments classiques de la croyance vraie justifiée. L'assentiment évident correspond à un renforcement de la troisième condition (ou à une quatrième condition), par une qualification du processus causal d'assentiment, qui certainement semble à Ockham suffisant pour éviter les difficultés associées à cette analyse. Des cas comme ceux du paradoxe de Gettier ou d'autres cas semblables construits avec des exemples plus proches de ceux qu'examine Ockham, par exemple un assentiment produit par ce qu'on pourrait appeler une

1. « Aliter accipitur scientia pro evidenti notitia, quando scilicet aliquid dicitur sciri non tantum propter testimonium narrantium, sed etsi nullus narraret hoc esse, ex notitia aliqua incomplexa terminorum aliquorum mediate vel immediate assentiremus ei. ... Et isto modo scientia non est tantum necessariorum, immo etiam est aliquorum contingentium ... », *Exp. Phys.*, Prol., 2, l. 35-41, p. 6. La *Summa Logicae* reprend les deuxième, troisième et quatrième sens de "*scientia*" de l'*Expositio* sur la *Physique*; cf. SL, III-2, 1, l. 22-34, p. 506.

2. On peut noter aussi que c'est ainsi une connaissance évidente qui permettra de donner une réponse satisfaisante aux différents types de question portant sur l'existence ou sur la nature des choses; cf. SL, III-2, 25, l. 6-9, p. 550; SL, III-2, 28, l. 3-5, p. 555; SL, III-1, l. 4-7, p. 573 et SL, III-1, 41, l. 2-9, p. 583.

chaîne causale déviante, ne seraient simplement pas pour lui des connaissances évidentes[1].

Le troisième sens ajoute une autre condition :

> Au troisième sens nous disons science la connaissance évidente d'un nécessaire. Et en ce sens les choses contingentes ne sont pas connues, mais seuls les principes et les conclusions qui s'ensuivent[2].

La condition supplémentaire est métaphysique : ce qui est connu doit être nécessaire. Elle n'est pas comprise dans le paquet de la connaissance évidente. Alors que le deuxième sens pouvait être vu comme une analyse du sens ordinaire de "savoir", la condition ajoutée ici nous conduit plutôt à un savoir théorique sur le monde. Il est difficile d'éviter l'idée que nous nous trouvons devant un autre type de théorie.

On retrouve la voie empruntée par Grosseteste et, surtout, une idée platonicienne et aristotélicienne, les conditions pour la connaissance sont des conditions imposées aux objets du monde qui peuvent être connus : ne peut être connu que ce qui est immuable[3]. Si les portes de la connaissance du contingent sont ouvertes jusqu'au deuxième sens, cette troisième acception les lui referme, quand il s'agit de la construction d'un discours organisé.

La quatrième condition introduit des conditions épistémiques supplémentaires :

> Au quatrième sens nous disons une science la connaissance évidente d'un vrai nécessaire apte par nature à être causée par la connaissance évidente des prémisses nécessaires dans un discours syllogistique. Et en ce sens nous distinguons la science de l'intellect, qui est la disposition des principes, et aussi de la sagesse, comme l'enseigne le Philosophe à l'*Ethique à Nicomaque*, VI[4].

1. Cf. par exemple, l'analyse de l'assentiment à une conclusion par quelqu'un qui a oublié le raisonnement qui y conduit dans *Rep.*, III, q. 9, p. 303, l. 14-22. Un argument intéressant présent dans un *codex* est rapporté par les éditeurs en note, à la page 304 de ce volume de la *Reportatio*.

2. « Tertio modo dicitur scientia notitia evidens alicuius necessarii. Et isto modo non sciuntur contingentia, sed principia et conclusiones sequentes. », *Exp. Phys.*, Prol., 2, l. 43-45, p. 6. Sur l'interprétation de cette condition dans la philosophie médiévale, cf. J. P. Beckmann, « *Nihil notum nisi complexum* – Von der Sach zur Satzwissenschaft am Beispiel der Metaphysik », art. cit.

3. L'importance de ce point est mise en évidence par Jaakko Hintikka ; cf. section 1.2.

4. « Quarto modo dicitur scientia notitia evidens veri necessarii nata causari ex notitia evidenti praemissarum necessariarum applicatarum per discursum syllogisticum. Et isto modo distinguitur scientia ab intellectu qui est habitus principiorum, et etiam a sapientia, sicut docet Philosophus in VI *Ethicorum*. » *Exp. Phys.*, Prol., 2, l. 46-50, p. 6. Cette définition,

Le quatrième sens est au troisième ce que le deuxième est au premier : une contrainte épistémique ajoutée à des conditions non épistémiques. Cette dernière restriction est en continuité avec celle qui la précède pour une autre raison. Les principes et conclusions mentionnés dans la troisième acception sont des parties d'un discours qui doit se plier aux exigences de la dernière acception.

La troisième condition est reprise dans la quatrième acception, la nécessité n'est comprise dans aucun concept épistémique, comme la vérité l'est dans celui de connaissance évidente. Cette remarque doit être accompagnée d'une précision : si aussi bien la conclusion que les prémisses d'un raisonnement syllogistique peuvent être nécessaires, c'est parce que la nécessité est transmise des dernières à la première dans le raisonnement. On pourrait imaginer l'introduction de ces conditions épistémiques après le deuxième sens, quitte à avoir un sens de plus de "*scientia*", et l'on aurait un savoir organisé syllogistiquement sur le contingent. Ce n'est certainement pas la peur de la multiplication de distinctions qui rebute Ockham, mais le refus, d'origine aristotélicienne, d'un savoir théorique, d'un discours organisé, en un mot, d'une science, sur le contingent. Il n'y a aucune interdiction des raisonnements concernant le contingent, comme l'atteste l'adverbe "médiatement" (*mediate*) dans le deuxième sens – on peut toujours déployer dans un raisonnement ce qui peut être connu par une connaissance contingente –, mais ils restent en dehors du cadre théorique de la description des sciences comme la logique ou la métaphysique.

Après les restrictions progressives des sens de "*scientia*", deux distinctions supplémentaires justifient la précision ockhamienne selon laquelle les acceptions dont il va traiter ne sont pas subordonnées entre elles :

> Une autre distinction concernant la science est que, parfois, la science est prise pour la connaissance évidente de la conclusion, parfois pour toute la connaissance de la démonstration [1].

somme toute assez aristotélicienne, est très proche d'une définition scotiste du sens strict de "*scientia*" : « ...scientia stricte sumpta quattuor includit, videlicet : quod sit cognitio certa, absque deceptione et dubitatione ; secundo, quod sit de cognito necessario ; tertio, quod sit causata a causa evidente intellectui ; quarto, quod sit applicata ad cognitum per syllogismum vel discursum syllogisticum. », Jean Duns Scot, *Ord. Prol.*, pars 4, q. 1, p. 141, 11-15. Outre le fait que Duns Scot garde la condition de la certitude ajoutée à celle de l'évidence, à la différence d'Ockham – ce qui est un argument pour le manque d'importance de cette idée chez ce dernier–, on remarquera que les théories de l'évidence de ces deux maîtres franciscains sont très différentes ; pour la théorie scotiste, voir section 1.2.

1. « Alia distinctio scientiae est quod aliquando scientia accipitur pro notitia evidenti conclusionis, aliquando pro tota notitia demonstrationis. », *Exp. Phys.*, Prol., 2, l. 51-52, p. 6.

Le cinquième sens est le résultat de la quatrième restriction. Si la *scientia* est un assentiment qui peut être causé par certaines autres connaissances, le raisonnement ne sera pas à son tour une *scientia*. Cette conséquence est évitée par cette distinction supplémentaire. En un sens, tout le raisonnement amenant à une conclusion scientifique est aussi une *scientia*[1].

La dernière distinction reprend la mise au point ontologique de départ :

> Une autre distinction concernant la science est que la science est parfois prise pour une disposition numériquement une, n'incluant pas plusieurs dispositions spécifiquement distinctes, et parfois pour la collection de plusieurs dispositions ayant un ordre déterminé et certain. Le Philosophe prend souvent la science dans ce deuxième sens. Et en ce sens la science comprend comme parties intégrales la disposition relative aux principes et aux conclusions, les connaissances des termes, les réfutations des arguments faux et des erreurs. Ainsi dit-on que la métaphysique est une science, que la philosophie naturelle est une science, et ainsi de suite[2].

Une *scientia* peut être aussi bien une qualité de l'âme qu'une collection de qualités. Cette reprise n'est pas sans importance : seulement une collection de qualités peut avoir un certain ordre et donc correspondre aux conditions strictes du quatrième sens de "*scientia*". C'est en ce sens que nous disons que la logique, la métaphysique etc., sont des sciences, des sciences dont la méréologie contient tout ce qui participe à la construction d'un savoir organisé, de façon plus généreuse que ce qui est permis par les conditions strictes de la démonstration[3].

1. Une distinction parallèle, concernant la *scientia quia* et la *scientia propter quid*, est faite dans *Ord. I*, Prol., q. 2, p. 95, l. 18-20 Une intéressante discussion de ce point par Adam de Wodeham met en évidence le fonctionnement causal de théorie de la science, une théorie de l'*assensus scientificus*, selon l'expression qu'il utilise quelques fois ; cf. Adam Wodeham, *Lectura secunda in librum primum sententiarum*, Prologus et Distinctio Prima, critical edition by R. Wood and G. Gál, Saint Bonaventure University, 1990, d. I, q. I, 11-14, p. 199-208 (désormais cité *Lect.*).

2. « Alia distinctio scientiae est quod scientia aliquando accipitur pro uno habitu secundum numerum non includente plures habitus specie distinctos, aliquando accipitur pro collectione multorum habituum ordinem determinatum et certum habentium. Est isto secundo modo accipitur scientia frequenter a Philosopho. Et scientia isto modo comprehendit tamquam partes integrales habitus principiorum et conclusionum, notitias terminorum, reprobationes falsorum argumentorum et errorum. Et sic dicitur metaphysica esse scientia et naturalis philosophia esse scientia, et ita de aliis. », *Exp. Phys.*, Prol., 2, l. 53-61, p. 6.

3. *Exp. Phys.*, Prol., 3, l. 2-29, p. 6-7. Cette méréologie des sciences, dont l'unité est comparée à celle d'une population, d'une armée, du monde ou encore d'un couvent ou d'un tas de pierres, est présente aussi dans *Ord. I*, Prol., q. 1, p. 8, l. 19-p. 11, l. 5 et q. 8, p. 220, l. 10-13, p. 224, l. 19-p. 225, l. 8; *Exp. In Libros Artis Log.*, Prooe., l. 18-36, p. 3-4; *Brevis Summa Phys.*, Prol., 1, l. 25-41, p. 4; *Sum. Phil. Nat.*, Pream., l. 23-45, p. 138-139. Cf. aussi le

La distinction ontologique de départ recouvre en quelque sorte la distinction épistémologique entre les propositions connues et les discours organisés reconnus comme des sciences. Il n'est peut-être pas en fin de compte si anachronique de voir une rupture entre une analyse des processus cognitifs qui se retrouvent dans des situations ordinaires, sans une contrainte d'ordre spécifique ni une exigence métaphysique forte, et les discours organisés en syllogismes qui ne parlent que des structures stables du réel. Aussi dans ce texte le mot "science" est-il réservé pour désigner les discours organisés respectant les conditions du quatrième sens de "*scientia*" et dont la méréologie est esquissée dans la deuxième branche de la dernière distinction, et "savoir" pour tous les actes d'assentiment qui peuvent être dits des *scientiae* en un sens ou en un autre, à l'exclusion donc de certains éléments présents dans la méréologie large de la *scientia* comme collection. Il ne faut pas attribuer à ce choix terminologique le poids d'une interprétation de toute la théorie ockhamienne de la *scientia*, ni la marque d'une division étanche entre deux camps. Il ne serait d'ailleurs pas possible de s'y tenir de façon rigoureuse, précisément parce qu'il n'y a pas de distinction lexicale correspondante chez Ockham. Il permet toutefois de suggérer une certaine organisation du champ théorique. Je reprendrai maintenant quelques éléments de ce parcours initial, le statut ontologique et la structure du savoir, l'organisation et les conditions imposées à la construction des sciences.

LA *SCIENTIA* COMME QUALITÉ INDIVIDUELLE

Le monde ockhamien est peuplé, on le sait, d'individus, qui se partagent entre substances et qualités individuelles. Le savoir n'est pas une substance *per se stans*, comme un homme ou une pierre [1], c'est une qualité informant l'âme intellective. Nous avons déjà vu un argument en faveur de cette thèse dans le prologue de l'*Expositio* sur la *Physique*. L'ontologie du savoir me semble être davantage éclairée par un autre argument, présent dans plus d'un texte ockhamien. Je prendrai la version du *Prooemium* du commentaire de la *Logica Vetus*. Il s'agit d'établir que la logique n'est pas une disposition une en nombre (*unus habitus numero*) :

troisième sens de "*scientia*" dans le *Liber Universalium* de Burley, qui se restreint toutefois aux propositions.

1. *Rep.*, III, q. 7, p. 203, l. 17-18. Il s'agit d'une thèse aristotélicienne ; Aristote, *Cat.*, 2, a 23-30 ; transl. Boethii, p. 6, 3-5 et 8, 8b 27-33 ; transl. Boethii, p. 23, 26-24, 4.

> … quand des choses se rapportent de telle façon que l'une se trouve avec une autre d'entre elles, et non pas avec une troisième, ces deux dernières choses ne sont pas de même type. Ainsi je prends la science par laquelle je connais une conclusion des *Seconds Analytiques*, et une science par laquelle je connais une autre conclusion de ce même livre. Soit une conclusion *a* et l'autre *b*; ainsi, si la science par laquelle je connais *a* se trouve avec l'erreur sur *b*, mais la science par laquelle je connais *b* ne se trouve pas avec l'erreur sur *b*, alors *a* et *b* ne sont de même type[1].

L'argument vise à montrer que la logique n'est pas numériquement une, en montrant que la *scientia* relative à chaque conclusion est une qualité d'un type différent. Cette conclusion intermédiaire, le cœur du raisonnement, est établie de la façon suivante :

(I) si *a* peut coexister avec *b* (noter l'interprétation modale de "se trouve' (*stat*)), et *c* ne peut coexister avec *b*, *a* et *c* ne sont pas de même type (*non sunt eiusdem rationis*);
(II) l'erreur sur *p* peut coexister avec le savoir sur *q*, mais non pas avec le savoir sur *p*;
(III) donc, le savoir sur *p* et le savoir sur *q* ne sont pas de même type.

La prémisse (I) est une thèse métaphysique que l'on peut difficilement refuser, tout comme il est difficile de refuser la prémisse (II). La première partie de l'argument introduit une thèse épistémique dans un cadre métaphysique général – l'adhésion à des propositions que sont le savoir et l'erreur sont des qualités comme les autres[2]. On remarquera qu'il n'est pas nécessaire de considérer le mécanisme de production de l'assentiment, il suffit que les actes d'assentiment se rapportent à des propositions différentes. On peut donc prendre "*scientia*" au sens le plus large, désignant l'adhésion à une proposition vraie, qu'elle soit évidente ou non. Nous

1. « … quando aliqua sic se habent quod aliquid stat cum uno illorum et non stat cum alio, ista non sunt eiusdem rationis. Sed accipio scientiam qua scitur una conclusio libri *Posteriorum*, et scientiam qua scitur alia conclusio eiusdem libri, et sit una *a* et alia *b*; tunc cum scientia qua scitur *a* stat error circa *b*, sed cum scientia qua scitur *b* non stat error circa *b*, ergo *a* et *b* non sunt eiusdem rationis. », *Exp. In Libros Artis Log.*, Prooe., l. 37-43, p. 4. Cf. aussi *Ord. I*, Prol., q. 8, p. 215, l. 8-14 et p. 216, l. 4-p. 217, l. 4; *Exp. Phys.*, Prol., 3, l. 1-17, p. 6-7; *Brevis Summa Phys.*, 1, l. 25-33, p. 4; *Sum. Phil. Nat.*, Pream., l. 40-50, p. 139; *Exp. Per.*, II, 8, 13, l. 20-35, p. 503; *Rep.*, II, q. 9, p. 295, l. 7-13. Une voie plus directe est indiquée dans *Ord. I*, Prol., q. 8, p. 217, l. 7-17. Un argument de ce type est attribué à Duns Scot dans *Rep.*, III, q. 9, p. 287, l. 5-13. Cf. aussi Pierre d'Auriole, *Peter Aureoli scriptum super primum sententiarum*, I, ed. E. M. Buytaert, The Franciscan Institute, 1953, Prooe., q. 4, 28, p. 258 (désormais cité *Scriptum*); Gauthier Burley, *Liber Universalium*, 2ra; Adam Wodeham, *Lect.*, I, q. 3, 3, 31-41, p. 230.

2. Cf. le passage du savoir à l'erreur par le seul changement de la valeur de vérité de la proposition dans *Rep.*, III, q. 7, p. 214, l. 17-p. 215, l. 9.

avons déjà rencontré cette approche chez Duns Scot, qui montrait précisément que l'acceptation simultanée de deux propositions contradictoires était impossible, comme deux qualités contraires ne peuvent être présentes en même temps dans le même sujet[1].

Il n'est pas difficile d'établir la conclusion voulue à partir de (c) :

(IV) si *p* et *q* sont de types différents, alors *p* et *q* sont numériquement distincts;
(V) si *r* est composé de *p* et *q*, et *p* et *q* sont numériquement distincts, *r* n'est pas une entité numériquement une;
(VI) la logique est composée de savoirs sur différentes propositions ;
(VII) donc, la logique n'est pas numériquement une.

Ce raisonnement repose encore sur l'application de deux thèses métaphysiques générales, (IV) et (V), et d'une méréologie partielle de la logique, (VI), des prémisses difficilement contestables.

Ces qualités peuvent être distinguées par les propositions auxquelles elles se rapportent. L'individuation des actes de l'esprit par des propositions, l'individuation des attitudes propositionnelles, dirions-nous aujourd'hui, indique la présence de deux éléments, précisément un acte de l'esprit, ou une disposition produite par de tels actes[2], et une proposition, qui est elle-même une qualité de l'esprit. L'introduction de l'expression "attitude propositionnelle" s'accompagne de celle d'un autre mécanisme très important, la clause "que" (en latin, la phrase infinitive), liant l'acte d'assentiment à la proposition acceptée. Cette structure complexe de l'acte du savoir est relayée par un traitement méréologique des sciences. Il n'y a rien de surprenant en cela, la méréologie étant une branche de la métaphysique qui doit s'appliquer à toute entité composée. Les sciences seront l'objet d'un examen qui se limite ce type d'entité – ses parties ont un certain ordre.

C'est encore une thèse ontologique générale, concernant les qualités, ou plutôt les accidents, qui permet une précision supplémentaire sur les sciences : les sciences sont des accidents, et comme tous les accidents, elles n'ont qu'une cause finale et une cause efficiente, et n'ont pas de cause matérielle ou formelle. Cette conclusion peut être étendue des qualités

1. Cf. section 3.5.

2. Un texte de la *Reportatio* apporte ici une précision importante, un *habitus* peut coexister avec un acte opposé relatif à la même proposition; cf. *Rep.*, III, q. 9, p. 303, l. 5-13. Pour l'origine aristotélicienne de ce point, cf. Aristote, *Cat.*, 8, 8b 27-33; transl. Boethii, p. 23, 25-p. 24, 4. Voir aussi Aristote, *De interpretatione*, édition par L. Minio-Paluello, Desclée de Brouwer, 1965, 14, 23a 33-40; transl. Boethii, p. 34, 4-12 et *Exp. Per.*, II, 8, 2, l. 6-13, p. 493. Cf. C. Panaccio, *Le Discours Intérieur*, Seuil, 1999, p. 38.

individuelles aux agrégats de qualités. Une science est dans une matière, mais n'est pas formée à partir d'une matière (*accidens non habet materiam ex qua sed in qua*). De façon métaphorique, on peut dire que le sujet de la science est sa cause matérielle, mais comme il ne fait pas partie de l'essence de la science, il ne peut en être la cause matérielle au sens propre. Comme la science n'a pas de cause matérielle, elle ne peut avoir de cause formelle, puisqu'il n'y a rien qui puisse recevoir en soi la forme de la science [1].

L'OBJET ET LE SUJET DU SAVOIR
UNE CONCEPTION DÉFLATIONNISTE DE L'UNITÉ DE LA SCIENCE

La *scientia* au sens le plus large n'est rien d'autre que l'assentiment à une proposition vraie. La théorie des mécanismes de production de l'assentiment reste assez stable tout au long de la philosophie ockhamienne. Il n'a pas considéré d'autres causes de l'assentiment que la connaissance des termes, la volonté et l'autorité, et le fonctionnement de l'assentiment évident était déjà en place dès la *Reportatio*. Il en va de même pour la théorie de l'objet du savoir.

L'explication de la condition de vérité pour la *scientia* est l'occasion de l'explicitation de son objet :

> ... je dis que ce terme ou concept "*scientia*" signifie non seulement la qualité absolue dans l'âme, mais connote la coexistence de l'objet et la conformité de l'objet à la science – à l'objet, dis-je, complexe, et non pas incomplexe. Ainsi, pour qu'une qualité dans l'âme – que ce soit l'acte d'assentiment ou la disposition créée à partir des actes d'assentiment – soit dite une science, il faut que le complexe auquel elle se rapporte ait l'être de la façon que l'intellect lui donne l'assentiment. Et quand ce complexe n'a pas l'être, la qualité dans l'âme peut bien rester, elle n'en perd pas moins sa dénomination de science. Il en est ainsi dans le cas en question. Si Socrate est assis, je connais de façon évidente la proposition "Socrate est assis", mais s'il se lève, il n'y a plus de conformité entre la science et ce complexe. Parce que le nom ou le concept de science connote toujours l'objet vrai, et une qualité n'est dite science que quand ce complexe connoté est vrai [2].

1. *Exp. Phys.*, Prol., 3, l. 30-63, p. 7-8 ; *Brevis Summa Phys.*, 1, l. 15-24, p. 3-4 ; *Sum. Phil. Nat.*, Pream., l. 190-237, p. 145-46.

2. « ... dico quod hoc nomen "scientia" vel conceptus significat non tantum ipsam qualitatem absolutam in anima, sed connotat coexsistentiam obiecti et conformitatem obiecti ad scientiam – obiecti, inquam, complexi non incomplexi. Ita quod ad hoc quod illa qualitas in anima – sive sit actus assentiendi, sive habitus ex actibus assentiendi – denominatur scientia, hoc non est nisi quando illud complexum respectu cuius est habet esse eo modo quo intellectus sibi assentit. Et quando non habet esse illud complexum, tunc bene potest illa

Le terme "*scientia*" est connotatif : il signifie de façon première une qualité de l'âme – l'assentiment à une proposition –, et de façon secondaire la vérité de la proposition connue. Ce texte quelque peu alambiqué est une explication de la condition de vérité pour le savoir, "seulement le vrai est connu" (*nihil scitur nisi verum*). Une voie plus directe était possible, utilisant ce *dictum* largement accepté et la restriction de l'application de "vrai" aux propositions. La précision apportée par Ockham ne concerne toutefois pas seulement la sémantique du mot, mais aussi la structure de l'acte du savoir.

Le savoir est une qualité absolue qui a un objet dont l'existence et la vérité sont connotées par "*scientia*". On a ici un enchâssement de termes connotatifs : "vérité" est en effet pour Ockham un terme signifiant la proposition et connotant qu'il en est dans les choses tel qu'il est dénoté par la proposition [1]. Cette relation exprimée dans le concept de vérité est importée dans le concept de savoir, puisque celui-ci implique celui-là [2]. L'explication de la condition de vérité met l'accent sur ce dernier point – si l'assentiment à une proposition reste et la valeur de vérité de celle-ci change, on passe de la *scientia* à l'erreur ou inversement [3].

Il y a une autre liaison comprise dans le concept de savoir, entre un acte mental et une proposition, indépendante de la valeur de vérité de celle-ci – pas d'acte d'assentiment sans la proposition à laquelle l'assentiment est donné. La proposition est l'objet de l'acte intentionnel de l'assentiment. La coexistence de la qualité et d'un objet auquel elle se rapporte n'appartient pas spécifiquement au savoir, mais à tout acte d'assentiment et, plus largement, à tout acte de l'esprit [4].

L'idée que les propositions, des objets linguistiques, sont l'objet de certains actes intentionnels, dont le savoir, est assez répandue au Moyen Âge. Il existe un long débat autour de l'objet dc la connaissance et de la foi,

qualitas in anima manere, sed tunc perdit denominationem illam. Sic est in proposito. Sortem sedente, scio hanc evidenter "Sortes sedet", sed ipso surgente, non est conformitas inter scientiam et illud complexum. Quia nomen scientiae vel conceptus connotat semper obiectum verum, et non denominata scientiam nisi quando illud complexum connotatum est verum. », *Rep.*, III, q. 7, p. 214, l. 10-p. 215, l. 7.

1. *Exp. Praed.*, 9, 13, l. 28-29, p. 201 ; *Exp. Per.*, I, Prooe., 12, l. 98-100, p. 376.

2. Cf. *Exp. Per.*, I, Prooe., 12, l. 92-107, p. 376 ; *Exp. Praed.*, 9, 13, l. 20-39, p. 201.

3. *Rep.*, III, q. 7, p. 214, l. 17-p. 215, l. 9. Cf. Aristote, *Cat.*, 4, 4a 10-b 4 ; transl. Boethii, p. 12, 4-13, 13. Sur l'importance de ce texte aristotélicien dans la détermination de l'objet du savoir depuis le XIIe siècle, cf. E. Ebbesen, « What must one have an opinion about », *Vivarium* 30, 1992, p. 73-74, et J. et Marenbon, « Vocalism, nominalism and the commentaries on the *Categories* from the earlier twelfth century », *Vivarium* 30, 1992, p. 58-61.

4. Cf. *Exp. Praed.*, 21, l. 41-43, p. 339.

qui se met en place dès le XIIe siècle, autour de la notion d'*enuntiabile*[1]. Tel est l'enjeu de la détermination de l'*obiectum scientiae*. La position ockhamienne consiste à dire que l'objet de la *scientia* est la proposition connue, ce qui termine l'acte de connaissance[2]. La thèse a un double aspect, sémantique et noétique. Qu'est-ce qui est signifié par la proposition enchâssée dans un contexte créé par un prédicat épistémique? A quoi se rapportent les actes mentaux qui constituent la connaissance? La réponse à la première question est assez directe : le *dictum propositionis* d'une proposition modale épistémique suppose pour des occurrences propositionnelles. Le *dictum propositionis* de "Je sais que Socrate est assis", "que Socrate est assis", suppose pour des occurrences propositionnelles de la proposition dont il est le *dictum*, à savoir, "Socrate est assis".

La deuxième réponse est tout aussi claire. La connaissance évidente, équivalente au savoir en un sens très basique, résultant de la première introduction d'un critère épistémique, est un acte de l'esprit qui s'exerce sur un autre acte de l'esprit. L'objet de la connaissance est la proposition à laquelle l'assentiment est donné. Comme la proposition est elle-même un acte, la *scientia* est toujours un acte qui s'exerce sur un autre acte mental[3]. L'analyse vaut aussi pour le sens le plus faible de "*scientia*" comme une connaissance d'une vérité, qui est aussi un assentiment ayant pour objet une proposition. L'objet de l'acte du savoir est une proposition, parce que le savoir est toujours un assentiment à une proposition vraie, et l'assentiment est un acte dont le terme est une proposition. On peut aussi voir que l'objet de l'opinion ou de la foi n'est pas différent de celui du savoir, puisqu'il s'agit, dans tous ces cas, de l'assentiment à une proposition[4].

Quel est le sujet du savoir? Identifier le sujet du savoir revient à déterminer ce sur quoi on connaît quelque chose, et dans une science comme la métaphysique ou la physique, on a des connaissances sur plusieurs choses[5]. Ockham distingue les deux sens dans lesquels on peut comprendre "sujet de la science" (*subiectum scientiae*). En un sens, c'est l'intellect, ce dans quoi la science est *subiective*, la substance dont la

1. Pour la discussion au XIIe siècle, cf. C. H. Kneepkens, « Please don't call me Peter : I am an *enuntiabile*, not a thing. A note on the *enuntiabile* and the proper noun », dans C. Marmo (éd.), *Vestigia, Imagines, Verba*, Brepols, 1997, p. 83-98.

2. Cf. *Ord. I*, Prol., q. 9, p. 266, l. 19-20; *Exp. Phys.*, Prol., 3, l. 87-91, p. 9.

3. *Exp. Per.*, I, Prooe., 6, l. 190-192, p. 358.

4. Une limite pour cette thèse se trouve dans la possibilité d'un acte d'assentiment qui n'a pas une proposition pour objet (*Quod.*, III, 8). Un tel acte, par lequel rien n'est à proprement parler connu, me semble toutefois marginal dans la théorie ockhamienne; cf. section 2.2.

5. *Exp. Phys.*, Prol., 3, l. 66-69, p. 8.

science est une qualité[1]. En un autre sens, le sujet du savoir est le sujet de la proposition connue[2]. Ce n'est pas un hasard si la définition de l'objet et celle du sujet du savoir vont de pair, celui-ci est une partie de celui-là[3]. A la différence toutefois de la détermination de l'objet de la *scientia*, ici le *Venerabilis Inceptor* s'inscrit d'emblée dans un contexte polémique. De cette définition de "*subiectum scientiae*" s'ensuit qu'un certain nombre de questions posées à son propos ne sont pas pertinentes[4]. On pourrait prendre une voie rapide, presque stipulative, pour mettre les choses en ordre : le sujet du savoir est le sujet des propositions connues, parce que l'objet du savoir est une proposition. Le chemin moins direct pris par Ockham permet d'importants développements pour la théorie de la *scientia*.

Commençons par la critique d'une certaine façon de s'interroger sur le *subiectum scientiae*. Il est tout aussi vain de se demander quel est le sujet de la logique ou de la philosophie naturelle, dit Ockham, que d'enquêter sur qui est le roi du monde ; tout comme, dans l'ordre politique, chaque partie du monde a un roi, chaque partie de la *scientia*, c'est-à-dire chaque proposition, a un sujet[5]. Il ne me semble pas que le parallèle suggère que la question soit dénuée de sens, comme le prétend Armand Maurer[6]. Il est tout à fait sensé de se demander s'il existe un roi du monde, tout comme on peut parfaitement chercher à trouver un sujet unique pour toutes les propositions

1. *Exp. Phys.*, Prol., 3, 70-75, p. 8-9. Voir Aristote, *Cat.*, 2, 1a 25-27 ; transl. Boethii, p. 6, 3-5 et 8, 8b 29-33 ; transl. Boethii, p. 23, 26-24, 4.

2. *Exp. Phys.*, Prol., 3, l. 64-69, p. 8 et l. 76-86, p. 9.

3. *Exp. Phys.*, Prol., 3, l. 86-91, p. 9 ; *Exp. Porphy.*, Prooe., 1, l. 7-12, p. 8 ; *Brevis Summa Phys.*, Prol., 1, l. 34-41, p. 4 ; *Sum. Phil. Nat.*, Pream., l. 79-89, p. 140-141.

4. *Exp. Phys.*, Prol., 3, l. 92-120, p. 9-10 ; *Sum. Phil. Nat.*, Pream., l. 107-131, p. 141-142.

5. « Ex istis etiam patet quod quaerere quid est subiectum logicae vel philosophiae naturalis vel metaphysicae vel mathematicae vel scientiae moralis, nihil est quaerere, quia talis quaestio supponit quod aliquid unum sit subiectum logicae et similiter philosophiae naturalis, quod est manifeste falsum, quia nullum est subiectum totius sed diversarum partium sunt diversa subiecta. Unde quaerere quid est subiectum philosophiae naturalis, est simile quaestioni qua quaereretur quis est rex mundi. Quia sicut nullus est unus rex mundi, sed unus est rex unius regni et alter alterius, sic est de subiectis diversarum partium scientiae talis ; nec plus scientia quae est talis collectio, habet unum subiectum quam mundus habet unum regem vel quam unum regnum habet unum comitem. », *Exp. Phys.*, Prol., 3, l. 98-109, p. 9-10.

6. A. Maurer, « Ockham's conception of the unity of science », *Medieval Studies* 20, 1958, p. 101 et « The unity of a science : St. Thomas and the nominalists », dans *St. Thomas Aquinas, 1274-1974*, Pontifical Institute of Medieval Studies, 1974, p. 282. Au moins une expression du texte cité ci-dessus va dans le sens de la remarque de Maurer, "*nihil est quaerere*" – et peut-être aussi "*supponit*" –, à laquelle on peut opposer "*quod est manifeste falsum*". Il faut surtout voir, me semble-t-il, qu'il est possible de donner un sens à la question dans un cadre ockhamien, tout comme il est évident que la réponse est négative. En fait, la possibilité d'une collection constituant une science ayant un seul sujet est même envisagée par Ockham dans *Exp. Phys.*, Prol., 3, l. 83-86, p. 9.

d'une science – une fois que l'on a clairement en vue la distinction entre type et occurrence –, il se trouve simplement que, dans les deux cas, la réponse négative saute aux yeux. Il n'en reste pas moins qu'il s'agit d'une correction portant sur le sens de la question : chercher un sujet unique pour la science ne peut découler que d'une mauvaise compréhension du problème, d'une mauvaise appréhension du type d'entité sur laquelle porte l'enquête. L'attribution d'un sujet unique à la logique, à la théologie et ainsi de suite ne peut toutefois être simplement récusée, parce qu'elle est une réponse à une question de prime abord très importante : qu'est-ce qui donne l'unité à une *scientia* ?

Avant de traiter la question, on remarquera le glissement dans le sens de "*scientia*" dans ce raisonnement. La *scientia* comme une qualité individuelle informant l'âme n'a qu'un sujet, le sujet de la proposition. Ce n'est toutefois pas en ce sens que la logique ou la philosophie naturelle sont des *scientiae*. Celles-ci sont des collections de telles qualités, ayant chacune son propre sujet (du moins si l'on se restreint aux propositions, excluant d'autres parties de la collection qu'est la *scientia*). La polysémie semble d'abord habilement évitée par Ockham, qui parle du sujet de la science comme le sujet d'une proposition, pour refuser ensuite l'idée d'un sujet unique de la logique ou de la philosophie naturelle. La suite du texte précise toutefois que les différentes parties d'une *scientia* ont différents sujets, et il est clair que cette dernière occurrence "*scientia*" ne peut désigner qu'une collection[1]. Il ne faut pas en tenir rigueur à Ockham – dès le départ il a indiqué ce double sens du mot –, même s'il n'est pas interdit de regretter que cette clarté conceptuelle ne se soit pas fait accompagner d'une distinction lexicale. Il n'y a par ailleurs nul de risque de méprise, me semble-t-il, les contextes étant chaque fois suffisamment clairs pour départager les lectures possibles. Il n'en reste pas moins que, dans l'examen d'une seule expression, "*subiectum scientiae*", Ockham passe d'un sens à l'autre du mot sans crier gare, par des considérations qui ne sont pas exactement de même type – structure de la proposition, d'un côté, et ordre entre propositions, de l'autre –, et qui ne sont pas sans rappeler la distinction entre le savoir et la science.

L'approche ockhamienne de l'unité de chaque science comme collection est très différente de celle qui avait été adoptée par d'autres auteurs médiévaux, comme Thomas d'Aquin ou Jean Duns Scot. Pour le premier, une science reçoit son unité d'un seul *habitus*, par lequel sont

1. Cf. *Exp. Phys.*, Prol., 3, l. 87-109, p. 9-10. Une stratégie similaire est utilisée dans *Sum. Phil. Nat.*, Pream., l. 80-131, p. 140-142.

démontrées toutes ses conclusions, et le deuxième l'explique par l'unité de son objet formel. Ces réponses ne s'appliquent pas aux sciences telles qu'Ockham les décrit, ce n'est pas le type d'unité que peuvent avoir les collections. La spécificité de la théorie ockhamienne de l'unité de la science a été remarquée notamment par Armand Maurer, qui en identifie la source chez Pierre d'Auriole[1].

Dans la question 4 du prologue de son commentaire des *Sentences*, Pierre critique un certain nombre de théories sur l'unité d'une science, en l'occurrence, la théologie, dont celles de Thomas d'Aquin, Henri de Gand et Duns Scot[2]. Contre ces auteurs, Pierre dit que la science n'a pas l'unité d'une entité simple et individuelle, mais l'unité d'une totalité, comme une maison ou une figure composée de plusieurs lignes[3].

La théorie de l'unité de la science doit rendre compte de certains faits :

I. il est possible de connaître une conclusion et de se tromper sur une autre conclusion d'une même science ;
II. l'acquisition de la science a lieu progressivement (*successive*), et non pas en une seule fois ;
III. il n'y a pas autant de sciences que de conclusions dans une science ;
IV. celui qui ne connaît que certaines conclusions d'une science possède cette science imparfaitement[4].

1. A. Maurer, « Ockham's conception of the unity of science », art. cit. Steven Livesey note que l'idée de la science comme collection est un « *well-beaten path from the late thirteenth and early fourteenth century* », chemin indiqué par l'idée que les propositions et les termes sont les objets de la science – on trouve une suggestion dans cette direction notamment chez Grosseteste (cf. S. Livesey, « William of Ockham, the subalternate sciences, and Aristotle's theory of *metabasis* », art. cit., p. 142; voir aussi L.-M. de Rijk, « Logic and ontology in Ockham. Some notes on his view of the categories of being and the nature of its basic principles », dans E. P. Bos et H. A. Krop (éds.), *Ockham and Ockhamists*, Ingenium, 1987, p. 25). Joël Biard fait remarquer aussi l'éclatement de l'unité de la théologie chez Ockham (cf. J. Biard, *Guillaume d'Ockham et la théologie*, *op. cit.*, p. 121-123).

2. Sur la théorie d'Auriole de l'unité de la science, je suis P. V. Spade, « The unity of a science according to Peter Auriol », *Franciscan Studies* 32, 1972, p. 203-217.

3. « Nunc dicendum [est] quod videtur de habitus scientifici unitate numerali, sub tribus propositionibus. *Prima* quidem quod unitas huiusmodi est cuiusdam totalitatis. Sciendum est enim quod habitum esse unum intelligi potest quadrupliciter. Primo quidem quod unus sit unitate simplicitatis et individualitatis; et sic est impossibile esse unum, ut probatum est contra primo opinantes.... Quarto vero, ut sit unus unitate cuiusdam totalitatis, sicut in corporalibus domus est una ratione unius formae, et figura composita ex pluribus lineis est una ratione formae totalis ex illis lineis resultantis; et hoc modo habitus scientificus in anima obtinet unitatem. », Pierre d'Auriole, *Scriptum*, I, Prooe., q. 4, 54, p. 267.

4. « Secundo vero, quia tali posita unitate, salvantur omnia quae de scientia dicuntur, quia et apparet quomodo stat error conclusionis centesimae cum scientia primae, et quomodo successive acquiratur scientia; et quomodo non sunt tot scientiae naturales, quot sunt

Les deux premiers points mettent l'accent sur la pluralité d'entités composant une science, et sont assez proches de ce que le *Venerabilis Inceptor* semble avoir présent à l'esprit. Quand Ockham argumente contre la thèse que la logique est un seul *habitus*, il a recours au type de fait indiqué par (I), mais également en quelque sorte à une idée proche de (II). (III) correspond, au contraire, à une exigence d'unité; ce qui est désigné par "*scientia*", du moins en un certain sens de ce mot, doit bien contenir plusieurs conclusions. Dans (I) et (II), "science" désigne une unité composée de plusieurs conclusions, et il ne serait pas aisé de formuler ces points sans postuler un sens collectif du mot, puisqu'il s'agit de montrer la pluralité dans une science, et non pas une pluralité quelconque. Le dernier point semble une explication de (II), mais ce n'est pas une remarque qui s'impose de prime abord, une fois que l'on a abandonné l'idée d'un *habitus* unique correspondant à la physique ou à la théologie, ou en tout cas quand on se contente d'une unité plus faible pour les sciences [1]. Justement ce que ne fait pas Pierre d'Auriole.

En effet, sa solution consiste à dire que la science est un *habitus* constant de l'intellect, portant sur les conclusions et les prémisses, ce qui lui confère l'unité d'une totalité [2]. La solution d'Auriole correspond à l'idée aristotélicienne selon laquelle la science est une qualité ayant une certaine stabilité, un *habitus* [3]. Cette réponse repose sur une qualité qui n'est pas dans la collection qu'est la science, mais qui produit plutôt une telle multiplicité. On ne trouvera rien de tel dans le *Venerabilis Inceptor*.

Ockham fait surtout des remarques concernant le type d'unité qu'a une *scientia*: une science comme la métaphysique ou la théologie a l'unité

conclusiones cognoscibiles per eandem; et quomodo habens notitiam I libri *Physicorum* non dicitur perfectus physicus, sed imperfectus, quoniam omnes conclusiones naturales scientiae habent rationem rationem unius perfecti cognoscibilis, et illuminant se mutuo... », Pierre d'Auriole, *Scriptum*, I, Prooe., q. 4, 57, p. 269; cf. P. V. Spade, « The unity of a Science according to Peter Auriol », art. cit., p. 207-208.

1. Burley parle aussi d'une science partielle (Gauthier Burley, *Liber Universalium*, 2rb) et, s'il ne pense certes pas à un *habitus* unique pour une science, il lui attribue un unité générique plus forte que celle qu'Ockham semble disposé à accepter.

2. « ...scientia proprie dicta, quae non est aliud quam habitus cognitivus omnium conclusionum unius scientiae, cuius quidem habitus actus sunt intellectiones super veritates conclusionum omnium transeuntes. Haec quidem scientia unitatem habet, non simplicitatis et indivisibilitatis omnimodae, sed cuiusdam totalitatis unius formae. », Pierre d'Auriole, *Scriptum*, I, Prooe., q. 4, 56, p. 268.

3. Aristote, *Cat.*, 8, 8b 25-34; transl. Boethii, p. 23, 26-24, 4; cf. J. Hamesse, *Les auctoritates Aristotelis*, Publications Universitaires-Béatrice-Nauvelaerts, 1974, p. 304.

d'une collection ou d'un agrégat[1]. S'il n'est pas difficile d'admettre qu'un ensemble d'actes et de dispositions acquises n'a pas une unité numérique simple, n'est pas par soi un (*per se unum*)[2], il est moins simple de voir comment il peut avoir une unité quelconque. Selon Ockham, l'unité d'un agrégat vient de l'ordre entre ses parties[3]. Mais quel est cet ordre ? Ockham est beaucoup moins disert sur le point. Des conclusions, dit-il, peuvent avoir plusieurs ordres, selon le sujet, selon le prédicat ou selon les deux – par exemple, d'un même sujet peuvent se prédiquer des termes qui s'ordonnent comme supérieur et inférieur. Les propositions ainsi organisées auront un ordre que n'ont pas les propositions non organisées[4]. Cette dernière remarque est certainement une platitude, mais elle indique que le *Venerabilis Inceptor* est attentif au fait que n'importe quel ensemble de propositions ne fait pas une collection constituant une science, et que donc cet ordre a bien le rôle de déterminer une certaine unité.

C'est cet ordre même qui semble expliquer pour Ockham pourquoi on a pu vouloir attribuer un seul sujet à chaque science, même si ce mouvement théorique lui semble injustifié[5]. De prime abord, il n'est pas sûr qu'il en soit si loin : il y a bien des *passiones* propres au sujet de la métaphysique, à la théologie, et ainsi de suite[6]. Mais une même proposition, attribuant une même propriété à un même sujet, ne peut-elle pas être démontrée dans différentes sciences ? Une telle proposition n'est démontrée par une démonstration *propter quid* – la seule vraiment explicative – que dans la science dont son sujet est le sujet principal; dans une autre science, elle n'aura qu'une démonstration *quia*. Ainsi la proposition "Dieu est un" peut-elle appartenir aussi bien à la théologie qu'à la métaphysique, mais ne reçoit une démonstration *propter quid* que dans la première, dans la deuxième elle est démontrée seulement par une démonstration *quia*. Pour une démonstration *propter quid*, la démonstration doit se faire par la raison de la déité (*per rationem deitatis*), de façon directe ou indirecte[7]. La distinction entre la théologie et la métaphysique ne dépend pas pour autant du fait que la première, et non la deuxième, traite de Dieu sous sa raison

1. *Sum. Phil. Nat.*, Preamb., l. 23-26, p. 138. Cf. aussi *Ord. I*, Prol., q. 8, p. 225, l. 9-10; *Exp. Phys.*, Prol., 3, l. 64-65, p. 8; *Exp. In Libros Artis Log.*, Prooe., l. 18-21, p. 3-4.

2. *Sum. Phil. Nat.*, Preamb., l. 26-45, p. 138-139; *Brevis Summ. Phys.*, Prol., I, l. 25-27, p. 4.

3. *Ord. I*, Prol., q. 8, p. 219, l. 14-17. Cf. aussi *Ord. I*, Prol., q. 1, p. 9, l. 16-p. 10, l. 2 et q. 9, p. 255, l. 13-257, l. 23; *Exp. Phys.*, Prol., 2, l. 53-57, p. 6.

4. *Ord. I*, Prol., q. 8, p. 219.

5. *Ord. I*, Prol., q. 9, p. 255, l. 22-p. 256, l. 19; *Exp. Phys.*, Prol., 3, l. 110-120, p. 10.

6. *Ord. I*, Prol., q. 1, p. 12, l. 14-p. 13, l. 2. Cf. aussi *Exp. Phys.*, Prol., 4, l. 6-8, p. 10-11.

7. *Ord. I*, Prol., q. 1, p. 13, l. 3-13.

propre (*de Deo sub propria ratione deitatis*). Il s'agit d'une exigence explicative : comment démontrer la cause d'une certaine chose, et non pas seulement établir son existence.

Les sciences se distinguent par les propositions qui les composent, comme une collection se délimite par ses parties. Les critères de distinction entre les sciences sont dérivés de ceux qui distinguent les propositions entre elles : deux propositions sont différentes si, et seulement si, leur sujets sont différents, leurs prédicats sont différents, ou les uns et les autres. C'est ainsi par la différence entre le sujet et le prédicat des propositions qui les composent que les sciences diffèrent[1]. Une conséquence remarquable de cette théorie est de changer la distinction entre les sciences par les façons de considérer un objet (*modus considerandi*) contre une distinction entre des propositions. Ainsi, si le propre de la physique est de considérer l'être en tant que mobile, alors que la métaphysique le considère en tant qu'être, cette distinction correspond toujours à une différence entre prédicats, et donc entre propositions[2].

Deux sciences peuvent avoir des parties en commun, sans pour autant se confondre. L'appartenance d'une même proposition à différentes sciences ne pose pas plus de problèmes que l'appartenance d'un homme à la fois à une armée et à un peuple[3]. L'ordre qui fait l'unité d'une science est en effet une propriété d'une collection, et non de chacun de ses éléments pris séparément. Ockham a en vue la situation dans laquelle une même proposition serait prouvée par différents raisonnements appartenant à différentes sciences. Il peut ainsi y avoir une intersection entre les collections qui constituent les sciences. Deux sciences peuvent être notamment dans un rapport de subordination. Le couple aristotélicien *scientia subalternans / scientia subalternata* se retrouve chez Ockham, comme un rapport entre des collections de propositions, ou plutôt entre des connaissances des propositions appartenant à des collections différentes. La subordination peut être totale ou partielle, aller dans un seul sens ou être réciproque. Dans tous les cas, il s'agit de savoir à quelle science appartiennent les prémisses d'une démonstration, et à quelle science appartient la conclusion[4]. Les possibilités sont très ouvertes et, comme le montre fort bien Steven Livesey, une situation qui était chez Aristote exceptionnelle devient banale chez Ockham, et cette différence découle des conceptions assez différentes

1. Cf. *Exp. Phys.*, Prol., 4, l. 115-118, p. 14 et II, 3, 5, l. 20-102, p. 259-262.
2. *Ord. I*, Prol., q. 9, p. 260, l. 9-p. 262, l. 3. Cf. aussi *Exp. Phys.*, Prol., 4, l. 6-26, p. 10-11.
3. *Ord. I*, Prol., q. 1, p. 10, l. 2-p. 14, l. 5.
4. Cf. SL, III-2, 21, p. 539-542.

précisément de l'unité de la science[1]. On n'y apprend toutefois pas grand chose sur l'ordre qui fait l'unité d'une science.

La distinction entre les propositions ne peut fournir que des conditions nécessaires, et non suffisantes, pour la distinction entre les sciences, même s'il arrive à Ockham de suggérer le contraire[2]. On peut le constater à partir de la situation suivante : si *A* connaît des propositions de la physique que *B* ne connaît pas, et inversement *B* connaît des propositions de la physique que *A* ne connaît pas, connaissent-ils des propositions d'une même science ? On voit que la distinction par les propositions composant l'ensemble qu'est la science ne saurait offrir qu'une condition nécessaire, mais non suffisante, pour délimiter les différentes sciences : deux sciences différentes sont toujours composées de propositions différentes – même si elles peuvent avoir des propositions en commun –, mais deux ensembles composés de propositions différentes ne constituent pas nécessairement des sciences différentes.

On voit ici l'intérêt du dernier *explanandum* de la théorie de l'unité de la science de Pierre d'Auriole, repris en quelque sorte par Burley : l'idée qu'un individu peut posséder imparfaitement une science, ou encore qu'il peut avoir une science partielle. Deux collections de propositions n'ayant aucun élément en commun peuvent être des parties d'une même science, ce qui est permis par un critère plus fort pour son unité – l'*habitus* d'Auriole et le *subiectum contentiuum* ou *principale* de Burley. Pour délimiter une science, il faut avoir recours à ce qui en fait l'unité, chez Ockham, l'ordre. Il n'est pas aisé d'expliquer comment deux ensembles propositionnels distincts appartiennent à un même ordre. Il ne suffit pas d'argumenter de la distinction entre les propositions à la distinction d'ordre des ensembles de propositions, comme le suggère un texte ockhamien[3]; il faut établir ici comment deux collections tout à fait distinctes peuvent appartenir à un même ordre.

On ne peut se passer ici d'un sujet principal ou premier de la science, comme dans la distinction des exigences explicatives différentes pour la théologie et la métaphysique, concernant une proposition comme "*Deus est unus*". Cette explication est en quelque sorte esquissée chez Ockham, qui accepte qu'un sujet puisse être dit le premier d'une science selon différentes primautés[4]. Force est de constater toutefois qu'il semble plus

1. Cf. S. Livesey, « William of Ockham, the subalternate sciences, and Aristotle's theory of *metabasis* », art. cit.

2. *Exp. Phys.*, Prol., 4, l. 115-118, p. 14.

3. *Ord. I*, Prol., q. 1, p. 12, l. 8-13.

4. *Ord. I*, Prol., q. 9, p. 255, l. 16-p. 257, l. 2. Une bonne explication du point se trouve dans SL, III-2, 14; OPh I, 20-39, p. 529-530. Selon André Goddu, « Ockham was very careful

préoccupé par des mises au point concernant le type d'unité que peut avoir une science que par le développement d'une théorie complète. On ne peut que regretter, à la suite d'Armand Maurer, de ne pas avoir un commentaire ockhamien de la *Métaphysique* – si tant est qu'il ait jamais été écrit –, où le point devrait être traité[1].

La théorie de l'unité de la science développée par Gauthier Burley, dans un texte de 1337, donc après l'« intervention ockhamienne », selon l'expression de Claude Panaccio[2], donne l'image de l'unité de la science comme collection très proche de celle d'Ockham, mais la complète par un élément que l'on ne trouve pas chez le maître nominaliste[3]. Le problème est

not to commit himself to any particular characterization of the unity of knowledge, for whatever unity it has comes not from any natural ordering, but is purely conventional, exceptional and accidental. Ockham's meaning is not altogether transparent. A logical ordering is not conventional, but he meant that the selection of a certain priority or of certain premises as fundamental is conventional. », A. Goddu, *The physics of William of Ockham*, *op. cit.*, p. 26. Le jugement me semble exagéré : l'ordre des sujets d'une science, à la différence de celui d'une armée ou d'une ville, n'est ni conventionnel, ni arbitraire, ni accidentel. Il n'en reste pas moins qu'Ockham n'a pas vraiment une théorie développée de l'unité de la science. Inversement, l'évaluation par Alain de Libera de l'explication ockhamienne de l'unité de la métaphysique par l'ordre de ses parties me semble plus positive que ne les permettent les suggestions sommaires d'Ockham, même si c'est sans doute dans cette direction qu'il faudrait les développer; cf. A. de Libera, « Genèse et structure des métaphysiques médiévales », dans J.-M. Narbonne et L. Langlois (éds.), *La Métaphysique*, Vrin-Les Presses de l'Université de Laval, 1999, p. 179; sur l'unité de la métaphysique chez Ockham, cf. aussi Beckmann, J. P., « *Nihil notum nisi complexum* – Von der Sach zur Satzwissenschaft am Beispiel der Metaphysik », art. cit., p. 274-275.

1. *Exp. Phys.*, Prol., 4, l. 115-119, p. 14; A. Maurer, « Ockham's conception of the unity of science », art. cit., p. 109. Armand Maurer estime dans cet article qu'Ockham n'avait pas vraiment une explication pour l'unité de la science. Dans son article de 1974, il semble penser que l'explication par l'ordre des sujets et prédicats est suffisante (A. Maurer, « The unity of a science : St. Thomas and the nominalists », art. cit., p. 285). Cette voie peut en effet contenir une réponse satisfaisante, dans la ligne de celle de Burley, réponse qui est toutefois seulement suggérée par Ockham.

2. Cf. C. Panaccio, *Le discours intérieur*, *op. cit.*, p. 253.

3. « Primo modo dico quod logica est quid unum secundum genus, quia est quoddam commune secundum predicationem ad omnibus habitibus ostensis in logica. et logica isto modo accepta non est una numero : distinguendo unum numero contra unum genere et unum specie. Secundo modo accipiendo logicam pro uno habitu singulari unius conclusionis ostense in logica. sic dico quod logica est unum numero et quedam forma simplex : non composita ex materia et forma : neque ex diuersis formis sed est habitus unius conclusionis tamen. Unde logica secundo modo accepta habet unitatem numeralem simplicem. Tertio autem modo accipiendo logicam. sic dico quod logica est una secundum aggregationem. sicut exercitus vel civitas. Unde tot sunt habitus particulares traditi in logica quot sunt complexa quibus aliquid habetur per doctrinam traditam in libris logice. et logica isto modo accepta est quoddam aggregatum ex scientiis et opinionibus. quia per demonstrationem acquiritur scientia. et per auctoritatem. vel syllogismum dialecticum non acquiritur nisi opinio. unde

en effet celui de savoir quelle est l'unité de l'agrégat qu'est une science comme la métaphysique, à la différence de la métaphysique et de la théologie mises ensemble. Il y a différents degrés d'unité des collections, dit Burley, les agrégats constitués d'entités d'une même espèce ont une unité plus grande que ceux réunissant des choses d'espèces différentes[1].

De prime abord, la solution semble presque trop facile, ou en tout cas suivre de la simple acceptation du premier sens de l'unité de la science. La distinction courante entre l'unité numérique et l'unité selon l'espèce ou selon le genre permet un chemin direct de l'admission qu'un certain domaine s'organise en genres et espèces à la reconnaissance d'une unité générique et spécifique dans ce domaine. Le tout est de savoir en quel sens plusieurs propositions appartiennent à une même espèce ou, ce qui revient au même, peuvent être réunies sous un terme commun.

Il y a d'une certaine façon deux réponses à ce problème. La première est la suivante: les propositions qui forment la logique ont une unité de connexion (*unitate connexionis*), de sorte que, une fois une proposition acquise, une autre est acceptée plus facilement. La raison de cette connexion est qu'une science postérieure dépend (*dependet*) d'une science antérieure, c'est-à-dire de la connaissance de celle-ci dépend la connaissance de celle-là[2].

On remarquera d'abord l'absence du vocabulaire causal dans ce passage, vocabulaire qui pourrait fournir, dans un cadre ockhamien, une explication de la relation de dépendance entre la connaissance des différentes propositions. En fait, Burley accepte tout de suite après l'interprétation causale de la définition aristotélicienne de la démonstration comme un syllogisme qui produit une connaissance (*syllogismus faciens scire*), de telle façon que la science est un effet de la démonstration (*effectus*

generaliter alterius conclusionis numero est alius et alius habitus numero. et hoc est verum tam in logica quam in aliis scientiis. », Gauthier Burley, *Liber Universalium*, 2ra.

1. « Dicendum quod in habentibus unitatem aggregationis potest esse maior unitas et minor unitas. quia aggregatum ex habitibus eiusdem speciei maiorem unitatem habet quam aggregatum ex habitibus differentibus specie. », Gauthier Burley, *Liber Universalium*, 2ra.

2. « ... habent unitatem connexionis. quia habito uno facilius acquiritur alius. Sed non est de habitibus traditi in physica et geometria. nam huiusmodi habitus sunt inconnexi : non dependentes ex se inuicem. similiter est in aliis scientiis. Nam in geometria scientie diuersarum conclusionum habent unitatem connexionis quia scientia conclusionis posterioris dependet a scientia conclusionis prioris. Nam ut communiter dicitur. illud quod est conclusio in demonstratione priori : est principium in demonstratione posteriori. et ideo scientia acquisita per demonstrationem posteriorem : dependet a scientia acquisita per demonstrationem priorem. », Gauthier Burley, *Liber Universalium*, 2ra. On peut remarquer que dans ce texte aussi, "*scientia*" signifie tantôt un ensemble de propositions (par exemple, dans "*in aliis scientiis*"), tantôt l'assentiment à une seule proposition (par exemple, dans "*scientia conclusionis posterioris*").

demonstrationis)[1]. Peut-être y a-t-il seulement un manque d'intégration conceptuelle. En fait, il me semble qu'Ockham n'aurait aucune réticence à accepter cette réponse. Les propositions d'une science sont liées comme prémisses et conclusions des raisonnements qui s'enchaînent, la conclusion d'une démonstration est le principe d'une démonstration ultérieure, c'est-à-dire, une proposition acceptée comme conclusion peut devenir la prémisse d'un autre syllogisme, et cette liaison constitue l'unité de la logique ou de la géométrie. Cette organisation des discours est aristotélicienne, même si elle ne constitue pas l'explication aristotélicienne de l'unité des sciences. Mais ne peut-on pas imaginer que l'acquisition d'une conclusion dans une science rende plus facile l'acceptation d'une autre conclusion dans une autre science? Plus précisément, une conclusion acquise dans une science donnée ne peut-elle pas être une prémisse pour un raisonnement dans une autre science? N'est-ce pas justement là la relation de subordination entre les différentes sciences?

La facilité de connexion ne semble pas pouvoir définir des frontières nettes entre des sciences, et partant être à même d'établir de façon précise leur unité. Il se trouve que Burley esquisse une autre réponse, et il le fait dans l'examen des sens de "sujet de la logique" (*subiectum logicae*). Cette expression peut se comprendre en deux sens, dit-il :

> ... parce qu'une chose est le sujet dans lequel, et une autre, le sujet sur lequel. Le sujet dans lequel de n'importe quelle science est l'intellect, parce que toute science humaine est dans l'intellect comme dans un sujet. Le sujet sur lequel est la considération, et un tel sujet sur lequel est double. Une chose est le sujet contenant (*contentiuum*), et il est celui qui est commun à tout ce qui considéré par soi (*per se*) dans la science, autre chose le sujet principal, celui dont il est principalement question dans la science[2].

Au premier sens, le sujet dans lequel (*subiectum in quo*) est exactement le premier sens de "sujet de la science" selon Ockham, soit l'intellect dans lequel la science est *subiective*. Au deuxième sens, "sujet de la logique" désigne ce sur quoi porte la logique (*subiectum circa quod*), et se divise en deux, le sujet contenant, commun à tout ce qui est considéré par soi dans la science, et le sujet principal. Le sujet contenant de la logique, premier par

1. Gauthier Burley, *Liber Universalium*, 2rb.

2. « ... quia quoddam est subiectum in quo. et quoddam est subiectum circa quod. subiectum in quo cuiuslibet scientie est intellectus. quia omnis scientia humana est in intellectu tamquam in subiecto. subiectum autem circa quod est consideratio. et tale subiectum circa quod est duplex. quoddam contentiuum. et est illud quod est commune ad omnia per se considerata in scientia. Aliud est subiectum principale. et est illud de quo principaliter considerato in scientia. » Gauthier Burley, *Liber Universalium*, 2va.

une primauté d'adéquation (*primo primitate adequationis*), est la chose de seconde intention (*res secunda intentionis*) ou l'être de raison (*ens rationis*). Le sujet principal (*primo primitate principalitatis*) est le syllogisme démonstratif, puisque la logique traite principalement de sa connaissance (*quia eius notitia principaliter inquiritur in logica*). Ce sens donne à la logique l'unité générique, à laquelle participent toutes ses dispositions particulières (*habitus particulares*)[1].

De prime abord, l'idée avicennienne que la logique a pour sujet les intentions secondes ou l'être de raison[2] ne semble pas apporter une réponse satisfaisante ici, pas plus que l'identification du syllogisme démonstratif comme son sujet principal. On peut estimer que l'unité générique due au sujet contenant n'est pas vraiment expliquée. Il ne s'agit pas d'un objet formel, commun à toutes les dispositions constituant la logique, ou du moins rien de tel n'est avancé dans le *Liber Universalium*. Ce n'est pas non plus le sujet de toutes ses propositions, ni même de toutes ses conclusions. Peut-être la maîtrise de la logique suffit-elle pour comprendre en quel sens toutes ses propositions parlent d'un même type de chose, les intentions secondes, mais ceci n'est pas reflété dans sa structure, autrement dit, il ne semble y avoir aucun élément, quel qu'il soit, présent dans tous ses composants. Mais pourquoi faut-il un tel élément ?

Une science se compose de différentes propositions, ayant différents sujets et prédicats et associées à plusieurs *habitus*. Il n'y a simplement pas d'élément présent dans toutes ces propositions, et pas de réponse pour ainsi dire structurelle du type escomptée par la postulation d'un objet formel ou d'un *habitus* unique. On pourrait qualifier cette conception de déflationniste, au sens où elle dit moins de choses sur l'unité de la science que les théories thomiste ou scotiste, par exemple. Comprenons bien que Gauthier Burley donne bien une réponse à la question, mais il n'y a aucun *ersatz* d'un seul élément unifiant, présent, de quelque façon que ce soit, dans toutes les propositions d'une science donnée. La différence ne réside pas dans la généralité de la stratégie de réponse – toutes les sciences peuvent, et peut-

1. « Et ideo dico quod logica tertio modo accepta maiorem unitatem habet quam aggregatum ex physica et geometria. quia logica tertio modo accepta. scilicet. pro aggregato habet unitatem secundum genus : quia omnes particulares habitus traditi in logica sunt eiusdem generis propinqui. sed non est sic de habitibus traditis in physica et geometria. », Gauthier Burley, *Liber Universalium*, 2rb.

2. « Subiectum vero logicae, sicut scisti, sunt intentiones intellectae secundo, quae apponuntur intentionibus intellectis primo … », Avicenna Latinus, Liber de Philosophia Prima, I, 2, p. 10, 73-74. Sur ce point, cf. C. Knudsen, « Intentions and impositions », dans N. Kretzmann, A. Kenny, J. Pinborg et E. Stump (éds.), *The Cambridge History of Later Medieval Philosophy*, Cambridge University Press, p. 479-495.

être même doivent, avoir une unité générique –, mais dans le type de réponse.

Tout comme pour les remarques ockhamiennes concernant l'unité ou le sujet de la science, l'intérêt de la réponse de Burley apparaît surtout en opposition à un autre type de solution. Il s'agit de reconnaître le type d'unité que peut avoir une collection, et ce n'est pas celle qui confère un même composant qui figure dans tous ses membres ou en tout cas ceci n'est pas du tout nécessaire. L'explication ockhamienne de l'unité de la science est encore plus déflationniste. Il n'y a pas de genre qui unifie la science. Rien n'exige toutefois le refus de la solution burleyéenne dans un cadre ockhamien. Comme le remarque Steven Livesey, un nominaliste peut parfaitement accepter l'idée que la science a une unité générique[1]. On peut estimer que Burley donne une autre formulation à l'idée ockhamienne suivant laquelle l'ordre qui fait d'un ensemble de propositions une science est une relation entre ses termes, par exemple, d'inférieur à supérieur. Or la relation de genre et espèce n'est rien d'autre qu'une relation entre termes supérieurs et inférieurs. Certes, l'introduction d'un sujet contenant toute une science produit une différence non négligeable, mais face aux positions de Thomas et Duns Scot, ce qui doit nous frapper est surtout la proximité de ces deux philosophes rivaux.

Il faut bien faire attention au sort réservé au problème de l'unité de la science. On apprend le type d'unité qu'il faut chercher, ou le type de réponse escomptée par une théorie de la science. La réponse semble beaucoup moins intéressante, ou en tout cas beaucoup moins informative qu'auparavant – pas d'objet formel, pas d'*habitus* unique, rien n'est ajouté à la pluralité de propositions connues et la compréhension de ce dont elle traite. Moins pressante, la recherche d'une unité forte est vouée à la disparition, si bien qu'à l'objection d'Henri de Gand – sans un sujet unique, la métaphysique n'aurait qu'une unité d'agrégation, ou pas plus d'unité que l'agrégat de la métaphysique et de la mathématique[2] – Ockham répond : oui, la métaphysique n'a qu'une unité d'agrégation. Si la deuxième clause de l'objection peut paraître plus gênante – ce dont témoigne peut-être la réponse plus explicite de Burley –, Ockham nous invite à voir que l'unité de la métaphysique et celle de la métaphysique et de la physique mises ensemble ne sont pas de type différent. La seule réponse réside dans la compréhension des relations entre termes à l'intérieur de chaque science – on voit

1. S. Livesey, « William of Ockham, the subalternate sciences, and Aristotle's theory of *metabasis* », art. cit., p. 136. Cf. les différentes primautés du sujet d'une science dans *Ord. I*, Prol., q. 9, p. 255, l. 16-p. 257, l. 2 et SL, III-2, 14, l. 20-39, p. 529-530.

2. *Ord. I*, Prol., q. 8, p. 212, 5-7.

ici comment la distinction entre la démonstration *propter quid* et la démonstration *quia* trouve sa place dans ce débat –, mais en tout état de cause on n'aura jamais autre chose qu'un ensemble de propositions avec des sujets et des prédicats différents, associées à des *habitus* différents. Il n'est peut-être pas inutile de remarquer que la tâche d'un philosophe ne consiste pas à répondre aux questions et aux attentes d'un programme fixe. Burley et Ockham nous disent simplement ici le type de réponse qu'il faut apporter à une certaine question, question qui devient beaucoup moins intéressante qu'elle ne l'était auparavant[1].

LA DYNAMIQUE DE LA DÉMONSTRATION

Comprendre la science est comprendre certaines relations entre des propositions, ou plutôt entre des connaissances des propositions. La science au sens le plus propre est un discours ayant une certaine organisation argumentative, plus précisément, elle s'organise en syllogismes, suivant la leçon d'Aristote. La forme syllogistique la plus importante pour la connaissance, la seule apte à produire des conclusions proprement scientifiques, est le syllogisme démonstratif, défini comme celui

> … dans lequel, à partir des propositions nécessaires, connues de façon évidente, la première connaissance d'une conclusion peut s'acquérir[2].

1. Gauthier Chatton fait une critique d'inspiration scotiste à la théorie ockhamienne de l'unité de la science; cf. L. Cova, « L'Unità della scienza teologica nella polemica de Walter Chatton con Guilielmo d'Ockham », *Franciscan Studies* 45, 1985, p. 187-230. Armand Maurer (A. Maurer, « Ockham's conception of the unity of science », art. cit. et « The unity of a science : St. Thomas and the nominalists », art. cit.) explique la théorie ockhamienne de l'unité de la science par son nominalisme. Comme le remarque Steven Livesey, il n'y a rien de spécifiquement nominaliste dans l'idée que la science est un agrégat (S. Livesey, « William of Ockham, the subalternate sciences, and Aristotle's theory of *metabasis* », art. cit., p. 136). Gauthier Burley, le grand adversaire réaliste d'Ockham, soutient dans son traité sur les universaux – en fait, le prologue à un commentaire tardif de la *logica vetus* –, une position très proche de celle d'Ockham sur ce point, comme nous l'avons vu. Oswald Fuchs a une explication encore moins convaincante de la théorie ockhamienne de l'unité agrégative de la science, qui découle, selon lui, du manque de cohésion des sciences « *generally studied in his time* » (O. Fuchs, *The psychology of habit according to William Ockham*, The Franciscan Institute-E. Nauwelaerts, 1952, p. 15). S'il est clair que les théories de la science dépendent des savoirs qu'elle prennent pour objet, rien ne lie des traits des sciences médiévales (qu'il faudrait d'ailleurs à élucider) à la théorie de l'unité de la science. Il faudrait par ailleurs dire pourquoi cette conséquence ne se sent pas dans d'autres théories médiévales attribuant une unité plus forte aux sciences.

2. « … in quo ex propositionibus necessariis evidenter notis potest adquiri prima notitia conclusionis. », SL, III-1, 1, l. 15-16, p. 359.

Le trait épistémique présent dans l'acquisition première d'une connaissance apparaît encore plus clairement dans la définition de la démonstration comme un syllogisme produisant une connaissance (*syllogismus faciens scire*)[1]. Si cette définition a une notion épistémique en amont, elle a aussi d'importantes conséquences en aval dans la théorie de la connaissance, le terme "syllogisme" figurant dans la définition du sens le plus strict de "*scientia*". Il me semble qu'il n'y a aucun cercle vicieux dans ces renvois, mais le déploiement de la théorie de la connaissance évidente dans la description d'un certain processus cognitif, dont je m'occuperai dans cette section[2]. En effet, nous retrouvons une théorie d'un certain type de production de l'assentiment, non à partir de la connaissance des termes, mais à partir de la connaissance des propositions, tout à fait en continuité avec la description causale de la connaissance évidente. Ce n'est d'ailleurs pas un hasard si dans le chapitre consacré à cette notion nous avions déjà rencontré l'assentiment à la conclusion d'un syllogisme, tout comme l'application d'"évident" à un raisonnement[3].

Repartons de la définition générale de "syllogisme" :

> Un syllogisme est un discours (*oratio*) dans lequel, à partir de deux prémisses disposées selon le mode et la figure, une conclusion suit nécessairement. Et pour cette définition il n'importe pas si les prémisses sont vraies ou fausses. Et il n'est toutefois jamais le cas que les prémisses soient vraies et la conclusion fausse, bien que l'inverse puisse arriver[4].

1. SL, III-2, 1, l. 13, p. 505 et 17, l. 4-6, p. 532. L'origine de cette définition, largement acceptée au Moyen Âge, est Aristote, *Analyt. Post.*, 71b 17-18; transl. Iacobi, p. 7, 13-15; cf. J. Hamesse, *Les auctoritates Aristotelis*, *op. cit.*, p. 312.

2. On notera ainsi qu'un texte ockhamien dit que la cause efficiente de la science est la connaissance incomplexe des termes (*notitia incomplexa terminorum*), qui n'est autre chose que la cause de l'assentiment évident : cf. *Sum. Phil. Nat.*, Pream., l. 216-221, p. 146. Comme l'indique la note de l'éditeur, la solution retenue par Ockham est la dernière présentée dans ce texte, soit précisément celle identifie la cause efficiente de la science à la connaissance des termes.

3. Cf. section 2.3. Elizabeth Karger attire l'attention sur l'extension de la théorie de la connaissance évidente à la connaissance démonstrative (cf. E. Karger, « William of Ockham, Walter Chatton and Adam of Wodeham on the objects of knowledge and belief », art. cit., p. 180, note 35). Une remarque d'Alexander Broadie sur un certain groupe de logiciens tardo-médiévaux vaut pour Ockham : « In the view of late-medieval logicians inferences are not timelessly existing entities; instead they must be considered temporal for they are products of an intellectual act, the act of inferring. », Broadie, A., « Assent and inference theory », art. cit., p. 637. Les théories présentées par Alexander Broadie sont à bien des égards proches de celle d'Ockham, à qui il renvoie d'ailleurs une fois. Sa discussion de l'aspect causal de l'assentiment évident me semble toutefois plutôt confuse.

4. « Syllogismus est oratio in qua ex duabus praemissis, dispositis in modo et in figura, de necessitate sequitur conclusio. Et ad istam definitionem nihil refert an praemissae sint verae

Cette description du syllogisme correspond en partie à l'implication matérielle, qui est la notion basique d'inférence chez Ockham, même si elle ne correspond à aucun type d'inférence ockhamienne, comme l'a fort bien montré Marilyn Adams[1]. Je m'intéresserai ici au développement, dans la théorie de la démonstration, de la théorie causale du savoir.

Si la définition générale de "syllogisme" ne contient pas de trace du fonctionnement de l'esprit dans la connaissance évidente, nous en retrouvons des échos en remontant dans ce premier chapitre de la troisième partie de *Somme de Logique*. Le syllogisme démonstratif se distingue du syllogisme topique par les prémisses : alors que le premier se fait à partir des propositions nécessaires et connues de façon évidente, le dernier se fait à partir des propositions probables (*ex probabilibus*). Une proposition probable est une proposition nécessaire qui semble vraie à tous, ou au plus grand nombre, ou aux plus sages, mais n'est pas connue de façon évidente[2]. L'explication de "proposition probable" situe plus précisément la différence entre ces deux types de syllogisme : dans la démonstration, et non dans le syllogisme topique, les prémisses sont connues de façon évidente, que ce soit de façon directe ou indirecte.

Cette différence, qui ne se situe pas dans le statut aléthique des prémisses, a d'autres rebondissements sur la description des deux types de syllogisme. Dans la démonstration, on acquiert (ou l'on peut acquérir) la première connaissance (*prima notitia*) de la conclusion, alors que dans le syllogisme topique, on arrive tantôt à un assentiment accompagné du doute, tantôt à une croyance ferme (*facit firmam fidem*), qui souvent, dit Ockham, semble évidente. Dans le premier cas, on arrive à un savoir, dans l'autre, à la seule croyance, et la distinction dépend de l'évidence, et ne passe pas par la perception du statut épistémique des propres états mentaux. Je peux adhérer fermement à une proposition nécessaire et estimer cette connaissance évidente, sans que pour autant cet assentiment soit évident. Aussi bien l'illusion de l'évidence que la différence entre les deux types de syllogisme sont dans les prémisses, et non dans le syllogisme, qui est correct (*non peccat in forma*), et pourrait ainsi transmettre l'évidence, si évidence il y avait à transmettre. En fait, un syllogisme correct est

vel falsae. Hoc tamen est generale quod numquam praemissae sunt verae et conclusio falsa, quamvis possit esse e converso. », SL, III-1, 1, l. 59-63, p. 361.

1. Cf. M. Adams, « Did Ockham know of material and strict implication ? A reconsideration », *Franciscan Studies* 33, 1973, p. 5-37.

2. SL, III-1, 1, l. 17-23, p. 359-360.

contraignant, cause l'assentiment à la conclusion, quel que soit le statut épistémique des propositions de départ[1].

La description de la démonstration, de son fonctionnement cognitif et de ses composants est l'objet de la deuxième section de la troisième partie de la *Summa logicae*, qui suit les *Seconds Analytiques* et son commentaire par Grosseteste. Une démonstration est un syllogisme produisant une connaissance,

> ...la compréhension évidente d'une vérité nécessaire par la compréhension évidente de deux vérités nécessaires disposées selon le mode et la figure, de telle façon que ces deux vérités font que la troisième soit connue de façon évidente, vérité qu'autrement serait ignorée[2].

L'expression "évident" ne figure pas moins de trois fois dans ce court passage. En un certain sens, il s'agit de la reprise de la clause "médiate" (*mediata*) de la définition de la connaissance évidente. Dans la définition de "démonstration", on trouve "connue" (*sciri*), qui correspond à "*scientia*" au sens le plus strict, le résultat d'une démonstration. Pour rompre ces renvois circulaires, il faut décrire les conditions qui doivent remplir termes et propositions composant une démonstration.

Inscrite dans la définition elle-même, une première condition, exprimée en termes contrefactuels, concerne l'assentiment à la conclusion : si les prémisses n'étaient pas connues, la conclusion elle-même ne serait pas connue, à moins que la connaissance d'autres prémisses n'y concoure[3]. Il s'agit du schéma de la causalité naturelle : *A* cause naturellement *B* si, et seulement si, *ceteris paribus*[4], *A* posé, *B* est aussi posé, ce qui est une formulation pour ainsi dire directe de la condition contrefactuelle pour la causalité[5]. Dans une démonstration, la connaissance (*comprehensio*) de la

1. Voir la remarque d'Aristote dans *Analyt. Post.*, I, 1, 71a 5-11 ; transl. Iacobi, 10-12. Cf. section 3.6.

2. « ... evidens comprehensio unius veritatis necessariae per evidentem comprehensionem duarum veritatum necessarium in modo et figura dispositarum, ut illae duae veritates faciant tertiam veritatem evidenter sciri, quae aliter esset ignota. », SL, III-2, 1, l. 30-33, p. 506.

3. SL, III-2, 1, l. 37-39, p. 506.

4. La clause *ceteris paribus*, correspondante à "*omni alio circumscripto*" dans la note qui suit, permet une interprétation contrefactuelle de la relation causale naturelle et vise éviter notamment la situation dans laquelle *B* serait causé par une autre chose que *A*. La possibilité de plusieurs causes pour une même conclusion est évoquée, par exemple, dans SL, III-2, 11, l. 9-12, p. 524.

5. Cf. par exemple : « ... causa totalis est illa qua posita, omni alio circumscripto, ponitur effectus si sit totalis causa de facto, vel potest poni si sit causa totalis de possibili. », *Rep.*, II, q. 4, p. 63, l. 19-21. Cf. aussi *Rep.*, IV, q. 14, p. 293, l. 14-16.

conclusion suit la connaissance évidente des prémisses, et sans les prémisses, la conclusion serait ignorée, autrement dit, l'assentiment évident aux prémisses cause l'assentiment évident à la conclusion. Cette description est une conséquence de l'identification de l'assentiment à une conclusion comme un type de connaissance évidente, qui est un assentiment causé d'une certaine façon. Plus précisément, l'assentiment à la conclusion est évident quand il est causé par la connaissance des prémisses – dans ce cas, et pas autrement, c'est un *assensus scientificus*, selon l'expression de Wodeham[1]. C'est encore lui qui parle d'une activité naturelle des propositions connues par soi, qui causent naturellement l'assentiment à elles-mêmes[2]. C'est bien cette activité des propositions, contraignant l'intellect ("*cogere intellectum*" et "*mentem necessitare*", dit Wodeham) à l'assentiment, qui est au cœur du fonctionnement cognitif de la science.

Les conditions imposées aux termes figurant dans une démonstration varient selon le type de démonstration concernée, *de inesse* ou non, *de praesenti* ou non, affirmative ou négative, *potissima* ou non. Certaines conditions ont trait à la sémantique des termes – s'ils supposent pour des présents existants ou non, s'ils sont connotatifs ou non. Je m'intéresserai à un autre type de condition, déterminant l'état cognitif de départ d'un sujet dans lequel se produit un assentiment d'un certain type.

Les termes d'une démonstration doivent être connus avant la démonstration elle-même, mais non de façon uniforme. Il faut d'abord savoir ce que le terme signifie (*quid est*), une condition commune à tous les termes dans toute argumentation. Si la démonstration est affirmative et catégorique, on doit toujours savoir aussi que le sujet peut exister, alors que la possibilité du prédicat ne doit être connue que si la démonstration est absolument catégorique et affirmative, autrement non. La définition doit être connue comme le sujet, et pour les mêmes raisons[3]. Ces conditions épistémiques séparent ce qui doit être connu pour que la démonstration fonctionne de ce qu'elle établit. Si la théorie de la connaissance évidente disait quand la connaissance des termes causait un certain type d'assentiment à une proposition, ici il s'agit de voir quelles sont les conditions préalables pour qu'un autre processus causal ait lieu, à savoir l'assentiment à la conclusion d'une démonstration.

Il existe une asymétrie entre ces deux conditions. Si la compréhension des termes (*quid est*) est une appréhension simple du terme – *intelligere*, dit

1. Adam Wodeham, *Lect.*, d. I, q. 3, 4, 42-45, p. 230.
2. Adam Wodeham, *Lect.*, d. I, q. 3, 2, 6-8, p. 227 et 3, 17-21, 229.
3. SL, III-2, 3, p. 508-509.

la *translatio Iacobi*[1] –, la connaissance *quia est*, même si elle s'exprime pour les termes, a pour objet une proposition qui dit qu'il n'est pas impossible que le sujet de la conclusion existe[2]. On ne voit pas très bien de prime abord ce qui empêcherait l'expression de cette deuxième condition (*quia est*) directement pour les prémisses, suivant une des clauses des conditions générales pour la science, concernant justement la démonstration, selon laquelle les prémisses doivent être plus connues que la conclusion, donc, *a fortiori*, connues[3]. Non seulement l'explication de cette condition affirme que les prémisses doivent être connues, mais dans l'explicitation même de ce que veut dire avoir la connaissance *quia est* sur un sujet, on se retrouve devant la connaissance d'une phrase entière, dans laquelle « il n'est pas impossible de prédiquer l'être du sujet pris significativement ». Il ne semble pas y avoir d'autre possibilité : comment savoir qu'un sujet peut exister, ou qu'il existe, si ce n'est par un acte de connaissance dont l'objet serait une proposition affirmant la possibilité ou l'existence du sujet ?

Le texte aristotélicien que suit Ockham ici n'est peut-être pas tout à fait clair sur ce point, mais il semble bien que savoir d'une chose qu'elle est équivaut à connaître une proposition[4]. La formulation ockhamienne des conditions pour les termes semble pointer, en dernière instance, vers l'asymétrie entre sujet et prédicat. Ici, "sujet" et "prédicat" renvoient au sujet et au prédicat de la conclusion de la démonstration. La distinction que l'on peut dire traditionnelle sépare ce dont on parle (le sujet), dont l'existence semble devoir être en quelque sorte posée en dehors de l'assertion, et ce qu'on en dit (le prédicat), qui apparaît dans l'assertion faite à propos du sujet par la proposition, en l'occurrence, la conclusion de la démonstration. L'exigence de connaître la possibilité de l'existence du sujet équivaut en quelque sorte à poser son existence avant la construction de la proposition. L'explication de cette condition bascule toutefois toujours vers la connaissance d'une proposition, qu'elle soit exactement la prémisse, ou qu'elle

1. Aristote, *Analyt. Post.*, I, 2, 71a 12-13 ; transl. Iacobi, p. 5, 14.

2. SL, III-2, 3, l. 10-18, p. 508.

3. Cf. Aristote, *Analyt. Post.*, I, 2, 71b 20-25 ; transl. Iacobi, p. 7, 16-19.

4. « Dupliciter autem necessarium est precognoscere; alia namque, quia sunt, prius opinari necesse est, alia vero, quid est quod dicitur, intelligere oportet, quedam autem utraque, ut quoniam omne quidem aut affirmare aut negare verum est, quia est, triangulum autem quoniam hoc quidem significat, sed unitatem utraque, et quid significat et quia est; non enim similiter horum unumquodque manifestum est nobis. », Aristote, *Analyt. Post.*, I, 2, 71a 12-17 ; transl. Iacobi, p. 5, 12-18. Il n'est pas sûr que cette façon « linguistique » de poser le problème corresponde à la façon aristotélicienne de le penser, mais il n'est pas inutile de rappeler que ce qui est visé ici est le destin médiéval d'Aristote, plutôt que le philosophe grec lui-même.

affirme que le sujet peut exister et, dans ce dernier cas, il reste toujours l'exigence de la connaissance des prémisses.

Il existe une tension, dans la philosophie ockhamienne, entre cette asymétrie, qui semble présupposer l'existence du sujet, et la parfaite symétrie des termes sujet et prédicat dans les conditions de vérité des propositions, si bien qu'il est difficile de donner une interprétation satisfaisante pour l'application de notion de présupposition dans ce contexte précis. En particulier, si le sujet ne suppose pour rien, la proposition est fausse, et non pas dénuée de sens, ce qui devrait être le cas, si l'existence du sujet était présupposée. Il n'en reste pas moins qu'Ockham garde la distinction, dont la formulation des conditions imposées aux termes d'une démonstration me semble être un reflet. Il faut comparer cette façon de présenter les choses à une autre possible, qui dirait qu'il faut connaître ce que signifient les termes des toutes les propositions (*quid est*), et que les prémisses sont vraies (*quia est*). Aucune différence entre sujet et prédicat ne serait mentionnée dans ce cas[1]. Celui pour qui le départ du texte ockhamien (et aristotélicien) semblerait gênant, pourrait essayer de trouver un soulagement en cherchant une formulation non propositionnelle pour la condition *quia est*. Une telle enquête, du moins chez Ockham, serait vaine.

La suite de la deuxième sous-partie de la troisième partie de la *Summa* va poser des conditions concernant les propositions. La première distinction, qui concerne les propositions requises pour la démonstration, est remarquable :

> On doit d'abord savoir que parmi les propositions requises pour la démonstration, certaines sont des parties de la démonstration, comme les deux prémisses et une conclusion, et certaines ne sont pas des parties de la démonstration. On les appelle les dignités (*dignitates*), les maximes (*maximae*) ou les suppositions (*suppositiones*). Elles ne rentrent pas dans la démonstration sous leur forme propre, et toutefois d'une certaine façon les prémisses de la démonstration sont connues en vertu de ces propositions[2].

1. C'est ce que fera Buridan : « Deinde, quantum ad quia est, sciendum est quod de praemissis per quas conclusio docetur oportet praecognoscere quod sunt verae, vel quod ita est sicut per eas significatur, aut aliquid proportionabile. », Jean Buridan, *Quaest. in Post. Analyt.*, Q. 5a. Je note toutefois que cette interprétation propositionnelle de la condition *quia est* n'empêche nullement à Buridan de garder l'idée qu'il s'agit d'une condition concernant le sujet; cf. *Quaest. in Post. Analyt.*, Q. 4a.

2. « Est autem primo sciendum quod propositionum requisitarum ad demonstrationem quaedam sunt partes demonstrationis, sicut duae praemissae et una conclusio, et quaedam non sunt partes demonstrationis. Et vocantur dignitates et maximae vel suppositiones, quae

Ainsi, la proposition "toute chaleur chauffe" n'est pas une partie de la démonstration "tout ce qui est chaud chauffe; tout feu est chaud; donc tout feu chauffe". Appelons ces propositions "principes extérieurs".

L'exemple est éclairant. Même si la proposition "toute chaleur chauffe" ne figure pas dans la démonstration, elle semble être nécessaire dans la connaissance de la vérité de la première prémisse, même si elle-même ne peut être une prémisse dans une démonstration dont la conclusion serait "tout ce qui est chaud chauffe"[1]. Ces maximes se partagent en deux groupes, celles qui doivent être connues par tous, comme "toute chose existe ou n'existe pas" (*quidlibet est vel non est*), et celles qui appartiennent à un domaine particulier de la connaissance, comme "quelque chose est mobile"[2].

Quelle connaissance doit-on avoir de ces principes extérieurs à la démonstration? Il ne s'agit pas de savoir si l'assentiment est évident ou non, mais s'il doit y avoir un assentiment au moment même de la démonstration, ou même s'il doit y avoir un assentiment quelconque. En fait, le problème peut se poser un peu plus en amont: faut-il avoir présentes à l'esprit toutes les propositions requises pour la démonstration? Notons que la question revient à peu près au même pour les propositions connues par soi, mais elle dramatise en quelque sorte le point. Faut-il chaque fois penser, par exemple, au principe de non-contradiction et au principe de bivalence? La réponse semble bien devoir être négative, ou du moins demander une précision sur le sens de "penser" et "avoir présent à l'esprit"[3]. Ces

sub propria forma non ingrediuntur demonstrationem, virtute tamen illarum propositionum aliquo modo sciuntur praemissae demonstrationis. », SL, III-2, 4, l. 4-10, p. 509-510.

1. L'explication se trouve dans SL, III-2, 12, l. 48-51, p. 526-527. Cette précision peut renforcer une idée, par ailleurs bien établie par Claude Panaccio sur un autre point (cf. C. Panaccio, « Connotative Terms in Ockham's Mental Language », *Cahiers d'Epistemologie*, n. 9016, Université du Québec à Montréal, 1990), de l'irréductibilité des termes connotatifs aux non connotatifs. Voir aussi, pour la description d'une connaissance acquise par l'expérience dans laquelle figurent au même titre un terme absolu et un connotatif, SL, III-2, 10, l. 9-23, p. 523.

2. « Propositio autem requisita ad demonstrationem, non tamquam pars, subdividitur, quia quaedam est talis quod necesse est quemlibet docendum habere eam, cuiusmodi sunt tales "quidlibet est vel non est", "de quolibet affirmatio vel negatio" et huiusmodi. Quaedam sunt tales quas non est necesse quemlibet docendum habere, sed necesse est aliquos artifices eas habere, sicut est de istis "aliquid est mobile", "si ab aequalibus aequalia demas" etc. », SL, III-2, 4, l. 22-28, p. 510.

3. Voir dans les textes ockhamiens cités dans les notes précédentes "*habere*" et la prudente formule "*virtute tamen illarum propositionum aliquo modo sciuntur praemissae demonstrationis*", ou encore "*praecognoscere*" et à nouveau "*habere*" dans la traduction latine des *Analytica Posteriora*.

propositions sont les « *dignitates* » ou les « *maximae propositiones* », deux des trois expressions utilisées par Ockham[1].

Il est possible de postuler une réponse dispositionnelle : celui qui accepte une démonstration requérant une *maxima propositio p* donnerait l'assentiment à *p*, si l'on le lui demandait. On pourrait imaginer également, à la suite de Jaakko Hintikka, quelque chose comme une implication virtuelle, implicite dans le raisonnement effectivement réalisé[2]. Mais est-ce suffisant pour la théorie ockhamienne ? La démonstration, souvenons-nous, est un certain processus causal, ayant lieu réellement dans un intellect donné. *Prima facie*, ces réponses semblent en quelque sorte trop peu réalistes, non pas au sens où elles supposeraient des sujets épistémiquement parfaits, mais parce qu'elles ne semblent pas postuler des entités pouvant entrer dans des processus causaux effectifs. Mais la théorie ockhamienne peut-elle supporter une exigence causale aussi forte ?

Ces propositions premières en vertu desquelles les prémisses sont connues doivent être connues avant celles-ci. Il est intéressant de voir que cette exigence se présente en dehors du cadre syllogistique et même causal. La connaissance de "toute chaleur chauffe" ne semble pas causer celle de "tout ce qui est chaud chauffe", en tout cas à cette situation ne correspond ni la démonstration, ni la connaissance évidente, si bien que notre philosophe utilise l'expression prudente et vague "*aliquo modo sciuntur*". Les propositions premières semblent en revanche être connues de façon évidente, qu'elles soient connues par soi (comme "toute chose existe ou n'existe pas") ou connues par expérience (comme "toute chaleur chauffe"). Si l'on peut étendre ce raisonnement à tous les principes extérieurs, les solutions dispositionnelles et par l'implication virtuelle semblent trop faibles pour

1. « Inmediati autem principii sillogistici positionem quidem dico quam non est monstrare, neque necesse est habere docendum aliquid ; quam vero necesse est habere quodlibet docendum, dignitatem (vel maximam propositionem)… », Aristote, *Analyt. Post.*, I, 2, 72a 15-19 ; transl. Iacobi, p. 8, 22-9, 2. Cf. SL, III-2, 4, l. 7-8, p. 509. Un moment essentiel dans l'histoire de ces termes est, comme souvent, Boèce (cf. Boèce, *De Differentiis Topicis*, I, 1176c-d). Pour une présentation instructive de la position boècienne, cf. E. Stump, « Boethius" Theory of Topics and its Place in Early Scholastic Logic », dans L. Obertello (éd.), *Atti Congresso Internazionale di Studi Boeziani*, Herder, 1981, p. 249-262.

2. Cf. J. Hintikka, *Knowledge and belief*, Cornell University Press, p. 31. Il arrive à Ockham d'utiliser "*virtualiter*" dans un sens très proche : « Potest tamen dici quod illa principia sunt aliquo modo virtualiter practica, tamen secundum modum communem loquendi sunt simpliciter speculabilia, quia aliter nullum principium esset pure speculativum, quia nullum penitur est principium quin aliquo modo possit se habere ad praxim. Unde ex isto "omnis triangulus habet tres" in artibus mechanicis possunt haberi diversae notitiae practicae. », *Ord. I*, Prol., q. 11, p. 314, l. 19-25.

Ockham, mais pas essentiellement différentes de sa théorie causale de l'assentiment naturel universel à ces propositions.

Un premier écueil que rencontre cette solution vient du fait qu'il n'est pas sûr qu'une telle extension soit possible. Qu'est-ce qui empêcherait en effet que la conclusion d'une démonstration concoure à la connaissance d'une prémisse d'un raisonnement dans lequel elle ne figure pas ? Le vrai problème n'est pas là, mais dans le fait que l'on ne sait toujours pas comment expliquer la clause "connues d'une certaine façon" (*aliquo modo sciuntur*), ni le rôle de ces principes dans la démonstration, les deux questions n'étant par ailleurs pas équivalentes. Quel est le rôle de ces principes dans le fonctionnement épistémique de la démonstration ?

Il n'est pas sûr qu'Ockham ait une réponse à cette question, ou en tout cas une réponse directe. Le fait que l'on puisse envisager que ces propositions soient toutes connues *evidenter* suggère toutefois une solution. Ces propositions premières sont des connaissances inscrites dans le fonctionnement naturel de l'esprit. Plus précisément, dans le processus causal naturel qu'est l'assentiment à la conclusion d'une démonstration, ces propositions sont prises en compte, tantôt motivant l'acceptation de telle ou telle prémisse, tantôt assurant que l'argument respecte des lois logiques générales ou des principes appartenant à des domaines particuliers. Ces situations sont certainement fort distinctes, mais ces principes extérieurs à la démonstration auxquels pense Ockham le sont aussi. Voilà mon hypothèse : les principes extérieurs à la démonstration expriment les connaissances qu'a un esprit donné fonctionnant d'une certaine façon. Plus précisément, si *p* est un principe extérieur requis pour une démonstration *A*, si *S* accepte *A* (c'est-à-dire, si l'assentiment à la conclusion de *A* est causé dans *S* par la connaissance des prémisses de *A*), alors *p* est connu par *S*.

On pourrait estimer que cette réponse n'est pas suffisante, on ne sait toujours pas comment la connaissance d'un principe extérieur concourt à la connaissance d'une prémisse ou au fonctionnement du syllogisme. Il me semble toutefois qu'il est possible d'en offrir une interprétation plus positive. Ces *propositiones maximae* participent à la description des conditions naturelles du fonctionnement causal de l'esprit. La situation est plus sensible pour les propositions connues par expérience que pour celles connues par soi, mais pas essentiellement différente. Si *p* est une proposition connaissable seulement par expérience, et si pour accepter un syllogisme *B*, on doit connaître *p*, si *S* ne connaît pas *p*, il n'acceptera pas *B*. Ainsi, pour que la démonstration "tout ce qui est chaud chauffe ; tout feu est chaud ; donc tout feu chauffe" soit acceptée par *S*, *S* doit connaître "toute chaleur chauffe". Quelqu'un qui n'aurait jamais eu l'expérience de la chaleur, ne pourrait pas l'accepter – à supposer que "toute chaleur chauffe" ne puisse être connue que par expérience. Le point est parallèle à l'analyse de différentes valeurs épistémiques d'une phrase comme "un lion peut être un animal" (*leo potest esse animal*), selon que l'on a vu ou non un lion[1].

La connaissance de ces principes extérieurs peut bien être cernée par des conditionnels contrefactuels – et être en quelque sorte moins réaliste que ce que j'ai pu suggérer –, l'essentiel est qu'elle participe à l'explication de l'acceptation d'une démonstration. Cette participation n'est certes pas directe, mais en décrivant les réquisits pour qu'une démonstration ait lieu, par exemple, la connaissance d'une proposition par expérience, on décrit ce que connaît un esprit ayant la science de telle ou telle conclusion, et cette connaissance ne se restreint certainement pas aux prémisses de la démonstration en question.

Regardons les autres caractéristiques des prémisses, les principes qui figurent dans un argument, et de la conclusion. Suivant Aristote, Ockham dit qu'elles doivent être nécessaires, universelles (*de omni*), vraies par soi et de façon première[2]. Les conditions sémantiques ou métaphysiques sont les mêmes pour toutes ces propositions, mais les traits épistémiques les distinguent. La conclusion d'une démonstration, à la différence des principes, est passible de doute (*dubitabilis*), c'est-à-dire, elle n'est pas connue par soi, peut être formée et comprise sans que l'assentiment suive. La connaissance de la conclusion est en effet acquise par la démonstration[3]. Une même proposition peut toutefois être connue également par l'expérience. Cette double voie permet de garder la possibilité de la formation et de la compréhension sans l'assentiment, la conclusion n'est jamais une proposition connue par soi[4]. Ce sont des caractéristiques épistémiques

1. Cf. sections 2.3 et 2.4.

2. Sur l'adaptation ockhamienne de ces conditions aristotéliciennes, cf. L.-M. De Rijk, « Ockham's theory of demonstration: his use of Aristotle's *kath' holou* and *kath' hauto* requirements », dans W. Vosseunkuhl et R. Schönberger (éds.), *Die Gegenwart Ockhams*, VCH-Acta Humaniora, 1990, p. 232-240.

3. Cf. SL, III-2, 11, l. 2-8, p. 524.

4. « Aliqua enim cognosci potest per demonstrationem, quando ex notitia praemissarum devenitur in notitiam conclusionis. Aliqua autem non solum sic cognosci potest, sed cognosci potest per experientiam, illo modo quo Aristoteles docet in I *Metaphysicae* et II *Posteriorum* principia per experientiam cognosci. », SL, III-2, 9, l. 22-26, p. 522. Le parallèle avec les principes vise à donner un autre exemple de connaissance par l'expérience, ce qu'indique l'expression "*illo modo*", et non que les principes puissent être eux-mêmes des conclusions. Le texte ne manque pas d'avoir une certaine maladresse, d'autant plus qu'il ne semble pas que l'explication de la fin des *Analytica Posteriora* se restreigne aux principes connus par l'expérience, à l'exclusion des propositions *per se notae* (comme peut le suggérer SL, III-2, 4, l. 39-47, p. 511). A la clé se trouve une différence importante entre les théories aristotélicienne et ockhamienne de l'assentiment aux premiers principes.

aussi qui vont cerner les principes figurant dans les démonstrations. Ils sont premiers, c'est-à-dire, ne peuvent être démontrés par d'autres propositions[1], immédiats et indémontrables.

A ces caractéristiques des propositions qui ne peuvent être que principes, s'ajoutent des traits appartenant à n'importe quelle proposition pouvant être la prémisse d'une démonstration, qu'elle puisse être aussi une conclusion ou non. Les prémisses doivent être plus connues que la conclusion – une des conditions générales pour la démonstration – et doivent pouvoir être connues avant celles-ci. Ce mécanisme, qui se trouve dans un passage des *Seconds Analytiques*, concerne les propositions figurant dans le raisonnement[2]. Contrairement aux propriétés absolues telles qu'être connue par soi ou être passible de doute (*dubitabilis*), il s'agit ici des propriétés relatives – "être plus connue que", "pouvoir être connue avant" – décrivant les conditions de mise en place d'un raisonnement.

De même, la distinction entre les démonstrations *a priori* et *a posteriori* renvoie à l'organisation des raisonnements particuliers. Cette distinction a son origine chez Aristote[3], qui s'intéresse à l'indication ou non par les prémisses de la cause pour laquelle il en est dans les choses comme la conclusion le signifie. Il n'est pas difficile de voir l'importance de ce point dans le schéma explicatif aristotélicien, organisé autour de l'idée de cause. Le *Venerabilis Inceptor* la présente d'une autre façon, et il ne le fait pas de façon très claire. Une démonstration à partir de prémisses absolument antérieures aux conclusions (*simpliciter priores conclusiones*) est *a priori* ou *propter quid.* Si les prémisses ne sont antérieures à la conclusion que dans un contexte épistémique particulier, il s'agit d'une démonstration *quia* ou *a posteriori*[4]. Dans le premier cas, les prémisses expriment la cause pour laquelle il en est dans les choses tel que signifié par la conclusion[5]; si l'on argumente de l'effet à la cause, on a la deuxième situation.

La position ockhamienne résulte du croisement de ce dernier point de vue, que l'on peut dire métaphysique, avec l'exigence du début des *Seconds Analytiques* selon laquelle les prémisses doivent être plus connues que la conclusion. Entre le Grec et l'Anglais il y a toutefois un déplacement d'intérêt. Alors que le premier consacre le chapitre 13 du premier livre des

1. SL, III-2, 13, l. 5-6, p. 528.

2. Aristote, *Analyt. Post.*, I, 1, 71a 15-29; transl. Iacobi, 6, 1-13; SL, III-2, 16, l. 10-27, p. 532.

3. Aristote, *Analyt. Post.*, I, 13.

4. SL, III-2, 17, l. 8-13, p. 533.

5. « … talis habet demonstrationem *a priori* et propter quid, quia praemissae exprimunt causam propter quam sic est a parte rei sicut significatur per conclusionem. », SL, III-2, 17, l. 18-20, p. 533.

Seconds Analytiques à l'examen de la cause métaphysique de la conclusion par les prémisses, le deuxième veut expliquer dans la *Summa logicae*, III-2, 17 pourquoi, dans les deux cas, il y a une démonstration. Aussi bien la démonstration *propter quid* que la démonstration *quia* produisent la connaissance de la conclusion à partir de la connaissance des prémisses. Ainsi, si de deux occurrences d'un même syllogisme, c'est-à-dire, d'une même suite de phrases, seulement une produit une connaissance, elle seule sera une démonstration. Ce n'est pas un hasard si le chapitre finit par une mise au point concernant la signification *in obliquo* de la connaissance de la conclusion par "*demonstratio*"[1].

Si Ockham ne vise pas tout à fait la même chose qu'Aristote, il reprend, dans le cadre propre de son traitement de la démonstration, la préoccupation de ce dernier avec l'expression, dans la structure syllogistique, des rapports causaux entre les choses. Dans une démonstration *propter quid*, faite à partir des propositions nécessaires et antérieures, il ne reste plus aucun doute concernant la conclusion. Il n'en va pas de même dans une démonstration *quia*, qui ne se fait pas à partir des propositions antérieures, ou qui permet encore des questions sur la conclusion[2]. La démonstration *quia* se présente cette fois comme la négation de la conjonction qui définit la démonstration *propter quid*, c'est donc une disjonction. Un exemple du premier membre de la disjonction est la démonstration que la terre s'interpose entre le soleil et la lune, parce qu'il y a une éclipse de la lune ; les prémisses sont postérieures à la conclusion. Un exemple du deuxième cas est le syllogisme suivant : "aucun non animal ne respire ; une plante est un non animal ; donc aucune plante ne respire". On ne sait pas la raison pour laquelle (*quare*) la plante ne respire pas[3].

La deuxième partie de la définition correspond à une reprise d'une certaine exigence aristotélicienne – expliquer, c'est trouver la cause – dans la distinction des deux types de démonstration. Notre esprit cesse de poser des questions concernant une proposition quand il trouve la cause pour laquelle il en est dans les choses tel qu'elle le dit. On peut dire qu'il y a différentes causes, et donc l'apaisement de la connaissance ne saurait être atteint par un seul syllogisme. Ce serait toutefois manquer le point de l'explication ockhamienne : la démonstration *quia* n'exprime aucune cause, donc elle ne concourt pas du tout au repos d'un esprit en quête d'explication. En fait, la première partie de la démonstration correspond aussi à ce type d'exigence : les prémisses dans une démonstration *quia* sont postérieures à la

1. SL, III-2, 17, l. 39-52, p. 534 ; cf. aussi SL, III-2, 18, p. 534-536.
2. SL, III-2, 19, l. 6-15, p. 536.
3. SL, III-2, 19, l. 15-23, p. 537.

conclusion parce qu'elle ne disent pas pourquoi il en est, dans les choses, tel que la conclusion le signifie[1].

La leçon à retenir n'est pas que le maître nominaliste retrouve de façon détournée Aristote, qu'il n'avait sur ce point en fait jamais quitté. Il faut plutôt voir que ce qui intéresse Ockham dans ces chapitres, c'est décrire le mouvement de la connaissance dans la démonstration. Si la définition de la démonstration permet ces deux organisations différentes du raisonnement, puisque ce sont deux façons d'obtenir la connaissance évidente d'une proposition à partir d'autres propositions dans une structure syllogistique, tout n'est pas pour autant dit sur la construction de la connaissance. Il faut notamment considérer que la connaissance vise établir la cause, et cette visée permet la distinction entre les deux types de démonstration. On glisse d'un sens pour ainsi dire ockhamien de "connaître", équivalent à "connaissance évidente", à un sens aristotélicien, équivalent "établir la cause". Ockham accepte, avec probablement tous ses contemporains, cette image aristotélicienne de l'explication. Sur cette idée de l'explication, Ockham greffe une théorie de l'assentiment qui semble étrangère aux préoccupations aristotéliciennes.

Le glissement dans le sens de "connaître" résulte en quelque sorte d'un autre glissement déjà signalé, dû à Robert Grosseteste (à moins qu'il ne faille l'attribuer à Themistius), autour d'une condition imposée aux prémisses d'une démonstration. Là où Aristote dit que les prémisses doivent indiquer la cause qui fait que, dans les choses, il soit tel que la conclusion dénote être, l'évêque de Lincoln dit que les prémisses doivent causer l'assentiment à la conclusion[2]. Ockham distingue, dans cette partie même de la *Summa logicae*, ces deux sens en lesquels une prémisse peut être dite cause de la conclusion[3]. La définition générale ockhamienne de la démonstration reflète sa théorie de la connaissance évidente : dans toute démonstration, l'assentiment à la conclusion est causé de façon évidente par la connaissance des prémisses. Cela ne garantit toutefois point qu'un tel syllogisme indique la causalité métaphysique. On pourrait penser que la distinction entre la démonstration *quia* et la démonstration *propter quid* sert à Ockham pour redresser sa théorie, pour reprendre à son compte l'exigence aristotélicienne de l'explication causale. En fait, il n'y a pas vraiment de tension. Après tout, nulle part le *Venerabilis Inceptor* ne refuse cette distinction héritée d'Aristote. Ce qui ne vient pas du Stagirite est

1. SL, III-2, 20, l. 17-19, p. 537-538.
2. Cf. section 1.1.
3. SL, III-2, 15. Sur ce point, cf. section 2.6.

l'idée que le savoir produit par la démonstration est un assentiment causé d'une certaine façon.

Même s'il n'y a pas de tension, il n'en reste pas moins que la théorie du savoir comme un certain type d'assentiment ne reprend pas en elle-même l'exigence de l'explication par la cause. La théorie de l'assentiment évident, qu'elle concerne les propositions ou les syllogismes, est toujours celle d'un processus à l'intérieur d'un sujet connaissant. Pour une présentation complète de la théorie ockhamienne du savoir, il faudrait examiner la mise en place de l'exigence explicative causale, et l'on verrait à nouveau se tresser le complexe fil, fait d'héritage et de trahison, liant Ockham (et probablement tous les philosophes médiévaux) à Aristote. Je ne ferai pas cet examen, et me limiterai à ce dernier déploiement de la théorie de la connaissance évidente. La démonstration est en quelque sorte la limite de mon enquête. D'une part, elle représente la dernière étape dans la théorie de la connaissance évidente. L'assentiment à une proposition peut en effet être causé soit par la connaissance des termes – la théorie de la connaissance évidente proprement dite, comprenant les propositions connues par soi et la connaissance intuitive –, soit par la connaissance d'autres propositions – la démonstration, s'il s'agit d'un assentiment évident. D'autre part, pour reconnaître une explication satisfaisante du réel, mise en place précisément dans des démonstrations, il faut une théorie métaphysique, qui dira ce qui est requis pour une telle explication. Mais ce serait ouvrir un autre dossier de la philosophie ockhamienne.

D'un certain point de vue, toutes ces conditions épistémiques relatives à la construction des démonstrations reviennent au même point : la conclusion doit être connue, c'est-à-dire, son assentiment doit être causé, par la connaissance des prémisses, et il s'agit d'établir les conditions pour que ce processus causal ait lieu. Le chapitre de la *Summa Logicae*, III-2, 15, concernant les sens en lesquels une prémisse peut être dite la cause d'une conclusion trouve tout naturellement sa place dans la détermination de ces caractéristiques, et le premier sens est précisément que la connaissance des prémisses cause la connaissance de la conclusion[1]. De prime abord, cette façon de présenter les choses peut paraître déroutante. Ces conditions viennent dans le droit fil d'Aristote, qui n'a pas une théorie causale de l'assentiment à la conclusion. Il s'agit de la façon ockhamienne de comprendre le fonctionnement de la connaissance, résultat d'un glissement dont j'ai décrit l'origine dans le premier chapitre. La remarque doit en fait être rectifiée. Tout l'intérêt de la mise en place des caractéristiques épisté-

1. SL, III-2, 15, l. 4-7, p. 530.

miques des propositions composant une démonstration ne se trouve pas dans leur reprise dans un certain processus causal. Il existe, d'abord, une exigence de justification, qui correspond à l'ouverture des *Seconds Analytiques* et qui est d'une certaine façon indépendante de la théorie des processus cognitifs effectifs. Néanmoins, cette exigence de justification doit bien se refléter dans les processus cognitifs effectifs, quels qu'ils soient; là réside en partie la difficile question de l'assentiment aux premiers principes des *Seconds Analytiques*. Ockham offre une réponse à ces deux exigences dans sa théorie de la démonstration, dans laquelle les prémisses justifient la conclusion et la connaissance des prémisses cause la connaissance de la démonstration. Ce parallélisme peut paraître trop fort: comment un processus naturel correspond-il à des exigences de justification, qui sont d'un tout autre ordre? Cet ajustement se trouvait déjà dans la théorie de la connaissance évidente. Pourquoi en effet l'assentiment naturel à ces propositions a-t-il toujours pour objet des propositions vraies? Peut-on accepter une rationalité aussi forte inscrite dans l'activité naturelle de l'esprit? Ces questions indiquent une importante limite de la théorie ockhamienne de la connaissance, qui sera le sujet de ma dernière section.

La cohérence des systèmes de croyances

Tout au long des deux derniers chapitres, j'ai décrit le déploiement d'une théorie de la connaissance organisée autour d'un certain processus causal, la connaissance évidente. Depuis la liaison entre notre expérience du monde et la connaissance que nous en avons jusqu'à l'assentiment à la conclusion des démonstrations, la connaissance de certaines choses cause dans l'intellect un certain jugement, et le jugement ainsi causé a un rôle central dans la théorie du savoir. Ce processus suit le régime général des phénomènes naturels, son comportement est décrit par un même schéma causal. Mais peut-on vraiment décrire l'assentiment à la conclusion d'un raisonnement de cette façon?

Tout se joue ici sur le délicat terrain de la causalité mentale. Peut-on décrire la connaissance comme n'importe quel autre processus causal? Faut-il même parler d'une causalité mentale? Jean Buridan voit les difficultés qui découlent d'une explication causale de l'assentiment à la conclusion d'un raisonnement. Dans une question de son commentaire des *Seconds Analytiques*, il explique comment, une fois la majeure connue, la prémisse mineure est connue en même temps (*simul*) que la conclusion[1]. Tout comme pour la liaison immédiate (*statim*) entre l'appréhension des termes et l'assentiment aux propositions évidentes chez Ockham, la connaissance simultanée de la mineure et de la conclusion recevra chez Buridan une explication causale, qui ne sera toutefois pas exactement la même que celle de son aîné. Pour ce faire, il distingue la connaissance de la signification de la conclusion et l'assentiment (*cognitio adhaesiva*) et, dans ce dernier, il sépare l'assentiment par la volonté et l'assentiment par une raison déterminant l'intellect (*per rationem determinantem intellectum ad assentiendum*). La question ne concerne que le dernier cas.

Comment l'assentiment à la conclusion est-il déterminé? Selon le maître picard, il est possibile de connaître les prémisses sans connaître la conclusion. Cela peut avoir lieu dans deux situations :

> D'abord, parce qu'il peut arriver que l'on doute de la conclusion, bien que les prémisses soient connues de façon tout à fait certaine. En second lieu, parce que bien que l'on ne doute pas de la conséquence, on ne fait pas attention à la conclusion ni au fait qu'elle suive des prémisses, et donc la connaissance de la conclusion ne s'ensuit pas[2].

La deuxième possibilité de non assentiment est triviale – on peut ne pas être attentif à la conclusion. Tout le problème réside dans la première possibilité. A la suite de Grosseteste, Buridan accepte l'idée que la connaissance des prémisses engendre celle de la conclusion[3]. La raison déterminant l'assentiment à la conclusion est la connaissance des prémisses. Mais si tel est le cas, comment peut-on connaître de façon très certaine les prémisses et douter de la conclusion? L'intellect n'est-il pas déterminé à donner son assentiment à cette dernière?

Buridan est d'autant moins porté à donner une interprétation forte de cette détermination qu'une des objections à laquelle il doit faire face est la

1. Jean Buridan, *Quaest. in Post. Analyt.*, Q. 6a: Utrum in omni demonstratione major prius praecognoscatur quam conclusio et minor simul tempore cum conclusione. Le problème a son origine dans Aristote, *Analyt. Post.*, 71a 15-22; transl. Iacobi, p. 6, 1-6. S'il ne semble pas que le Stagirite ait en vue une solution causale, il est clair que, pour ceux qui l'adoptent, elle a une incidence sur ce point.

2. « Primo, quia forte potest dubitari conclusio licet praemissae certissime sciantur. Secundo, quia licet de consequentia non dubitemus, tamen non attendimus ad conclusionem nec ad ejus consequentiam ex talibus praemissis; ideo non consequitur scientia conclusionis. », Jean Buridan, *Quaest. in Post. Analyt.*, q. 6a.

3. « Tunc enim, ut dicit Lincolniensis, scientia praemissarum gignit, id est facit, scientiam conclusionis in anima... », Jean Buridan, *Quaest. in Post. Analyt.*, q. 6a; cf. aussi Albert de Saxe, *Quaestiones subtilissime super libros posteriorum*, 1497, q. 7, 7ra (désormais cité *Quaest. super Libros Post.*).

clôture déductive des systèmes de croyances : si la conclusion était connue en même temps que les prémisses, ou que la prémisse mineure, et si cette simultanéité indiquait une détermination forte, on devrait connaître toutes les conséquences de tout ce que l'on croit, pour peu que l'on ait la conclusion présente à l'esprit[1]. Or cette conséquence est inacceptable, l'assentiment à la conclusion ne peut donc pas suivre nécessairement de l'assentiment aux prémisses. Comment l'intellect est-il déterminé à l'assentiment à la conclusion ? La réponse se trouve dans une théorie de la causalité mentale mitigée.

Le vocabulaire de la causalité appliqué aux processus cognitifs, et en particulier à l'assentiment à la conclusion, ne rebute pas Buridan, mais il apparaît sous une forme affaiblie :

> Je dis enfin qu'une fois la majeure et la mineure formées et connues, et s'il est aussi connu et considéré (*scito et considerato*) que la conséquence de la conclusion à partir des prémisses est certaine et nécessaire, la majeure est connue en même temps (*in eodem tempore*) que la connaissance de la conclusion. Et la cause en est qu'une fois posées les causes efficientes, l'effet suit immédiatement, surtout là où il n'y a pas de résistance. Les prémisses ainsi posées, sont posées les causes suffisantes pour connaître la conclusion, et s'il n'y a rien qui s'y oppose, est posé la connaissance de la conclusion (*scientia conclusionis*). Toutefois, si l'une des conditions susdites faisait défaut, alors la connaissance de la conclusion ne suivrait pas nécessairement[2].

1. « ...immo, quod plus est, si ambabus praemissis cognitis esset necesse conclusionem cognosci et sciri, sequeretur quod cognitis principiis doctrinae in geometria nos sciremus omnes conclusiones geometriales; sed consequens est falsum. », Jean Buridan, *Quaest. in Post. Analyt.*, q. 6a; cf. aussi Albert de Saxe, *Quaest. super Libros Post.*, q. 7, 6vb. Le refus de la clôture déductive des systèmes de croyances apparaît de façon positive dans la question 17a : « Et pono aliquas conclusiones. Prima est quod possibile est ambo contraria judicare actu assertive in suis principiis, et hoc est dictum quod possibile est simul assertive opinari vel credere praemissas ex quibus sequerentur contrariae conclusiones. Secunda conclusio est quod possibile est unam praemissarum contrariarum assertive judicare in propria ejus forma et alteram in suis principiis, etiam judicio actuali. ». L'explication de ces possibilités vient de ce qu'on pourrait appeler l'opacité épistémique, précisément ce qui est visé par la clôture des systèmes de croyances sous la déduction connue : « Duae primae conclusiones probantur per illos qui in disputationibus redarguuntur. Ex eo enim redarguuntur quod concesserunt unam propositionem et cum hoc concesserunt propositiones ex quibus sequitur contradictoria vel contraria, quia quando concesserunt non perceperunt quod ex illis contradictoria vel contraria sequerentur. », Jean Buridan, *Quaest. in Post. Analyt.*, q. 17a. Pour une brève présentation des problèmes liés à la clôture déductive des systèmes de croyances, cf. A. Brueckner, « Deductive Closure Principle », dans *Routledge Encyclopedia of Philosophy*, Routledge, 1998, vol. 2, p. 842-845.

2. « Ultimo dico quod majore et minore formatis et scitis, et etiam scito et considerato quod est certa et necessaria consequentia conclusionis ex illis praemissis, in eodem tempore

La détermination causale de l'assentiment explique la simultanéité indiquée par Aristote. Il s'agit en quelque sorte d'une inférence à la meilleure explication, de la simultanéité à l'enchaînement causal. On passe de la concomitance décrite par Aristote à une détermination de l'assentiment, détermination interprétée par la suite comme une relation causale. Ce raisonnement produit un léger glissement de vocabulaire, de la simultanéité (*in eodem tempore*) à une suite immédiate de connaissances liées entre elles comme cause et effet (*positis causis efficientibus, sequitur sine mora effectus*). D'un point de vue phénoménologique, il n'y a aucune raison de refuser ce changement. Tout comme chez Alhazen un raisonnement pouvait ne pas être perçu en raison de sa vitesse, on peut parfaitement estimer que dans ce cas la cause et l'effet, étant liés de façon immédiate, peuvent paraître simultanés. Le point le plus important ne se trouve sans doute pas dans ce décalage non perceptible introduit là où Aristote ne parlait que simultanéité, mais dans ce qui produit ce décalage, la relation causale entre la connaissance des prémisses et celle de la conclusion.

Reprenons le raisonnement du début des *Seconds Analytiques* commenté par Buridan ici. Toute connaissance découle d'une connaissance antérieure, connaissance antérieure qui se divise en deux types, la connaissance *quid est* et la connaissance *quia est* – respectivement comprendre les termes des prémisses et savoir qu'elles sont vraies et que l'on peut prédiquer du sujet "*est*", "*fuit*" ou "*erit*", ou du moins telle est l'interprétation de Buridan dans ces *Quaestiones* sur les *Seconds Analytiques*[1]. Il se trouve toutefois que toute connaissance requise pour une démonstration n'est pas antérieure à la conclusion. Il peut arriver qu'une connaissance *A* découle d'une autre connaissance *B*, et que *A* et *B* soient acquises en même temps[2]. Il n'y a rien de très précis, si ce n'est une certaine phénoménologie de la connaissance. Il n'y a surtout aucune relation causale indiquée, même si rien ne s'y oppose. Comme Alhazen et Ockham, Buridan explique ce mouvement de l'esprit d'une certaine façon; à la différence du premier, et comme le second, il le fait par une relation causale.

major scitur simul cum scientia conclusione. Et causa est quia positis causis efficientibus, sequitur sine mora effectus, maxime ubi non est resistentia; modo praemissis sic positis, positae sunt causae sufficientes ad sciendum conclusionem, et non est contrarium resistens; igitur ponitur scientia conclusionis; tamen si aliquid praedictorum deficeret, tunc non necessario sequeretur scientia conclusionis. », Jean Buridan, *Quaest. in Post. Analyt.*, q. 6a.

1. « Oportet enim de omnibus terminis praecognoscere quid est, scilicet quid est quod dicitur per nomen, et de omni praemissa oportet praecognoscere quia est vera, vel quia ita est sicut per eam significatur, vel aliquid proportionabile; et oportet etiam praecognoscere de aliquo subjecto hoc verbum "est", vel "fuit" vel "erit". », Jean Buridan, *Quaest. in Post. Analyt.*, q. 5a.

2. Aristote, *Analyt. Post.*, I, 1, 71a 16-19; transl. Iacobi, p. 6, 1-3.

La proximité entre l'Anglais et le Français est d'autant plus frappante si l'on voit que dans d'autres interprétations de ce passage d'Aristote, telles que celles de Robert Grosseteste[1] et de Thomas d'Aquin[2], il n'y a pas l'ombre d'une explication causale, alors que celle-ci semble aller de soi pour des auteurs comme Jean de Cornouailles[3] et Albert de Saxe[4], proches de Buridan. Comment ne pas voir ici un indice d'un basculement, du moins dans un certain milieu, vers une théorie causale de la connaissance, à partir d'Ockham et passant par Buridan, reflété dans la lecture de ce point spécifique d'Aristote? Un contre-exemple pourrait peut-être se trouver chez Gilles de Rome, qui associe la simultanéité ou l'antériorité des prémisses par rapport à la conclusion à un schéma causal[5]. Ce texte semble toutefois traiter de la cause du fait signifié par la conclusion, et non de la cause de sa connaissance. Il sert toutefois à rappeler la délicatesse exigée par la question. Nous sommes dans un modèle aristotélicien de la connaissance, où il s'agira toujours de trouver la cause de ce qu'il s'agit d'expliquer, et les formulations ne sont pas toujours exemptes d'ambiguïté quant au type d'application du vocabulaire causal en question. Sans doute faut-il une étude plus approfondie, il n'en reste pas moins que, pour l'un et l'autre groupes d'auteurs, la simultanéité de la connaissance de la mineure et de la conclusion relève des explications fort distinctes.

En fait, ni Grosseteste, ni Thomas, ni Gilles n'offrent une explication alternative pour cette concomitance réelle, ils sont plus portés à indiquer que, si la majeure est connue, une fois connue la mineure, il n'est pas nécessaire de chercher un autre argument pour arriver à la conclusion. La dynamique réelle de la connaissance est une conséquence directe des rapports de justification. Les rapports de justification, tout comme les rapports causaux, exigent que la mineure soit antérieure à la conclusion, ce qui apparaît dans le glissement de "*simul*" à "*statim*" chez l'Aquinate, mais

1. Robert Grosseteste, *Commentarius*, I, 1, 65-76; cf. aussi Themistius, *Super Librum Posteriorum*, I, 1; O'Donnell, « Themistius' paraphrasis of the *Posterior Analytics* in Gerard of Cremona's translation », art. cit., p. 245.

2. Thomas d'Aquin, *In libros posteriorum analyticorum expositio*, I, lect. II, 8-9.

3. Jean Duns Scot (Pseudo), *In librum posteriorum analyticorum Aristotelis quaestiones*, éd. Wadding, 1639. q. IX, p. 354-356 (désormais cité *In Librum Posteriorum*). Ce texte est attribué à Jean de Cornouailles dans R. Schönberger et B. Kible (éds.) *Repertorium edierter Texte des Mittelalters*, *op. cit.*, p. 444.

4. Albert de Saxe, *Quaest. super Libros Post.*, q. 7, 6vb-7rb.

5. « Notandum est quod licet causa possit simul esse tempore cum effectu ut simul sunt terre interpositio et eclipse tamen natura semper causa prior est effectu. quare cum premisse sunt causa quare cognoscatur conclusio quelibet premissarum natura prius est nota conclusionem. sed maior est prius nota natura et tempore. minor autem poterit sic accipi quod erit prius nota natura tantum. », Gilles de Rome, *Super Post. Analyt.*, 10 ra.

ce dernier adverbe n'indique rien d'autre que le fait que tous les éléments pour accepter la conclusion sont en place, et qu'il n'y a donc aucune raison pour que la conclusion ne soit pas acceptée tout de suite. Mais il s'agit justement des raisons, et non pas d'une causalité agissant à l'intérieur de l'esprit.

Ce n'est pas tout à fait ce que vise Jean Buridan. L'introduction de l'explication causale a certaines exigences. Le décalage temporel entre cause et effet, fût-il imperceptible au point de sembler une simultanéité, en est une[1]. Les conditions dans lesquelles la relation causale peut avoir lieu en est une autre. Pour que l'assentiment à la conclusion ait lieu, doivent être réunies les conditions suivantes : les prémisses doivent être formées et connues, la conséquence doit être connue et considérée correcte et nécessaire. Dans ce cas, si rien ne s'y oppose, la connaissance de la conclusion suit *sine mora*. Laissons de côté la résistance à l'assentiment – rien n'est dit sur ce qui pourrait jouer ce rôle, même s'il n'est pas interdit de songer, à la suite d'Ockham, à des obstacles à un fonctionnement normal de l'esprit[2].

Les conditions sont de nature épistémique, exprimées par les ablatifs "*formatis et scitis*" et "*scito et considerato*" : l'esprit doit connaître un certain nombre de choses et les avoir présentes à l'esprit. On voit que le changement de la simultanéité entre la mineure et la conclusion, dans l'énoncé de la question, et entre la majeure et la conclusion, dans l'explication, a peu d'importance. En fait, la connaissance des deux prémisses est requise pour la *scientia conclusionis* et, en ce sens, la connaissance des deux est concomitante avec cette dernière. L'assentiment à la conclusion

1. Un reflet du glissement de la simultanéité à la succession apparaît dans un passage plutôt confus du Pseudo-Scot (Jean de Cornouailles) : « Intellectus enim in acquirendo cognitionem conclusionis per praemissas, prius tempore cognouit praemissas quam conclusionem, sic quodammodo tempus in quo cognouit conclusionem succedit tempori, in quo cognouit praemissas, tamen alio modo simul cognouit ista, sic simul tempore quod inter hoc tempus et illud non cadit tempus medium, si tamen acquisierit cognitionem de conclusionem, in illo acquisito *esse* intellegit praemissas, et simul conclusionem tempore, ita quod non fit alia successio temporis, in quod cognouit praemissas. », Duns Scot (Pseudo-), *In Librum Posteriorum*, q. VIII, p. 354. Une explication se trouve peut-être dans la question suivante : « … in eodem instanti temporis sunt duo instantia naturae, in quorum priori intelligit principia, in posteriori conclusionem, et tamen simul tempore conclusionem… », Duns Scot (Pseudo-), *In Librum Posteriorum*, q. IX, p. 355. Refusant l'idée d'instant de nature, Ockham refuserait sans doute aussi cette explication. Une explication plus acceptable d'un point de vue ockhamien se trouve dans Albert de Saxe, *Quaest. super Libros Post.*, q. 7, 7rb.

2. Cf. *Brevis Sum. Phys.*, II, 1, l. 81-82, p. 28. Ockham pense ici à un blocage de l'assentiment à une proposition connue par soi ; il me semble raisonnable d'étendre ce raisonnement à la connaissance de la conclusion d'un raisonnement.

doit être causé par la connaissance de ce qui la justifie, on ne saurait donc se passer de l'une de deux prémisses [1].

Buridan est très proche d'Ockham, mais il affaiblit le fonctionnement causal du syllogisme ou renforce ses conditions, ce qui revient au même. Il ne suffit pas de connaître les prémisses pour que l'assentiment à la conclusion suive, il faut aussi savoir que la conséquence est valide et l'avoir présente à l'esprit. On ne peut plus dire, comme le fait Ockham, que la connaissance des prémisses cause la connaissance de la conclusion [2], sans préciser que la conséquence doit être elle-même connue.

Cette petite précision a une grande importance. Tout d'abord, ainsi affaiblie, la causalité mentale ne mène pas à la clôture déductive des systèmes de croyances non qualifiée – on ne croit pas à toutes les conséquences des propositions auxquelles on donne l'assentiment. On peut définir la clôture déductive sous la déduction connue chez Buridan de la façon suivante : pour toute proposition *p* et pour toute proposition *q*, si *q* est impliqué par l'ensemble des propositions p', p'', ... p^n, si *S* donne son assentiment à p', p'', ... p^n, et sait que *q* est impliqué par p', p'', ... p^n, et a présent à l'esprit aussi bien *q* et p', p'', ... p^n, que la conséquence des dernières à la première, alors *S* donne (est causalement déterminé à donner) son assentiment à *q*. Cette clôture plus faible (même s'il n'est pas sûr qu'elle soit acceptable) est assurée par l'enchaînement causal qui vient d'être décrit :

> ... il n'est pas nécessaire que, une fois les prémisses connues, la conclusion soit connue, comme le montre bien l'argument à propos de la géométrie. Il est toutefois nécessaire [de connaître la conclusion] avec les conditions posées dans notre dernière conclusion, ce que voulait dire Aristote, que la conclusion est connue en même temps que la mineure [3].

1. « Tertia conclusio est quod impossibile est scire conclusionem nisi aliquando sint ambae praemissae simul scitae cum ea, et hoc est quando in virtute praemissarum assentimus conclusioni. », Jean Buridan, *Quaest. in Post. Analyt.*, q. 6a.

2. SL, III-2, 15, l. 3-7, p. 530.

3. « ... non est necesse praemissis cognitis cognoscere conclusionem, sicut bene arguebat ratio de geometria. Tamen bene esset necesse cum circumstantiis appositis in ultima nostra conclusione, unde sic intendebat Aristotiles quod simul cognoscitur conclusio cum minore. » Buridan, *Quaest. in Post. Analyt.*, q. 6a. Cf. aussi Albert de Saxe : « Maiore et minore formatis et scitis : et etiam scito et considerato quod est consequentia necessaria conclusionis ex illis praemissis in illo tempore non stat cognitio minoris sine scientia et cognitione conclusionis. probatur. positis causis sufficienter sine mora ponitur effetus : sed ista est quod cognitio maioris et minoris : et scientia consequentie ex praemissis : et advertentia consequentie conclusionis sunt sufficienter cause scientie istius conclusionis : et non est aliquid resistens contrarium. igitur cognita maiori et minori : et statim considerato quod consequentia est

Il y a bien une nécessité causale, certes affaiblie, mais qui n'en garantit pas moins la clôture déductive des croyances, sous certaines conditions précises.

On peut craindre qu'à la clé ne se trouve le célèbre paradoxe de Lewis Carroll mettant en scène Achille et la tortue[1] : si je sais que p implique q, et si je sais que p est vrai, faut-il connaître aussi la proposition "$((p \supset q) \wedge p) \supset q$)" pour donner l'assentiment à q ? La question semble d'autant plus pressante que Buridan ne se limite pas à dire que la conséquence doit être connue, mais elle doit être connue et considérée par l'esprit. Or, c'est précisément l'idée qu'il y a un assentiment à "$((p \supset q) \wedge p) \supset q$" de même type que celui requis pour "$p \supset q$" et pour "p" qui semble mener au paradoxe. Le texte de Buridan est sans doute trop bref pour décider de ce point – faut-il donner l'assentiment à "$((p \supset q) \wedge p) \supset q$" ? –, mais l'explication causale est précisément une façon d'éviter cette régression : la connaissance de p et de $p \supset q$ causent l'assentiment à q.

L'asymétrie entre la conséquence et les prémisses est remarquée par un apocryphe scotiste (attribué à Jean de Cornouailles), qui vise le point sur lequel Lewis Carroll veut attirer l'attention : il n'y a pas une troisième proposition exprimant la règle justifiant la conséquence, outre les deux prémisses, pour arriver à la conclusion, mais seulement l'application de la règle[2]. C'est l'application de la règle, ou plus précisément l'application des prémisses à la conclusion, selon son expression, qui permet de dire que celles-ci sont la cause de la science de celle-là. Sans l'application, les prémisses ne sont que la cause virtuelle de la conclusion[3]. On voit bien ce

necessaria : et similiter advertendo ad conclusionem et consequentiam. sequitur scientia et cognitio conclusionis sine mora. », Albert de Saxe, *Quaest. super Libros Post.*, q. 7, 7ra-b.

1. Cf. L. Carroll, « What the tortoise said to Achilles », *Mind* 4, 1895, p. 278-280.

2. « Ad aliud dicitur concedendo illam applicationem requiri, ut insinuetur addiscenti, quod praemissae sunt causae actuales istius conclusionis, sed ex hoc non sequitur quod ad scientiam istius conclusionis faciendam requirantur plures praemissae quam duae, quia non oportet istam applicationem signari per tertiam propositionem, sed ex hoc, quod docens debito modo ordinat praemissas, sufficienter habetur ista applicatio actualis per istas duas praemissas, etc. », Duns Scots (Pseudo), *In Librum Posteriorum*, q. II, p. 347. L'idée que la connaissance de la conclusion résulte de l'application (probablement de la réalisation) du syllogisme, la majeure, de la mineure et de la conclusion étant alors connues simultanément, se trouve chez Jean Duns Scot; cf. *Super Met.*, IV, q. III, 35, p. 158; cf. aussi la quatrième condition pour la science dans Jean Duns Scot, *Ord. Prol.*, pars 4, q. 1, p. 141, 11-15. On trouve cette expression dans plus d'un auteur, dont Ockham (cf. *Exp. Phys.*, Prol., 2, 46-50, p. 6; OPh IV).

3. « Ad aliud dico, quod principia non sunt causae conclusionis, nisi in virtute, si secundum se considerentur : principia enim possunt dupliciter considerari. Uno modo secundum se. Alio modo secundum quod applicantur conclusioni, ut cognoscendo hanc minorem esse sub maiori. Primo modo principia non sunt causae conclusionis, nisi in virtute, et

que l'auteur de ce texte a en vue: dans une raisonnement effectif, les prémisses (ou la connaissance des prémisses) sont la cause de la conclusion (ou de la connaissance de la conclusion). Il se trouve que la théorie causale, telle que l'utilisent Ockham et Buridan, devrait intervenir dans la réalisation du raisonnement. Le texte du Pseudo-Scot oscille entre une version forte – les prémisses sont la cause efficiente de la conclusion[1] –, et une version faible – l'application ne semble pas être nécessaire, même si les prémisses sont connues[2] – de la théorie causale. Il témoigne en tout cas, une génération après Buridan, de la nécessité d'un raffinement (qu'il ne fait pas lui-même) de la théorie causale de la démonstration, tout comme Buridan peut être vu comme un raffinement de la théorie ockhamienne.

Buridan apparaît en effet sur les traces ockhamiennes, par l'adoption d'une description causale de la connaissance, mais le corrigeant, par une approche plus fine de la causalité mentale qui lui permet d'éviter une clôture déductive trop forte du système des croyances. Ce n'est en effet pas seulement la cohérence des systèmes des croyances qui est en jeu – même si ce point est d'une importance déjà considérable –, mais le type d'explication que l'on peut donner de la connaissance. L'assentiment à la conclusion d'un raisonnement n'est causé par la connaissance des prémisses que si l'on sait que la conclusion suit des prémisses. Si p justifie q, la connaissance de p ne cause l'assentiment à q que chez celui qui sait que p justifie q. La causalité mentale a un fonctionnement épistémique si, et seulement si, elle dépend de la connaissance explicite, par le sujet chez qui elle a lieu, des rapports rationnels (ici, de justification) entre les connaissances (ici, des propositions, mais aussi les connaissances des termes (*notitiae terminorum*), si importantes dans la connaissance évidente ockhamienne) qu'elle lie (ici, l'assentiment aux prémisses et à la conclusion). Chez Ockham, à

potentia, et solum hoc concludit ratio. Sed secundo modo principia sunt causa scientiae conclusionis actualiter, et sub propria ratione.», Jean Duns Scot (Pseudo), *In Librum Posteriorum*, q. I, p. 344. L'expression "*causa scientiae conclusionis*" apparaît dans la formulation de la question à laquelle répond ce texte, à la page précédente.

1. «Ad primam dico, quod praemissae continent in virtute conclusionem. Non sic in virtute tantum, quod requiratur aliquod agens, per quod praemissae faciunt scientiam de conclusionem in actu. Sed praemissae sic applicatae continent conclusionem virtute, sicut efficiens dispositum continent effectum; efficiens autem ponit effectum in actu in omni materia disposita, sic praemissae applicatae determinate tertio modo, faciunt cognitionem de conclusionem in actu.», Jean Duns Scot (Pseudo), *In Librum Posteriorum*, q. VIII, p. 354.

2. «Ad aliud dicitur, quod ista ratio probat, quod contingit cognoscere praemissas non applicatas ad invicem, ignorando conclusionem, et hoc intelligit Aristoteles. Si tamen praemissae applicentur ad invicem, et minor cognoscatur esse sub maiori, tunc cognoscis praemissas, et ignoras conclusionem.», Jean Duns Scot (Pseudo), *In Librum Posteriorum*, q. VIII, p. 354.

l'intérieur de la démonstration, la causalité fonctionne de façon non épistémique, elle est indépendante de la reconnaissance par le sujet des rapports rationnels entre les propositions qui sont l'objet des attitudes propositionnelles en question; en clair, l'assentiment aux prémisses cause l'assentiment à la conclusion, que la conséquence soit connue ou non par celui chez qui un tel assentiment a lieu. On peut objecter que si le raisonnement est réalisé, alors la conséquence est connue. A cela il faut toutefois répondre que si la connaissance de la conséquence n'est pas parmi les conditions causales de l'assentiment, celui-ci doit être causé par la seule connaissance des prémisses dans tous les cas. C'est précisément ce que nie Buridan.

Le *Venerabilis Inceptor* n'accepte évidemment pas la clôture déductive des systèmes de croyances. A plus d'une reprise il dit que nous pouvons ignorer des propositions qui suivent d'autres propositions que nous acceptons[1]. Le problème est de savoir s'il peut éviter cette conséquence, étant donné sa théorie causale non épistémique de l'assentiment à la conclusion d'un raisonnement. Peut-être accepterait-il la correction proposée par son cadet français, quitte à affaiblir le fonctionnement causal de la démonstration. Mais on doit se demander alors s'il faut étendre la correction concernant le type de causalité à l'œuvre dans les processus cognitifs en amont de la démonstration, c'est-à-dire dans l'assentiment aux propositions connues *evidenter*.

La théorie de l'assentiment à la conclusion d'un raisonnement est le déploiement de la théorie causale mise en place dans la théorie de la connaissance évidente. Y a-t-il aussi des conséquences fâcheuses pour la connaissance des propositions ? Il ne semble pas absurde de penser qu'il est possible de nier des propositions connues par soi, sans pour autant basculer dans un disfonctionnement de l'esprit, alors que la négation des propositions connues par l'expérience suggérerait plutôt un défaut dans l'appareil cognitif. Ockham admet-il une telle possibilité ?

Un texte de *Summa logicae* le suggère, mais il n'est pas très clair. Contre les théologiens qui nient des syllogismes évidents de soi (*ex se evidens*), il ne faut pas disputer, dit-il, puisqu'ils nient « des choses connues par soi » (*cum negent per se nota*)[2]. S'il faut sans doute prendre le passage *cum grano salis*, il n'en met pas moins un grain de sable dans la machinerie de la connaissance évidente ockhamienne. Il s'agit certes des syllogismes, et non pas des propositions, mais l'usage technique de "connue par soi" est

1. Cf. *Rep.*, II, q. 14, p. 315, l. 12-22 et p. 321, l. 5-9. Cette conclusion vaut pour l'intellect des anges, et donc, à plus forte raison, pour l'intellect humain. Cf. aussi *Rep.*, III, q. 9, p. 295, l. 7-10.

2. SL, II, 27, l. 72-74, p. 336.

restreint aux propositions. Est-il possible de nier aussi des propositions connues par soi ? Dans la mesure où le mécanisme à l'œuvre dans les deux cas est le même – certaines connaissances dans un esprit donné causent l'assentiment à une proposition dans ce même esprit, pour peu que celle-ci soit formée –, il serait difficile d'admettre une possibilité sans admettre l'autre, autrement dit, de ne pas inclure les propositions connues par soi parmi les choses connues par soi qui sont niées par certains. Comme le rappelle entre autres Jean Buridan, Aristote a bien argumenté contre des personnes qui nient le premier principe, de prime abord il est donc possible de le nier[1]. Si tel devait être le cas, l'ensemble de la théorie ockhamienne serait considérablement affaiblie : la connaissance des termes cause naturellement l'assentiment aux propositions connues par soi, mais parfois non. La négation des propositions connues par soi et le refus des syllogismes sont-ils équivalents ?

Repartons d'un passage de Duns Scot déjà analysé[2]. Il est impossible de nier un principe premier, dit-il, parce que ses termes causent de façon suffisante sa vérité, et donc comprendre les termes est comprendre que la proposition est vraie (on peut remplacer ici "principe premier" par "proposition connue par soi"). De quel ordre est cette impossibilité ? J'ai déjà montré les difficultés que rencontre Duns Scot pour résoudre ce problème. D'un côté, l'appréhension des termes d'une proposition connue par soi est suffisante pour l'appréhension de sa vérité. Quelqu'un qui appréhenderait une telle proposition sans donner son assentiment ne l'aurait pas vraiment comprise – c'est cette espèce de critère de compréhension de la proposition qu'envisage une fine remarque de Marilyn Adams déjà citée[3]. De l'autre côté, les termes sont la cause de la vérité de la proposition, et leur appréhension n'est pas la cause efficace de l'assentiment à la proposition connue par soi. La difficulté vient du fait qu'il veut expliquer par une impossibilité réelle, comme celle qui empêche deux couleurs d'inhérer en même temps à une même surface, sans avoir recours à une causalité réelle.

Le raisonnement scotiste glisse de l'explication de l'assentiment aux premiers principes à celle de l'impossibilité de deux opinions dans un même esprit. Une interprétation forte de la première branche de l'alternative, qui mène de la compréhension des termes à l'assentiment à la proposition, permet de construire l'opposition voulue, mais rend l'argument

1. Buridan, *In Met.*, IV, q. XII, 21vb. Voir aussi, par exemple, Gilles de Rome, *Quaestiones metaphysicales super libros metaphysica Aristotelis*, Johannes Baptista Tolentinos, 1501, IV, q. XI, 25vb.

2. Cf. section 1.2.

3. M. Adams, *William Ockham*, *op. cit.*, p. 576.

superfétatoire, puisque l'assentiment aux premiers principes – ce qu'il s'agit d'expliquer –, est donné avant l'opposition entre deux opinions. Elle semble attribuer en outre une force causale à la connaissance des termes qui n'était pas présente dans les prémisses. Dans la deuxième branche de l'alternative, l'argument n'est pas inutile, l'impossibilité réelle de deux opinions contraires dans un même esprit explique l'acceptation des premiers principes. Les termes sont seulement la cause de la vérité, et leur connaissance n'a pas une causalité efficace conduisant à l'assentiment. Il se trouve toutefois qu'il n'y a pas moyen d'arriver à cette opposition sans deux opinions, et donc sans l'assentiment au premier principe. On retombe donc dans l'interprétation forte, ou en tout cas dans une lecture qui mènerait de la connaissance des termes à l'assentiment à un principe premier, pour que l'opposition puisse être construite, et c'est justement ce qui ne peut se faire.

Nous retrouvons l'alternative qui opposait, dans l'explication de la simultanéité de la connaissance de la mineure et celle de la conclusion, une description des rapports purement rationnels entre des propositions à la postulation d'une causalité réelle liant entre eux des états mentaux. La tension est cette fois bien plus importante que la précédente. Si la clôture déductive forte des systèmes de croyances est clairement une conséquence à éviter, ici il est beaucoup moins clair le traitement qu'il faut donner à l'écart entre les exigences rationnelles et le fonctionnement réel de l'esprit. On peut estimer que l'appréhension sans l'assentiment à une proposition connue par soi appelle une correction du type : celui qui ne donne pas l'assentiment n'a pas vraiment compris la proposition. Dans ce cas, la correction pourra être vue comme étant une stratégie en quelque sorte de contournement : les éléments rationnels pour l'assentiment ne sont pas présents, et donc qu'il n'y a pas d'écart entre ce qui se passe réellement et ce qui devrait se passer, mais plutôt que la situation de départ n'est pas tout à fait celle qu'on avait pensée. En particulier, les termes qui garantissent la vérité de la proposition en question n'ont pas été appréhendés par celui qui n'y a pas donné son assentiment. Dans le cas d'un raisonnement, en revanche, il semble raisonnable d'accepter qu'il peut être le cas que les prémisses sont comprises sans que la conclusion qui en suit ne soit acceptée. La situation correspondante pour les propositions serait que les termes soient appréhendés, mais la proposition qu'ils forment, bien que connue par soi, ne soit pas acceptée. En disant que la proposition n'a pas été comprise, on refuse cette description des choses.

En fait, ce n'est pas la seule façon de comparer les deux situations. On peut estimer aussi que le non assentiment à un premier principe correspond au refus d'une clôture déductive sous la déduction connue. Or il semble plus difficile de refuser cette contrainte sur ce qui doit être accepté par l'intellect, sous peine d'en enlever la rationalité. C'est précisément la rationalité de l'esprit qu'il s'agit d'expliquer ici. Il faut séparer les deux problèmes qui se trouvent réunis dans cette question de l'*Ordinatio* de Duns Scot, l'impossibilité de la présence des opinions contraires dans l'esprit et l'assentiment aux premiers principes, ou aux propositions connues par soi. Je vais traiter d'abord du premier problème.

Duns Scot renvoie, dans son argument de l'*Ordinatio*, à un passage fort connu du livre IV de la *Métaphysique*[1], où Aristote veut établir qu'il est impossible de croire et ne pas croire à une même chose en même temps. Soit *p* le principe de non-contradiction. Si quelqu'un donnait son assentiment à non *p*, il aurait deux opinions contraires en même temps, *p* et non *p*. Or deux contraires ne peuvent être inhérents à une même chose en même temps. On ne peut donc pas croire à l'opposé du principe de non-contradiction, qui est le principe le plus sûr. Dans l'argument, il ne s'agit pas d'expliquer l'assentiment au principe de non-contradiction, censé acquis, mais plutôt pourquoi il est le principe le plus sûr, par l'impossibilité d'adhésion à la proposition contradictoire.

Il n'est pas sûr que le principe de non-contradiction puisse fournir le modèle d'explication de l'adhésion à toutes les propositions connues par soi ockhamiennes. Bien qu'il en soit une, il se peut que ce soit un cas spécial. La démarche scotiste suggère par contre une extension de ce modèle à tous les principes – il ne prétend sûrement pas que seul le principe de non-contradiction est, parmi les propositions qu'Ockham dira connues par soi, un *cognoscibile naturalis*. En outre, la solution qu'il offre, par son concept de cause évidente de vérité, est général, et ne s'applique pas seulement au principe de non-contradiction.

Une des sources de la tension de l'argument scotiste est peut-être justement l'association de deux tâches différentes, l'explication de l'assentiment naturel à un type de proposition – ce qu'il s'agit de montrer contre Henri de Gand –, et l'explication de la certitude associée à une proposition particulière, examinée par ce passage d'Aristote. Le problème ne vient pas de l'extension de la certitude à toutes les propositions d'un type particulier, mais du fait que la dialectique argumentative à laquelle Duns Scot a recours suppose, plutôt qu'elle n'explique, l'assentiment à la proposition dont il s'agit d'établir la sûreté.

Ce passage de la *Métaphysique* a été maintes fois commenté au Moyen Âge. Certaines interprétations, comme celles d'Albert le Grand ou de Duns Scot, restent assez proches d'Aristote : la certitude du premier principe

1. Aristote, *Met.*, IV, 3, 1005b 18-35.

dérive de l'impossibilité réelle d'avoir deux opinions contraires en même temps, et donc l'opinion contraire au principe de non-contradiction[1]. L'explication peut toutefois être étendue en amont, vers l'assentiment au premier principe, comme chez Siger de Brabant, qui suit d'assez près Thomas d'Aquin[2]. Dans une suite de questions sur ce passage du livre IV de la *Métaphysique*, Siger examine, ou plutôt constate l'impossibilité de l'erreur sur le principe de non-contradiction[3]. Il se demande ensuite si l'esprit l'accepte naturellement (*utrum principium illud veniat naturaliter ad habentem*). L'intellect a deux activités, une simple et l'autre complexe, et dans chacune d'entre elles il y a un premier connu. Dans l'activité simple, l'appréhension des termes, le premier connu est le concept d'être (*ratio entis*). Le premier connu dans l'activité de composition, de formation des propositions, est ce qui est connu à partir des termes connus en premier. Or le principe connu à partir du concept d'être est le principe de non-contradiction[4]. Dans la suite, Siger explique en quel sens deux opinions contradictoires selon l'intellect (*secundum intellectum*) sont contraires selon la nature (*secundum naturam*), sans toutefois développer l'argument

1. Cf. Cf. Albert le Grand, *Metaphysica – libros quinque priores*. hersg. von B. Geyer, Aschendorff, 1960, lib. 4, tract. 2, Cap. 2, p. 175, 4-60; Thomas d'Aquin, *In duodecim libros Metaphysicorum Aristotelis expositio*, éd. M. R. Cathala, 1950, IV, 6 (désormais cité *In Libros Met.*); Gilles de Rome, *Quaestiones metaphysicales super libros metaphysica Aristotelis, op. cit.*, lib. IV, q. XII, 25vb-26rb; Jean Duns Scot, *Super Met.*, IV, q. III, 4, p. 156; Alexandre d'Alexandrie, *In duodecim Aristotelis metaphysicae libros dilucidissima expositio*, Simone Galignanus de Karera, 1572, IV, 84ra-b; Antoine André, *Antonii Andreae quaestiones super XII. libros metaphysicae Aristotelis*, 1481, lib. IV, 26vb-27rb; Jean Buridan, *In Metaphysicen Aristotelis*, Paris, 1518, IV, q. XII, 21vb-22va (désormais cité *In Met.*) et *Quaest. in Post. Analyt.*, q. 17a. Le point commun à toutes ces réponses, qui peuvent par ailleurs avoir des différences plus ou moins importantes, est de ne pas parler d'une cause de l'assentiment au premier principe.

2. Cf. Thomas d'Aquin, *In Libros Met.*, IV, 6.

3. Siger de Brabant, *Quaestiones in metaphysicam*, Edition revue de la reportation de Munich et texte inédit de la reportation de Vienne, éd. W. Dunphy, Editions de l'Institut Supérieur de Philosophie, 1981, Rep. Munich, IV, q. 7, p. 185-186; *Quaestiones in metaphysicam*, texte inédit de la Reportation de Cambridge et édition revue de la Reportation de Paris, éd. A. Maurer, Editions de l'Institut Supérieur de Philosophie, 1983, Rep. Cambridge, IV, q. 9, p. 148-149.

4. « Ad hoc intellige quod duplex est intellectus operatio: prima, indivisibilium intelligentia; secunda, compositio vel divisio illorum indivisibilium. In utraque autem harum cognitionum est aliquid primo notum. In prima enim, quae est cognitio incomplexa, primo nota est ratio entis secundum Avicennam. Cum autem secunda est cognitio complexa et principia complexa non cognoscuntur nisi est cognitione suorum terminorum, ideo primo notum in genere complexorum erit principium quod fit in terminis primo notis in genere complexorum. Tale autem est hoc principium : non contingit idem simul esse et non esse. », Siger de Brabant, *Quaestiones in Metaphysicam*, Rep. Cambridge, IV, q. 10, 10-18, p. 149; cf. aussi Rep. Munich, q. 9, 11-29, p. 186; cf. Thomas d'Aquin, *In Libros Met.*, IV, 6, n. 10.

pour l'impossibilité de deux opinions contraires *secundum naturam* simultanément dans l'intellect[1]. L'assentiment au principe de non-contradiction, inscrit dans la nature même de l'activité de l'intellect, est antérieur et indépendant de la certitude que l'on en a, ou du moins de l'argument que l'on trouve pour établir cette certitude dans *Métaphysique*, IV, 3.

Si l'argument sépare les deux aspects du problème, il n'est question d'aucune causalité, et en tout cas pas d'une causalité liant la connaissance des termes à l'assentiment à la conclusion. Doit-on supposer que tout intellect donne l'assentiment au premier principe, parce que cela est inscrit dans son activité même ? Siger semble le penser, et en cela il est sans doute proche d'Aristote, plus proche qu'une autre façon de conduire l'examen du problème qui exigerait une explication causale pour l'assentiment au premier principe. La distance est d'autant plus grande que le modèle de Siger est difficilement applicable à d'autres propositions que le principe de non-contradiction, le seul dont parle ce texte de la *Métaphysique*, à la différence de ce qui est fortement suggéré, sinon exigé, par l'usage qu'en fait Duns Scot dans son argumentation contre Henri de Gand.

La thèse centrale d'Aristote se retrouve dans toutes ces interprétations : la certitude du principe de non-contradiction est expliquée par l'impossibilité d'adhérer à deux opinions contradictoires en même temps, à son tour expliquée par le fait que deux contraires ne peuvent être simultanément dans une même chose. En creux se dessinent deux autres problèmes : la prise en compte de l'assentiment au premier principe (ce que fait Siger) et l'extension du résultat ici obtenu à d'autres principes (comme dans l'*Ordinatio* de Duns Scot). Ce dernier point a deux lectures. Il y a une thèse générale : il est impossible d'avoir deux opinions contradictoires en même temps, quelles qu'elles soient, et non pas seulement le premier principe et son opposé[2]. Mais si l'on estime que le texte suggère aussi une théorie de l'assentiment au premier principe, on peut s'attendre à une extension de cette théorie à d'autres principes. S'il est clair que le modèle proposé par Siger n'est pas à même de le faire, c'est dans cette direction qui pointe la réfutation scotiste d'Henri de Gand.

Un trait de la cohérence des systèmes de croyances reçoit une explication naturaliste, non normative – il n'est pas possible d'avoir deux opinions contradictoires en même temps. Il n'est pas nécessaire d'affaiblir cette conclusion. Devant quelqu'un qui adhère à deux opinions contradictoires

1. Siger de Brabant, *Quaestiones in Metaphysicam*, Rep. Cambridge, IV, q. 12, p. 151 ; cf. aussi Rep. Munich, IV, q. 10, p. 189.

2. Cf. Jean Buridan, *Quaest. in Post. Analyt.*, q. 17a.

simultanément, la réaction n'est pas d'affaiblir les expectatives relatives au comportement rationnel de l'esprit (comme dans l'affaiblissement de la clôture déductive des systèmes de croyances), mais de dire qu'il est irrationnel, ou douter qu'il ait réellement ces opinions contradictoires. En tout état de cause, il ne semble pas y avoir d'espace, à l'intérieur de la rationalité, pour un comportement de ce type[1]. Tout ce raisonnement vise non pas l'impossibilité d'adhérer à deux opinions mais la certitude du premier principe. Les résultats du livre IV de la *Métaphysique* concernant le principe de non-contradiction, d'une notoire difficulté, m'intéressent moins ici que l'extension de son raisonnement à d'autres principes. Cette extension peut se faire sous deux angles : la construction d'un modèle d'assentiment pour tout principe, ou pour toute proposition connue par soi, et la proposition d'une attitude semblable devant le refus de telles propositions et devant l'adhésion à des opinions contradictoires.

Le premier point, comme je l'ai déjà dit, est dans l'horizon de Duns Scot. Son idée d'une cause évidente de vérité est une réponse générale, et non pas restreinte au principe de non-contradiction et, quelle qu'en soit l'évaluation, elle répond à cette exigence de généralité de l'argument. Ockham, on le sait, a une autre réponse à ce problème : pour une proposition évidente (dont les propositions connues par soi), la connaissance des termes cause l'assentiment à la proposition. Il n'y a rien de spécifique ici au principe de non-contradiction. Cette solution naturaliste, c'est-à-dire, par un mécanisme réglant l'ensemble de phénomènes naturels, se trouve en continuité avec l'explication, elle aussi naturaliste, par une thèse sur l'incompatibilité entre des qualités contraires, de l'impossibilité d'adhésion à deux opinions contraires en même temps (dont le principe de non-contradiction et sa contradictoire). C'est dans la croisée de ces chemins que se trouve Ockham : les rapports rationnels entre des connaissances (termes et propositions) à l'intérieur de l'esprit correspondent à son fonctionnement naturel, tout comme l'opposition logique entre deux propositions correspond à l'opposition réelle entre deux qualités.

Par ce parallélisme, nous avons une réponse au deuxième point. Le non assentiment aux principes, c'est-à-dire, aux propositions connues par soi, correspond chez Ockham à un dysfonctionnement de la nature de même type que l'adhésion simultanée à deux opinions contradictoires. J'ai dit

1. Cette remarque doit être affaiblie par la considération des cas d'auto-duperie et d'*akrasia*, qui correspondent à un affaiblissement des attentes relatives au comportement rationnel humain. Je ne m'occuperai pas de ce complexe problème ici. Sur les théories de l'*akrasia* au Moyen Âge, cf. R. Saarinen, *Weakness of the Will in Medieval Thought*, Brill, 1994.

plus haut que devant à un comportement de l'intellect non conforme aux attentes rationnelles, au moins deux attitudes étaient possibles, l'affaiblissement des attentes ou la rédescription de la situation de telle façon que le défaillance du comportement rationnel disparaisse. La première voie est celle empruntée par l'affaiblissement de la clôture déductive des systèmes de croyances. La deuxième, qui consiste à nier que l'on puisse vraiment croire à deux opinions contradictoires en même temps, est, en un certain sens, de même type que le rejet dans l'irrationalité de quelqu'un ayant un tel comportement, puisqu'elle n'admet pas un affaiblissement des expectatives relatives à un comportement rationnel spécifique.

La théorie causale ockhamienne suggère une réponse partout naturaliste : chaque fois qu'une proposition évidente est refusée, il y a un processus causal naturel qui n'a pas fonctionné. C'est une solution trop forte, qui doit être affaiblie au moins pour la clôture déductive des systèmes de croyances, en raison de phénomènes reconnus par Ockham lui-même. Il se peut toutefois que même la théorie de l'assentiment aux propositions connues par soi puisse être raffinée. Regardons la description, chez Buridan, de l'impossibilité de l'adhésion simultanée à des propositions contradictoires.

La conclusion établissant l'impossibilité d'avoir deux jugements contradictoires simultanés dans l'intellect est précédée, dans une question du maître picard, de quatre conclusions qui affaiblissent les exigences concernant la rationalité humaine :

> Et je pose certaines conclusions. La première est qu'il est possible de juger par un acte assertif deux propositions contraires dans leurs principes, et cela dit qu'il est possible d'accepter ou de juger assertivement (*assertive opinari vel credere*) en même temps des prémisses dont suivraient des conclusions contraires.
> La deuxième conclusion est qu'il est possible juger de façon assertive, par un jugement actuel, une des prémisses contraires dans sa forme propre et l'autre dans ses principes.
> La troisième conclusion est qu'il possible de juger dans sa forme propre une proposition contraire en acte (*in actu*) et l'autre par une disposition (*in habitu*).
> La dernière conclusion est qu'il n'est pas possible de juger en acte, dans leur forme propre, deux prémisses contraires [1].

1. « Et pono aliquas conclusiones. Prima est quod possibile est ambo contraria judicare actu assertive in suis principiis, et hoc est dictum quod possibile est simul assertive opinari vel credere praemissas ex quibus sequerentur contrariae conclusiones. Secunda conclusio est quod possibile est unam praemissarum contrariarum assertive judicare in propria ejus forma

Les deux premières conclusions sont une affirmation positive de l'ouverture des systèmes de croyances, dans le cas où la conséquence n'est pas connue. La troisième conclusion, acceptée par Ockham[1], est aussi l'idée que deux opinions contraires peuvent être simultanément dans l'esprit seulement si au moins l'une d'entre elles n'est pas en acte.

Dans tous ces cas, l'absence d'une des opinions contraires se doit à une défaillance épistémique, soit l'on n'a pas perçu (*percipere*) qu'une proposition donnée était la conséquence d'autres propositions acceptées (pour les deux premières conclusions), soit l'intellect, par exemple sous l'emprise des passions, fait un jugement contraire à une opinion dont il a l'*habitus* (pour la troisième conclusion)[2]. Dans tous ces cas, l'obstacle à l'intégration des croyances, qui évite ici l'adhésion à des opinions contraires, est de nature épistémique, l'impossibilité de deux opinions contraires simultanées ne concerne que les opinions que le sujet a effectivement, et non celles qu'il devrait avoir, ou a déjà eues, ou est disposé à accepter etc.

S'il est peut-être évident que les limitations imposées à un fonctionnement rationnellement parfait de l'intellect doivent être du moins en partie de cette nature, il n'en reste pas moins qu'il faut le préciser. A la différence de l'acceptation de la conclusion d'un raisonnement, où l'on a pu identifier ce que j'ai appelé une causalité épistémique à l'œuvre, la contrainte naturelle sur l'intellect qui se trouve à la clé ici n'est pas qualifiée de la sorte – la quatrième conclusion se justifie, de façon très claire, par l'impossibilité de deux contraires « d'être simultanément dans la même chose » (*simul*

et alteram in suis principiis, etiam judicio actuali. Tertia conclusio est quod possibile est in propria forma judicare unam contrariarum in actu et unam in habitu. Ultima conclusio est quod non est possibile in propria forma judicare utramque praemissarum contrariarum in actu. », Jean Buridan, *Quaest. in Post. Analyt.*, q. 17a.

1. Cf. *Rep.*, III, q. 9, p. 303, l. 5-13. On doit remarquer qu'Ockham, n'affaiblissant pas les conditions pour la clôture déductive des systèmes des croyances, n'accepte pas de façon explicite (*in forma propria*?) les deux premières conclusions, même s'il n'est pas interdit penser que, là aussi, il pourrait se plier à cette correction de sa philosophie.

2. « Duae primae conclusiones probantur per illos qui in disputationibus redarguuntur. Ex eo enim redarguuntur quod concesserunt unam propositionem et cum hoc concesserunt propositiones ex quibus sequitur contradictoria vel contraria, quia quando concesserunt non perceperunt quod ex illis contradictoria vel contraria sequerentur. Tertia conclusio probatur in septimo *Ethicorum*, per incontinentes, qui bene sciunt opus tale esse fugiendum et non faciendum, tamen passione superveniente, sensus vincit intellectum, et judicant hoc esse bonum et faciendum, et faciunt hoc. Passio enim impedit intellectum ab actuali judicio ejus de quo habet habitum certum; nec propter hoc desinit habere habitum certum, quod apparet quia cessante passione, intellectus revertitur ad rectum judicium et paenitet de facto. », Jean Buridan, *Quaest. in Post. Analyt.*, q. 17a. Ce trait d'opacité épistémique apparaît aussi dans Jean Buridan, *In Met.*, IV, q. XII, 22va.

stare in eodem)[1]. La qualification est d'une certaine façon antérieure. Une opinion n'est une qualité de l'intellect que si elle est connue, tout comme la conclusion d'une raisonnement ne participe au fonctionnement de la connaissance que si elle est perçue être telle.

La façon d'intégrer cette précision dans les exigences concernant la cohérence de l'intellect est assez évidente. N'est une qualité de l'esprit qu'une opinion effectivement soutenue, et comme la contrainte dont il est question ici dépend d'une thèse métaphysique relative aux qualités, elle ne pourra décrire que la relation entre des propositions auxquelles on a donné l'assentiment. On peut penser que la contrainte épistémique relative à l'assentiment aux propositions connues par soi peut agir, elle aussi, en amont : l'assentiment à une telle proposition dépend de la compréhension des termes qui la composent. Mais cette condition n'est-elle pas présente dans la théorie ockhamienne ?

Nous savons que les prédicats épistémiques, et notamment "connue par soi", exigent le raffinement de l'individuation des propositions. Deux occurrences parlées de "un lion peut être un animal" peuvent avoir des statuts épistémiques différents, l'une peut être connue par soi et l'autre non[2], selon les concepts dont elles sont formées. L'individuation plus fine des propositions enchâssées dans des contextes créés par des prédicats épistémiques est une précision concernant les conditions dans lesquelles l'assentiment est causé par la connaissance des termes. Cette correction est déterminée par des critères externes à celui qui appréhende la proposition. Si *S* a vu des lions, alors "un lion peut être un animal" est pour lui connue par soi, s'il n'en a pas vu, elle n'est pas pour lui une proposition évidente.

Il est remarquable qu'Ockham puisse établir ce point, alors que pour lui "un lion peut être un animal" n'est pas une proposition évidente. Même s'il sait qu'il s'agit d'une proposition connue par soi pour ceux qui ont vu des lions, elle n'en devient pas pour autant une pour lui. Le fonctionnement causal de l'assentiment qui caractérise la connaissance évidente n'est pas influençable par ce que l'on peut connaître sur le statut de la proposition. Il ne serait pas absurde de supposer que, si Ockham sait que "un lion peut être un animal" est évidente pour ceux qui ont vu des lions – et donc qu'elle est vraie et que la connaissance des termes est suffisante pour la juger vraie –, elle devrait devenir évidente pour lui aussi. On pourrait rétorquer qu'il croit

1. « Quarta conclusio probatur : quia actualia judicia et in propria forma assertiva propositionum contradictoriarum sunt vere contraria; sicut enim dicitur, quarto *Metaphysicae*, opiniones contradictoriorum sunt contrariae, ideo non possunt simul stare in eodem. Et hoc etiam probatur quia aliter contingeret mente negare primum principium, sicut prius arguebatur. », Jean Buridan, *Quaest. in Post. Analyt.*, q. 17a.

2. Cf. SL, III-2, 29, l. 47-69, p. 558-559 ; cf. section 2.5.

seulement que c'est une proposition connue par soi, et que la croyance ne saurait engendrer l'évidence des propositions. Il faut être attentif à la distribution des prix de statut épistémique ici. Si le *Venerabilis Inceptor* croit seulement que la phrase "un lion peut être un animal" est vraie, il sait qu'elle est connue par soi pour ceux qui ont vu des lions[1]. Il prétend bien établir quelque chose sur les définitions des termes et la connaissance des propositions, les différents fonctionnements épistémiques de différentes occurrences de "un lion peut être un animal" découlent de sa théorie de la définition réelle (*quid rei*).

Une proposition est évidente ou non si son acceptation est causée par les concepts dont elle est formée, et cela ne dépend nullement de la connaissance du statut épistémique ou sémantique de ses constituants, mais du pouvoir causal qu'a un type de concept dans l'esprit. Savoir qu'un concept *A* est l'espèce dont le concept *B* est le genre, et savoir que la proposition "*A* peut être *B*" est vraie et évidente pour ceux qui ont un concept absolument simple de *A*, ne permet pas de la juger vraie de façon évidente – c'est précisément le cas d'Ockham avec "un lion peut être un animal". L'évidence est un assentiment causé par un certain type de concept, et ce pouvoir causal est tout à fait indépendant de la connaissance portant sur ce pouvoir causal. Il est sans doute banal de dire qu'avoir des propositions évidentes ne dépend nullement d'avoir le concept de proposition évidente, ou de savoir que telle proposition est évidente. Il est par contre moins trivial de dire que savoir qu'un concept a ce pouvoir causal ne suffit pas du tout à le doter de cet effet, ou en tout cas à produire l'assentiment évident à la proposition en question. Le problème se pose ici pour les propositions connues par soi, fermées en quelque sorte à la compréhension de leur fonctionnement sémantique et épistémique.

On peut dramatiser la situation par la description suivante : savoir qu'une proposition peut être jugée vraie correctement par la seule connaissance des termes, et donc être évidente, ne permet pas de la juger vraie de façon évidente, et donc de la juger vraie par la seule connaissance des termes. En fait, c'est une façon bien peu ockhamienne de décrire la situation : dans la connaissance évidente, un assentiment est causé, il n'y a pas à proprement parler de jugement que les termes sont tels que la proposition ainsi composée ne peut être que vraie, si l'on comprend par là un raisonnement menant de la compréhension des termes à l'assentiment à la proposition. Mais c'est une théorie de cette sorte qui semble être le pendant de la théorie ockhamienne. Peut-être faut-il une théorie de l'assentiment

1. SL, III-2, 29, l. 61-69, p. 559.

aux propositions connues par soi à la fois plus ouverte à des corrections de ce type, c'est-à-dire, à la production de l'assentiment évident par la compréhension qu'il s'agit d'une proposition connue par soi, et avec une force causale plus faible, c'est-à-dire, plus dépendante de la compréhension des termes.

Le type de pendant à la théorie ockhamienne envisagé ici est proche des théories d'Alhazen et de Duns Scot. Le philosophe persan veut rendre justice à l'idée que la compréhension des termes joue un rôle dans l'assentiment aux premiers principes. Pour donner l'assentiment à la proposition "le tout est plus grand que ses parties", il faut comprendre les concepts de tout, de partie, et la relation "être plus grand que" [1]. Si sa réponse est insuffisante, et notamment son recours aux raisonnements non perçus s'expose à une critique par la régression à l'infini, son exigence d'un processus qui prenne en compte la compréhension des termes est fort raisonnable. C'est parce que l'assentiment à ces propositions découle de la compréhension de la définition ("*intentio*", dans la traduction latine) des termes qu'il s'agit d'un raisonnement, et non d'une d'une relation causale.

Ockham n'associe-t-il pas le pouvoir causal des termes à la nature de leur définition ? Oui, mais il s'agit toujours d'un pouvoir causal, qui ne peut notamment pas être retrouvé par la compréhension des termes, et donc remplacé en quelque sorte par un raisonnement. Le péché ockhamien est en quelque sorte l'inverse de celui d'Alhazen : l'immédiateté de l'assentiment causalement déterminé ne laisse pas de place à la médiation par la compréhension des termes. Les conditions épistémiques en amont du processus causal lui restent extérieures. Ainsi, si un sujet *S* a les concepts *A* et *B*, formés à partir de l'expérience de ce dont ils sont les concepts, et si *B* est le concept du genre de l'espèce *A*, l'assentiment à "*A* peut être *B*", cette proposition formée, est causé chez *S* de façon évidente. S'il a acquis ces concepts de façon indirecte, c'est-à-dire sans avoir eu l'expérience des choses qui sont *A* et *B*, aucune explication ne lui permettra de trouver ce même statut épistémique pour la proposition en question.

On peut penser que ce raisonnement suit d'un texte somme toute pas très central, un exemple et le récit de l'expérience personnelle d'Ockham. Il se trouve toutefois que cette conséquence, de même type que celle qui concerne la clôture déductive des systèmes de croyances, suit d'une description purement causale de l'assentiment. La compréhension de la justification du caractère immédiat de l'assentiment, par la compréhension de la définition des concepts, ne peut pas être totalement extérieure au

1. Alhazen, *Optica*, II, prop. 12, p. 32 ; cf. section 1.3.

processus même d'assentiment. Tout comme dans le cas de la démonstration, la causalité menant à l'assentiment à la proposition à l'intérieur de l'esprit est parallèle, mais indépendante des rapports rationnels qui le justifient. S'il n'y a pas de menace de régression dans le modèle ockhamien, il y a un fonctionnement peut-être trop fort des mécanismes de l'assentiment évident.

Il semble que, chez Ockham, on ne peut que basculer d'un assentiment évident à un assentiment non évident, selon la nature du concept, déterminée à son tour par l'expérience qui en est l'origine[1]. Il lui manque plus de souplesse, non seulement pour des états épistémiques intermédiaires – et pas seulement la foi –, mais aussi pour le renforcement du statut épistémique de l'assentiment par la meilleure compréhension des concepts. L'obstacle semble être justement le fonctionnement épistémiquement clos de l'assentiment évident. C'est le genre d'ouverture qu'offrait Alhazen.

Un autre auteur sensible à ce point est Jean Duns Scot[2]. Pour donner l'assentiment à un principe, il faut comprendre que ses concepts sont la cause suffisante de sa vérité. Il n'y a rien d'autre à appréhender, la justification se trouve pour ainsi dire à même la proposition. Il évite la menace de la régression à l'infini, il n'y a pas de raisonnement faisant la médiation entre l'appréhension des termes et l'assentiment à la proposition. Il n'est pas sûr qu'il évite complètement l'écueil d'une causalité passant de la cause de la vérité à la cause de l'assentiment à la proposition. Son argument semble parfois exiger que l'assentiment suive de façon inévitable l'appréhension des causes de vérité évidente pour expliquer la certitude du premier principe, ce qui n'est pas peu demander. Mais ce qui lui pose des problèmes témoigne aussi de son attention au caractère spécifique des processus cognitifs. Peut-être la causalité qui semble lui manquer était-elle trop forte. Peut-être faut-il garder un espace pour que la compréhension des termes joue un rôle effectif dans l'assentiment aux principes, ou aux propositions connues par soi, sans pour autant avoir la force d'un mécanisme causal. On pourrait alors dire, non que l'assentiment évident est causé par un type de terme, mais plutôt que le non assentiment à un principe dénote la non compréhension des termes, puisque les termes compris, il n'y a rien d'autre à apprendre pour le juger vrai.

Cette théorie présente elle-même des difficultés, comme en témoignent les problèmes rencontrés par l'argument scotiste. Il lui est aussi difficile de rendre compte de l'immédiateté de l'assentiment à ces propositions, si présent dans ces discussions médiévales. Ce qui pour Alhazen et Ockham

1. Cf. section 2.3.
2. Cf. section 1.2.

était un trait pour ainsi dire banal de l'acceptation des principes, même si c'était pour des raisons différentes, devient ici un parallélisme non expliqué entre les rapports de justification et le fonctionnement réel de l'esprit. On trouve cette fois chez Alhazen l'idée forte d'un processus inscrit dans la nature de l'intellect, rapide et non perçu, mais non causal et dépendant de la compréhension des concepts. Si cette solution n'est pas capable d'expliquer le rôle de fondation des premiers principes, elle semble plus sensible au fonctionnement de l'assentiment aux propositions qu'Ockham dira connues par soi, un fonctionnement à la fois naturel, immédiat et dont la mécanique, semblable à celle d'un raisonnement, est sensible aux rapports rationnels entre les définitions des termes.

Comment expliquer la rationalité de l'esprit comme un trait de la nature ? Nous avons là trois façons de répondre à cette question. La spécificité de la position ockhamienne réside dans l'application d'un modèle causal fonctionnant partout dans la nature à la connaissance humaine. C'est sa force, précisément parce que le schéma explicatif n'est pas créé *ad hoc* pour un nombre restreint de phénomènes. C'est aussi sa force d'avoir mené jusqu'au bout une démarche aristotélicienne, non seulement de l'explication par un schéma causal, ce qui après tout ne veut pas dire grand chose tant que l'on n'a pas précisé de quel type d'explication causale il s'agit, mais aussi par l'extension de certaines explications d'Aristote lui-même, répercutées dans le monde médiéval, qui voient les opinions, et les états mentaux en général, comme des qualités comme les autres. Mais c'est aussi sa faiblesse, puisque ces phénomènes, pour restreints qu'ils soient, n'en sont pas moins d'un type bien spécifique, qui exigent une explication propre. Il n'est pas facile de trouver la juste mesure ici. La théorie ockhamienne retrouve toute sa force, non comme la solution la plus équilibrée, mais comme un puissant révélateur des tendances de fond du débat, aussi bien par la finesse de ses analyses que par ce qu'elle peut avoir de radical, et en un certain sens de brutal, dans ses choix. C'est une des choses qu'on demande à un grand philosophe.

CONCLUSION

L'idée que les objets de la connaissance sont des propositions, des qualités de l'esprit ayant certaines propriétés sémantiques, permet de relier différents aspects de la philosophie ockhamienne[1]. Il me semble surtout important de voir comment la théorie de la connaissance évidente est une partie d'une théorie de l'esprit : les qualités de l'esprit, identifiées par les propositions auxquelles elles se rapportent, ont des rapports causaux entre elles, qui correspondent aux rapports rationnels entre ces propositions. Sans doute s'agit-il d'une thèse trop forte, comme le montre par exemple la correction qu'y apporte Buridan[2], mais elle s'inscrit dans une démarche cohérente de la part d'Ockham : l'esprit humain est une partie de la nature, qui fonctionne comme n'importe quelle autre partie de la nature. L'allure contemporaine de cette thèse ne doit pas cacher son appartenance au monde médiéval. Son application correspond en effet à l'idée qu'il y a deux types de causalité, la causalité naturelle et la causalité libre, et que la connaissance relève du premier type de causalité. Dans le cas contraire, on expliquerait le fonctionnement cognitif humain par l'action divine ou par la volonté humaine. Si le choix d'Ockham n'est pas surprenant, les forces et les faiblesses de sa théorie viennent de la constance et de la cohérence de son application.

Cette théorie de l'esprit, dont la théorie de la connaissance évidente est en quelque sorte une partie, va de pair avec sa théorie du langage mental, composé de qualités mentales ayant des propriétés sémantiques et syntaxiques. Il ne faut pas moins pour que des relations rationnelles entre des

1. Un point historique très intéressant a été mis en évidence par Jan Beckmann, qui a montré comment les propositions peuvent être le support de la nécessité et remplir ainsi une des conditions aristotéliciennes pour la science dans le monde radicalement contingent des médiévaux ; il montre aussi l'importance d'Ockham dans ce processus ; cf. J. P. Beckmann, « *Nihil notum nisi complexum* – Von der Sach zur Satzwissenschaft am Beispiel der Metaphysik », art. cit.

2. Cf. section 3.5.

propositions puissent correspondre à des rapports causaux entre des qualités réelles. Il n'est pas sûr que ces différentes parties de la philosophie ockhamienne soient liées de façon explicite, ce qui n'entame en rien la cohérence du modèle théorique qui en résulte. Je ne peux que renvoyer ici aux travaux de Claude Panaccio sur le langage mental, qui montrent justement comment il répond à différents problèmes théoriques[1].

La mise en évidence des ressorts théoriques, pas toujours explicites, et de la cohérence de différentes parties d'une philosophie relèvent du travail de l'historien de la philosophie. Il faut être sensible à ce que la théorie veut expliquer, il faut la faire fonctionner, dégager les faits dont elle veut rendre compte et l'explication qu'elle en offre. Un des apports les plus importants de la théorie ockhamienne est précisément l'identification d'un domaine de faits à expliquer. La question de départ a l'air anodin : comment l'assentiment à une proposition est-il causé ? Elle s'inscrit toutefois dans un type de considération beaucoup plus large : comment les rapports réels entre les attitudes propositionnelles suivent les rapports rationnels entre les propositions auxquelles elles se rapportent? ou encore : comment expliquer l'activité rationnelle de l'esprit? Ockham n'est certes pas le premier à s'occuper de ce genre de question – j'ai essayé de montrer comment il hérite certains problèmes d'Alhazen et de Duns Scot. On pourrait sans doute remonter plus loin, selon la façon de comprendre la question, on peut probablement le faire à peu près toujours en histoire de la philosophie. Son approche ne manque toutefois pas d'originalité, et l'on en saura d'autant plus convaincu si l'on pense à la spécificité de sa théorie du langage mental. Je ne prétends pas distribuer des titres de primauté, mais attirer l'attention sur l'importance de l'identification d'un domaine de faits à expliquer.

La formulation de la thèse ockhamienne sous-jacente à mes yeux à la théorie de la connaissance évidente a une allure plutôt contemporaine. Cette formulation résulte peut-être de mes intérêts par une certaine philosophie de mon temps, et pourrait sans doute varier en fonction d'autres référents, mais il s'agit bien d'une thèse en histoire de la philosophie sur la théorie ockhamienne de la connaissance évidente. C'est parce qu'il faut faire fonctionner la théorie, que ces intérêts philosophiques apparaissent dans un travail historique qui porte sur certaines théories, exposées dans certains textes.

Deux idées me semblent être au cœur de ces théories ockhamiennes : la description par une théorie très générale des conséquences sémantiques de l'attachement d'un prédicat à un *dictum propositionis* qui suppose pour une phrase entière, avec à la clé un traitement métalinguistique des modalités

1. Cf. surtout C. Panaccio, *Le discours intérieur*, *op. cit.*

aléthiques et épistémiques, et l'application à l'esprit humain d'un modèle explicatif qui vaut pour n'importe quel phénomène naturel, puisqu'il est une partie de la nature. Ainsi formulées, j'ai tendance à être plutôt en accord avec les thèses d'Ockham. Je sais toutefois qu'une différence énorme sépare la compréhension que pouvait avoir une philosophe médiéval de ces points et la façon contemporaine de les penser. La distance est évidente pour la théorie naturaliste de l'esprit humain. Je renvoie à nouveau à la distinction de Wilfrid Sellars entre l'image manifeste et l'image scientifique du monde, et au fait que la philosophie médiévale se développe presque entièrement à l'intérieur de la première. Non seulement les concepts utilisés par l'explication ockhamienne des phénomènes cognitifs sont ceux utilisés par des explications non théoriques – croyance, doute, assentiment etc. –, mais surtout ce que nous comprenons par “explication scientifique des phénomènes naturels” fait complètement défaut à la culture médiévale. Si de prime abord la situation semble moins tranchée pour les théories sémantiques, les recours conceptuels utilisées aujourd'hui sont bien plus sophistiqués que ceux qu'Ockham avait à sa disposition, tout comme l'ensemble de donnés pris en compte n'est pas tout à fait le même, que l'on songe à l'attention au langage ordinaire (mais n'y ai-je pas eu recours dans l'explication de la théorie ockhamienne ?) et à la diversité de langues (il est vrai, pas toujours prise en compte), ou aux conséquences mises à jour par la construction des modèles théoriques formels [1].

Arrivé au terme de ce travail, je reviens sur les considérations développées en introduction à propos de l'histoire de la philosophie. Le travail proprement philosophique ne change en rien le genre de recherche qu'est l'histoire de la philosophie. Peut-être ces mises en garde viennent-elles d'une certaine instabilité dans ce type d'entreprise, peut-être ce livre, nonobstant ces remarques méthodologiques, paraîtra-t-il de toute façon trop peu historique aux uns et pas philosophique du tout aux autres. Je crois que c'est le prix à payer pour l'approche des théories du passé, qui exigent de l'interprète un patient travail philosophique, et donnent en retour une image du monde qui n'est plus la sienne. Pour Guillaume d'Ockham, comme pour tous les grands philosophes du passé, c'est un prix qu'il vaut la peine de payer : il nous ouvre les portes de ces théories à la fois si proches et si lointaines.

1. Je me suis occupé de la théorie modale ockhamienne, à laquelle je fais allusion ici, dans un chapitre de ma thèse de doctorat qui n'a pas été repris dans ce livre; cf. E. Perini-Santos, «L'extension de la liste des modalités dans les commentaires du *Perihermeneias* et des *Sophistici Elenchi* de Guillaume d'Ockham», art. cit. et «La structure de la proposition modale ockhamienne», art. cit.

BIBLIOGRAPHIE

SOURCES

Guillaume d'Ockham

Les œuvres de Guillaume d'Ockham sont citées d'après l'édition critique de l'Institut Franciscain de Saint Bonaventure, NY (*Guillelmi de Ockham – Opera Philosophica et Theologica ad fidem codicum manuscriptorum edita*), publiée en deux séries, l'*Opera Philosophica* (1974-1988) et l'*Opera Theologica* (1967-1986). La liste qui suit indique le titre, l'éditeur, ou les éditeurs, le numéro du volume et l'année de publication. Dans les notes en bas de page, les œuvres d'Ockham sont cités sans référence à l'auteur par l'abréviation indiquée entre parenthèses.

Summa logicae, ed. Ph. Boehner et S. Brown, OPh I, 1974 (SL).

Expositionis in libros artis logicae prooemium, ed. E. Moody, OPh II, 1978 (Exp. In Libros Artis Log.).

Expositio in librum perihermenias Aristotelis, ed. A. Gambatese et S. Brown, OPh II, 1978 (Exp. Per.).

Expositio in librum praedicamentorum Aristotelis, ed. G. Gál, OPh II, 1978 (Exp. Praed.).

Tractatus de praedestinatione et de praescientia dei respectu futurorum contingentium, ed. Ph. Boehner et S. Brown, OPh II, 1978 (Tract.).

Expositio super libros elenchorum, ed. F. del Punta, A. Gambatese et S. Brown, OPh III, 1979 (Exp. Elench.).

Expositio in libros physicorum – Prologus et Libri I-III, ed. V. Richter et G. Leibold, OPh IV, 1985 (Exp. Phys.).

Expositio in libros physicorum – Libri IV-VIII, ed. R. Green, G. Gál, J. Giermeck, F. E. Kelly, G. Leibold et G. Etzkorn, OPh V, 1985, (Exp. Phys.).

Brevis summa libri physicorum, ed. S. Brown, OPh VI, 1984 (Brevis Summa Phys.).

Summula philosophiae naturalis, ed. S. Brown, OPh VI, 1984 (Sum. Phil. Nat.).

Scriptum in librum primum sententiarum– Ordinatio, Prologus et Distinctio Prima, ed. G. Gál et S. Brown, OTh I, 1967 (Ord.).

Scriptum in librum primum sententiarum– Ordinatio, Distinctiones II-III, ed. G. Gál et S. Brown, OTh II, 1970 (Ord.).

Scriptum in librum primum sententiarum – Ordinatio, Distinctiones IV-XVIII, ed. G. Etzkorn, OTh III, 1977 (Ord.).

Scriptum in librum primum sententiarum – Ordinatio, Distinctiones XIX-XLVIII, ed. G. Etzkorn et F. E. Kelly, OTh IV, 1979 (Ord.).

Quaestiones in librum secundum sententiarum– Reportatio, ed. G. Gál et R. Wood, OTh V, 1981 (Rep. II).

Quaestiones in librum tertium sententiarum– Reportatio, ed. F. E. Kelly et G. Etzkorn, OTh VI, 1982 (Rep. III).

Quaestiones in librum quartum sententiarum – Reportatio, ed. R. Wood, G. Gál et R. Green, OTh VII, 1984 (Rep. IV).

Quaestiones variae, ed. G. Etzkorn et F. E. Kelly et J. C. Wey, OTh VIII, 1984 (Quaest. Var.)

Quodlibeta septem, ed. J. C. Wey, OTh IX, 1980 (Quod.).

A cette liste, doivent être ajoutés les traductions suivantes d'Ockham :

Somme de Logique, Première Partie, traduction, introduction et notes de J. Biard, Mauvezin, Trans-Europ-Repress, 1993.

Somme de Logique, Deuxième Partie, traduction, introduction et notes de J. Biard, Mauvezin, Trans-Europ-Repress, 1996.

Predestination, God's foreknwoledge and future contingents, second edition, translated, with introduction, notes and appendices, by M. M. Adams and N. Kretzmann, Indianapolis, Hackett, 1983.

Quodlibetal Questions, 2 vols, translation and notes by A. Freddoso and F. Kelley, New Haven, Yale University Press, 1991.

Autres auteurs anciens ou médiévaux

ADAM DE WODEHAM, *Lectura secunda in librum primum sententiarum*, Prologus et Distinctio Prima, critical edition by R. Wood and G. Gál, Saint Bonaventure, Saint Bonaventure University, 1990.

ALBERT LE GRAND, *Metaphysica – libros quinque priores. Opera Omnia*, t. XVI, pars I, hersg. von B. Geyer, Münster, Aschendorff, 1960.

ALBERT DE SAXE, *Quaestiones subtilissime super libros posteriorum*, Venise, 1497. [Hildesheim – Zürich – New York, Georg Olms, 1986]

ALEXANDRE D'ALEXANDRIE (attribué à Alexandre de Halès), *In duodecim Aristotelis metaphysicae libros dilucidissima expositio*, Venise, Simone Galignanus de Karera, 1572.

ALHAZEN, *Opticae thesaurus Alhazeni Arabis libri septem*, Basel, Risner, 1572.

– *The Optics of Ibn Al-Haytham*, translation, introduction and commentary by A. Sabra, 2 vols, London, The Warburg Institute, 1989.

ANTOINE ANDRE, *Antonii Andreae quaestiones super XII. libros metaphysicae Aristotelis*, 1481.

ARISTOTE, *The Categories*, translation H. P. Cooke, « Loeb Classical Library », Cambridge, MA – London, Harvard University Press – William Heinemann, 1938.

– *On Interpretation*, translation H. P. Cooke, « Loeb Classical Library », Cambridge, MA – London, Harvard University Press – William Heinemann, 1938.

– *Posterior Analytics*, translation H. Trendennick, « Loeb Classical Library », Cambridge, MA – London, Harvard University Press – William Heinemann, 1960.

– *The Metaphysics*, I-IX, translation H. Trendennick, « Loeb Classical Library », Cambridge, MA – London, Harvard University Press – William Heinemann, 1933.

– *Aristoteles Latinus*, I, 1-5, *Categoriae vel praedicamenta*, éd. L. Minio-Palluelo, Bruges-Paris, Desclée de Brouwer, 1961.

– *Aristoteles Latinus*, II, 1-2, *De interpretatione*, éd. L. Minio-Palluelo, Bruges-Paris, Desclée de Brouwer, 1965.

– *Aristoteles Latinus*, IV, 1-4, *Analytica posteriora*, éd. L. Minio-Palluelo, Bruges-Paris, Desclée de Brouwer, 1968.

AVICENNE, *Avicenna Latinus – Liber de philosophia prima sive scientia divina*, I-IV, éd. S. van Riet, Louvain – Leiden, Peeters – Brill, 1977.

BOÈCE, *Boethius'* De topicis differentiis *und die byzantinische Rezeption dieses Werkes*, Einleitung und Textkristische ausgabe von D. Z. Nikitas, Athènes-Paris, The Academy of Athens – Vrin, 1990.

BOS, Egbert P, « A scotistic discussion of « *Deus est* » as a *propositio per se nota* – Edition with an introduction », *Vivarium* 33, 1995, p. 197-234.

BROWN, Stephen F., « Sources for Ockham's Prologue to the Sentences I », *Franciscan Studies* 26, 1966, p. 36-65.

– « Sources for Ockham's Prologue to the Sentences II », *Franciscan Studies* 27, 1967, p. 39-108.

GAL, Gedeon, « Adam of Wodeham's question on the « complexe significabile » as the immediate object of scientific knowledge », *Fransciscan Studies* 37, 1977, p. 66-102.

GAUTHIER BURLEY, *Liber universalium*, dans *Burlei super artem veterem Porphyrii et Aristotelis*, Venise, 1497.

GILLES DE ROME, *Aegidii Romani commentum super libros duos posteriorum analyticorum Aristotelis*, Patavii, P. Maufer, 1478.

– *Quaestiones metaphysicales super libros metaphysica Aristotelis*, Venise, Johannes Baptista Tolentinos, 1501.

HAMESSE, Jacqueline, *Les auctoritates Aristotelis*, Louvain – Paris, Publications Universitaires – Béatrice-Nauvelaerts, 1974.

JEAN BURIDAN, *In Metaphysicen Aristotelis*, Paris, 1518 [Frankfurt, Minerva, 1964].

– *Quaestiones in duos Aristotiles libros posteriorum analyticorum*, éd. H. Hubien, non publiée.

JEAN BURIDAN (Pseudo), *Le Traité de l'Ame de Jean Buridan [de prima lectura]*, éd. B. Patar, Louvain – Longueuil, Editions du l'Institut Supérieur de Philosophie – Editions du Préambule, 1991.

JEAN DUNS SCOT, *Ordinatio*, Prologus, Opera Omnia, studio et cura commissionis scotisticae, Ed. Baliæ, vol. I., Civitas Vaticana, Typis Polyglotis Vaticanis, 1950.

– *Ordinatio*, Liber Primus – distinctio prima et secunda, Opera Omnia, studio et cura commissionis scotisticae, Ed. Baliæ, vol. II, Civitas Vaticana, Typis Polyglotis Vaticanis, 1950.

– *Ordinatio*, Liber Primus – distinctio tertia, Opera Omnia, studio et cura commissionis scotisticae, Ed. Baliæ, vol. III, Civitas Vaticana, Typis Polyglotis Vaticanis, 1954.

– *Ordinatio*, Liber Primus – a distinctione vigesima sexta ad quadragesimam octavam, Opera Omnia, studio et cura commissionis scotisticae, Ed. Baliæ, vol. VI, Civitas Vaticana, Typis Polyglotis Vaticanis, 1963.

– *Quaestiones subtilissimae super libros metaphysicorum Aristotelis*, Opera Omnia, Editio minor, Opera Philosophica, I, a cura di G. Lauriolam, Bari, Alberobello, 1998.

– *Sur la Connaissance de Dieu et l'Univocité de l'Etant*, introduction, trad. fr. et commentaire par O. Boulnois, Paris, PUF, 1988.

JEAN DUNS SCOT (Pseudo), *In librum posteriorum analyticorum Aristotelis quaestiones*, Opera Omnia, I, Ed. Wadding, Lyon, 1639. [Hildesheim, Georg Olms, 1968].

JEAN DE READING, *Theology and science in the fourteenth century* – Three questions on the unity and subalternation of the sciences from John of Reading's Commentary on the Sentences, introduction and critical edition by S. J. Livesey, Leiden, Brill, 1989.

KACZMAREK, Ludger, « "Notitia" bei Peter von Ailly, Sent. 1, q. 3. Anmerkungen zu Quellen und Textgestalt », dans O. Pluta (éd.), *Die Philosophie im 14. und 15. Jahrhundert*, Amsterdam, B. R. Grüner, 1988, p. 385-420.

KENNEDY, Leonard A., « Late-fourteenth-century philosophical scepticism at Oxford », *Vivarium* 23, 1985, p. 124-151.

Logica « Ad Rudium », ed. L.-M. de Rijk, Nijmegen, Ingeninum Publishers, 1981.

MINIO-PALLUELO, L., « Note sull'Aristotele Latino Medievale XIV : Frammenti di Alessandro d'Afrodisia ai Secondi Analitici tradotto da Giacomo Veneto in un codice di Goffredo di Fontaines, Parigi BN lat. 16080. », *Rivista di Filosofia Neo-Scolastica*, 54, 1962, p. 131-137.

NICOLAS D'AUTRECOURT, *Nicholas of Autrecourt – His correspondence with Master Giles and Bernard of Arezzo*, edition by L.-M. de Rijk, Leiden, Brill, 1994.

O'DONNELL, J. Reginald, « Themistius' paraphrasis of the Posterior Analytics in Gerard of Cremona's translation », *Medieval Studies*, 20, 1958, p. 239-315.

PIERRE D'AURIOLE, *Peter Aureoli scriptum super primum sententiarum*, I : Prol. et Dist. I, ed. E. M. Buytaert, Saint Bonaventure, The Franciscan Institute, 1953.

ROBERT D'ORFORD, *Reprobationes dictorum a fratre Egidio in primum sententiarum*, éd. A. P. Vella, Paris, Vrin, 1968.

ROBERT GROSSETESTE, *Commentarius in posteriorum analyticorum libros*, « Corpus philosophorum medii aevi – Testi e studi » vol. 2, introduzione e testo critico di P. Rossi, Firenze, Leo S. Olschki, 1981.

ROBERT HOLCOT, « *Utrum theologia sit scientia* – A Quodlibet Question », ed. by J. T. Muckle, *Medieval Studies* 20, 1958, p. 127-153.

SIGER DE BRABANT, *Quaestiones in metaphysicam* – Edition revue de la reportation de Munich et texte inédit de la reportation de Vienne, éd. W. Dunphy, Louvain-la-Neuve, Editions de l'Institut Supérieur de Philosophie, 1981.

– *Quaestiones in metaphysicam* – Texte inédit de la Reportation de Cambridge et édition revue de la Reportation de Paris, éd. A. Maurer, Louvain-la-Neuve, Editions de l'Institut Supérieur de Philosophie, 1983.

THOMAS D'AQUIN, *In libros posteriorum analyticorum expositio*, Opera Omnia, I, Roma, 1882.

– *Pars prima summae theologiae*, a quaestione I ad quaestionem, XLIX, Opera Omnia, IV, Roma, 1888.

– *Quaestiones disputatae de veritate*, t. II, qq. 13-20, Opera Omnia, XXII, Roma, 1972.

– *Somme Théologique*, t. I, trad. A. M. Roguet *et al.*, Paris, Cerf, 1984.

LITTÉRATURE SECONDAIRE

ADAMS, Marilyn, « Intuitive cognition, certainty and skepticism in William of Ockham », *Traditio* 26, 1970, p. 389-398.

– « Did Ockham know of material and strict implication ? A reconsideration », *Franciscan Studies* 33, 1973, p. 5-37.

– « Introduction », dans William Ockham, *Predestination, God's foreknwoledge and future contingents*, second edition, translated, with introduction, notes and appendices, by M. M. Adams and N. Kretzmann, Indianapolis, Hackett, 1983, p. 1-33.

– *William Ockham*, 2 vols, Notre Dame, University of Indiana Press, 1987.

– « William Ockham », dans R. Audi, *The Cambridge Dictionary of Philosophy*, Cambridge, Cambridge University Press, 1995, p. 543-545.

BAUDRY, Léon, *Lexique Philosophique de Guillaume d'Ockham*, Paris, P. Lethiellieux, 1958.

BECKMANN, Jan P, « *Nihil notum nisi complexum* – Von der Sach- zur Satzwissenschaft am Beispiel der Metaphysik », dans I. Craemer-Ruegenberg et A. Speer (éds.), *Miscellanea Medievalia* – Scientia und Ars in Hoch- und Spätmittelalter, 22/1, Berlin – New York, Walter de Gruyter, 1994, p. 266-280.

BIARD, Joël, « Introduction », dans Guillaume d'Ockham, *Somme de Logique*, Deuxième Partie, Mauvezin, Trans-Europ-Repress, 1996, p. I-XXI.

– *Guillaume d'Ockham* – Logique et philosophie, Paris, PUF, 1997.

– *Guillaume d'Ockham et la théologie*, Paris, Cerf, 1999.

BOH, Ivan, « An examination of ockham's aretetic logic », *Archiv für Geschichte der Philosophie* 45, 1970, p. 259-268.

BOLER, John, « Ockham on intuitive cognition », *Journal of the History of Philosophy* 11, 1973, p. 95-106.

– « Ockham on evident cognition », *Franciscan Studies* 36, 1976, p. 85-98.

– « Review of *William of Ockham*, by Gordon Leff », *The Journal of Philosophy* 73, 1976, p. 863-870.

BOLYARD, Charles, « Knowing *naturaliter* : Auriol's propositional foundations », *Vivarium* 38, 2000, p. 162-176.

BOS, Egbert P., « *Deus Est*. A scotistic discussion of *Deus Est* as a selfevident proposition », dans C. Marmo (éd.), *Vestigia, Imagines, Verba* – Semiotics and logic in medieval theological texts (XII th-XIV th century), Brepols, 1997, p. 409-425.

BOULNOIS, Olivier, « Analogie et univocité selon Duns Scot : la double destruction », *Les Etudes Philosophiques* 3/4, 1989, p. 347-369.

BROADIE, Alexander, « Assent in inference theory », dans K. Jacobi (éd.), *Argumentationstheorie* – Scholastische Forschungen zu den logischen und semantische Regeln korrekten Folgerns, Leiden, Brill, 1993, p. 637-652.

CHENU, M.-D, *La théologie comme science au XIII e siècle*, troisième édition, revue et augmentée, Paris, Vrin, 1957.

CONTI, Alessandro, « Paradigma aristotelico e teologia cristiana nel secolo XIV. Fede e ragione a Oxford e Parigi sul finire del Medioevo », *Medioevo* 22, 1996, p. 137-223.

COURTINE, Jean-François, *Suarez et le système de la métaphysique* Paris, PUF, 1990.

COVA, Luciano, « L'unità della scienza teologica nella polemica de Walter Chatton con Guilielmo d'Ockham », *Franciscan Studies* 45, 1985, p. 187-230.

CROMBIE, Alistair C., *Science, optics and music in medieval and early modern thought*, London – Ronceverte, Hamblendon, 1990.

DE RIJK, Lambert-Marie, « Logic and ontology in Ockham. Some notes on his view of the categories of being and the bature of its basic principles », dans E. P. Bos et Krop, H. A. (éds.), *Ockham and Ockhamists*, Nijmegen, Ingenium, 1987, p. 25-39.

– « Ockham's theory of demonstration : his use of Aristotle's *kath' holou* and *kath' hauto* requirements », *in* Vosseunkuhl, W. and Schönberger, R., (éds.), *Die Gegenwart Ockhams*, Weinheim, VCH-Acta Humaniora, 1990, p. 232-240.

– « The *Posterior Analytics* in the latin west », *Acta Philosophica Fennica* – Knowledge and the Sciences in Medieval Philosophy 48, 1990, p. 104-127.

– « John Buridan on universals », *Revue de Métaphysique et de Morale* 97, 1992, p. 35-59.

– « Foi chrétienne et savoir humain – La lutte de Buridan contre les *theologizantes* », dans A. de Libera, et A. Elamranni-Jamal (éds.), *Langages et Philosophies*, Paris, Vrin, 1997, p. 393-409.

EBBESEN, Sten, « What must one have an opinion about », *Vivarium* 30, 1992, p. 62-79.

EVANS, G. R., *Getting it wrong* – The medieval epistemology of error, Leiden, Brill, 1998.

FREDDOSO, Alfred J., « Ockham on faith and reason », *in* Spade, P. V. (éd.), *The Cambridge Companion to Ockham*, Cambridge, Cambridge University Press, 1999, p. 326-349.

FREDERICI VESCOVINI, Graziela, « La dottrina ottico-gnoseologica del « De Aspectibus » di Alhazen », *in Studi sulla Prospettiva medievale*, Torino, G. Giappichelli, 1965, p. 113-135.

FUCHS, Oswald, *The psychology of habit according to William Ockham*, Saint Bonaventure – Louvain, The Franciscan Institute – E. Nauwelaerts, 1952.

GHISALBERTI, Alessandro, *Guglielmo di Ockham*, Milano, Vita e Pensiero, 1972.

– « L'intuizione in Ockham », *Rivista di Filosofia Neo-Scolastica* 70, 1978, p. 207-226.

– *Giovanni Buridano* – dalla metafisica alla fisica, Milano, Vita e Pensiero, 1992.

GODDU, André, *The physics of William of Ockham*, Leiden, Brill, 1984.

– « The dialectic of certitude and demonstrability among fourteenth-century ockhamists », *in* Caroti, S., and Murdoch, J. E. (éds.), *Studies in Medieval Natural Philosophy*, Firenze, Leo S. Olschki, 1989, p. 95-131.

– « William of Ockham's « empiricism » and constructive empiricism », *in* Vosseunkuhl, W. and Schönberger, R., (éds.), *Die Gegenwart Ockhams*, Weinheim, VCH-Acta Humaniora, 1990, p. 208-231.

GOULET, Richard, « Coriscos de Scepsis », dans R. Goulet (éd.), *Dictionnaire des Philosophes Antiques*, t. II, Paris, CNRS Editions, 1994, p. 456-459.

GREGORY, Tullio, « La Tromperie divine », dans Z. Kaluza, et P. Vignaux (éds.), *Preuves et raisons à l'université de Paris* – Logique, ontologie et théologie au XIVe siècle, Paris, Vrin, 1984, p. 187-195.

HANKINSON, R. J., *Cause and explanation in ancient greek thought*, Oxford, Clarendon, 1998.

IMBACH, Ruedi, *Dante, la philosophie et les laïcs*, Paris-Fribourg, Cerf-Editions Universitaires de Fribourg, 1996.

KARGER, Elizabeth, « Théories de la pensée, de ses objets et de son discours chez Guillaume d'Occam », *Dialogue* 33, 1994, p. 437-456.

– « William of Ockham, Walter Chatton and Adam of Wodeham on the objects of knowledge and belief », *Vivarium* 34, 1995, p. 171-196.

– « Ockham's misunderstood theory of intuitive and abstractive cognition », *in* Spade, P. V. (éd.), *The Cambridge Companion to Ockham*, Cambridge, Cambridge University Press, 1999, p. 204-226.

KENNEDY, Leonard, « Philosophical scepticism in England in the mid-fourteenth century », *Vivarium* 21, 1983, p. 35-57.

KIRJAVAINEN, Heikki. « The Simultaneity of Faith and Knowledge : Tendencies in Epistemic Logic from Antiquity to High Scholasticism », dans H. Kirjavainen (éd.), *Faith, will, and grammar* – Some themes of intensional logic and semantics in medieval and reformation thought, Helsinki, Luther-Agricola Society, 1986, p. 9-105.

KNEEPKENS, Corneille H., « Please don't call me Peter : I am an *enuntiabile*, not a thing. A note on the *enuntiabile* and the proper noun », dans C. Marmo (éd.), *Vestigia, Imagines, Verba* – Semiotics and logic in medieval theological texts (XII th-XIV th century), Brepols, 1997, p. 83-98.

KNUDSEN, Christian, « Intentions and Impositions », dans N. Kretzmann, A. Kenny, J. Pinborg, et E. Stump (éds.), *The Cambridge History of Later Medieval Philosophy*, Cambridge, Cambridge University Press, 1982, p. 479-495.

KRETZMANN, Norman, « Infallibility, error and ignorance », *Canadian Journal of Philosophy*, Supplementary, Volume 17, Bosley, R. and M. Tweedale (éds.), 1991, p. 159-194.

LIBERA, Alain de, « Genèse et structure des métaphysiques médiévales », dans J.-M. Narbonne et L. Langlois (éds.), *La Métaphysique* – son histoire, sa critique, ses enjeux, Paris – Québec, Vrin – Les Presses de l'Université de Laval, 1999, p. 159-181.

LINDBERG, David C., « Alhazen's theory of vision and its reception in the West », *Isis* 58, 1967, p. 321-341.

– « La Réception occidentale de l'optique arabe », dans R. Rashed (éd.), *Histoire des Sciences arabes*, vol. 2 : Mathématiques et Physique, Paris, Seuil, 1997, p. 355-367.

LIVESEY, Steven J., « William of Ockham, the subalternate sciences, and Aristotle's theory of *metabasis* », *British Journal for the History of Science* 18, 1985 p. 127-145.

MAIER, Anneliese, « Das Problem der Evidenz in der Philosophie des 14. Jahrhunderts », *Ausgehendes Mittelalter*, II, « Storia e Letteratura » 105, Roma, Edizioni di Storia e Letteratura., 1967, p. 367-418.

MARENBON, John, *Later medieval philosophy (1150-1350)*, London, Routledge, 1987.

– « Vocalism, nominalism and the commentaries on the *Categories* from the earlier twelfth century », *Vivarium* 30, 1992, p. 51-61.

MATTHEWS, Gareth B., « A Medieval theory of vision », dans Machamer, Peter K. and Turnbull, Robert G. (éds.), *Studies in Perception*, Columbus, Ohio State University Press, 1978, p. 186-199.

MAURER, Armand, « Ockham's conception of the unity of science », *Medieval Studies* 20, 1958, p. 98-112.

– « The unity of a science : St. Thomas and the nominalists », dans *St. Thomas Aquinas, 1274-1974* – Commemorative Studies, Toronto, Pontifical Institute of Medieval Studies, 1974, p. 269-291.

MCGRADE, Arthur Stephen. « Some varieties of skeptical experience : Ockham's case », dans O. Pluta (éd.), *Die Philosophie im 14. und 15. Jahrhundert*, Amsterdam, B. R. Grüner, 1988, p. 421-438.

MICHON, Cyrille, *Nominalisme* – La théorie de la signification d'Occam, Paris, Vrin, 1994.

MOODY, Ernest, *Truth and Consequence in Mediaeval Logic*, Amsterdam, North Holland, 1953.

NORMORE, Calvin, « Divine omniscience, omnipotence and future contingence : An overview », dans T. Rudavsky (éd.), *Divine omniscience and omnipotence in medieval philosophy*, Reidel, Dordrecht, 1985, p. 3-22.

– « Picking and choosing : Anselm and Ockham on choice », *Vivarium* 36, 1998, p. 23-39.

NUCHELMANS, Gabriel, *Theories of propositions : ancient and medieval conceptions of the Bearers of Truth*, Amsterdam, North-Holland, 1973.

– « The semantics of propositions », *in* Kretzmann, N., Kenny, A., Pinborg, J. and Stump, E. (éds.), *The Cambridge History of Later Medieval Philosophy*, Cambridge, Cambridge University Press, 1982, p. 197-210.

PANACCIO, Claude, « Propositionalism and atomism in Ockham's semantics », *Franciscan Studies* 44, 1984, p. 61-70.

– « Connotative terms in Ockham's mental language », *Cahiers d'Epistemologie*, n. 9016, Montréal, Université du Québec à Montréal, 1990.

– *Les Mots, les concepts et les choses*, Montréal-Paris, Bellarmin-Vrin, 1992.

– *Le discours intérieur* – de Platon à Guillaume d'Ockham, Paris, Seuil, 1999.

PASNAU, Robert, *Theories of cognition in the later Middle Ages*, Cambridge, Cambridge University Press, 1997.

PASTOREAU, Michel, « Pourquoi tant de lions dans l'Occident médiéval ? », *Micrologus* – Natura, Scienze e Società medievali VIII-1, 2000, p. 11-30.

PERINI-SANTOS, Ernesto, « L'extension de la liste des modalités dans les commentaires du *Perihermeneias* et des *Sophistici Elenchi* de Guillaume d'Ockham », *Vivarium* 40, 2002, p. 174-188.

– « La structure de la proposition modale ockhamienne », dans A. MAIERÙ et L. VALENTE (éds.), *Medieval theories on assertive and non-assertive language*, Firenze, Leo S. Olschki, 2004, p. 355-375

RASHED, Roshdi, « L'optique géométrique », dans R. Rashed (éd.), *Histoire des Sciences Arabes*, vol. 2 : *Mathématiques et Physique*, Paris, Seuil, 1997, p. 293-318.

ROSSI, Pietro, « Tracce della versione latina di un commento greco ai *Secondi Analitici* nel *Commentarius in Posterium Analyticorum Libros* di Roberto Grossatesta », *Rivista di Filosofia Neo-Scolastica* 70, 1978, p. 433-439.

RUSSELL, Gül A., « La Naissance de l'optique physiologique », dans R. Rashed (éd.), *Histoire des Sciences Arabes*, vol. 2 : *Mathématiques et Physique*, Paris, Seuil, 1997, p. 319-354.

SAARINEN, Risto, *Weakness of the will in medieval thought* – From Augustine to Buridan, Leiden, Brill, 1994.

SABRA, A., « Ibn Al-Haytham », *Dictionary of Scienfic Biography*, t. VI, New York, Charles Scribner's Sons, 1972, p. 189-210

– « Sensation and inference in Alhazen's theory of visual perception », dans Machamer, Peter K. and Turnbull, Robert G. (éds.), *Studies in Perception*, Columbus, Ohio State University Press, 1978, p. 160-185.

– « Preface » and « Introduction », dans ALHAZEN, *The optics of Ibn Al-Haytham*, translation, introduction and commentary by A. Sabra, t. II, London, The Warburg Institute, 1989, p. XI-CX.

SCHÖNBERGER, Rolf and KIBLE, Brigitte (éds.) *Repertorium edierter Texte des Mittelalters*, Berlin, Akademie Verlag, 1994.

SCOTT, T. K., « Ockham on evidence, necessity, and intuition », *Journal of the History of Philosophy* 7, 1969, p. 27-49.

SERENE, Eileen, « Demonstrative Science », dans N. Kretzmann, A. Kenny, J. Pinborg, et E. Stump (éds.), *The Cambridge History of Later Medieval Philosophy*, Cambridge, Cambridge University Press, 1982, p. 496-517.

SMITH, Robin, « Logic », dans J. Barnes (éd.), *The Cambridge Companion to Aristotle*, Cambridge, Cambridge University Press, 1995, p. 27-65.

SORGE, Valeria, « L'Influenza di Alhazen sulla dottrina della visione in Biagio Pelacani da Parma », dans G. Federici Vescovini (éd.), *Filosofia e scienza classica, arabo-latina medievale e l'età moderna*, « Textes et Etudes du Moyen Âge » 11, Louvain-la-Neuve, Fédération Internationale des Instituts d'Études Médiévales, 1999, p. 113-127.

SPADE, Paul Vincent, « The unity of a science according to Peter Auriol », *Franciscan Studies* 32, 1972, p. 203-217.

SPRUIT, Leen, « Species intelligibilis : *From perception to knowledge* », t. I, Classical roots and medieval discussions, Leiden, Brill, 1994.

STREVELER, Paul A., « Ockham and his critics on intuitive cognition », *Franciscan Studies* 32, 1975, p. 223-236.

STUMP, Eleonore, « Boethius' theory of topics and its place in early scholastic logic », dans L. Obertello, *Atti Congresso Internazionale di Studi Boeziani*, Roma, Herder, 1981, p. 249-262.

– « Consequences in Ockham's *Summa Logicae* », dans L.-M De Rijk et H.A.G. Braakhuis (éds.), *Logos and Pragma* – Essays on the Philosophy of Language in Honour of Professor Gabriel Nuchelmans, Nijmegen, Ingenium, 1987, p. 141-159.

– « Aquinas on the foundations of knowledge », *Canadian Journal of Philosophy*, Supplementary Volume 17, R. Bosley et M. Tweedale (éds.), 1991, p. 125-158.

– « The mechanisms of cognition : Ockham on mediating species », dans P. V. Spade (éd.), *The Cambridge Companion to Ockham*, Cambridge, Cambridge University Press, 1999, p. 168-203.

TACHAU, Katherine H., *Vision and certitude in the Age of Ockham*, Leiden, Brill, 1988.

– « What senses and intellect do : argument and judgement in late Medieval theories of knowledge », dans K. Jacobi (éd.), *Argumentationstheorie* –

Scholastische Forschungen zu den logischen und semantische Regeln korrekten Folgerns, Leiden, Brill, 1993, p. 653-668.

TYÖRINOJA, Reijo, « Faith and the will to believe. Thomas Aquinas and Robert Holkot on the voluntary nature of religious belief », *Documenti e Studi sulla Tradizione Filosofica Medievale* 12, 2001, p. 467-492.

VOS, A. Knowledge, « Certainty and Contingency », dans Bos, E. P. (éd.), *John Duns Scotus – Renewal in Philosophy*, Amsterdam, Rodopi, 1998, p. 75-88.

WEBERING, Damascene, *Theory of demonstration according to William Ockham, St. Bonaventure*, Louvain Paderborn, The Franciscan Institute-F. Nauwelaersts-F. Schöningh, 1953.

WOOD, Rega, ANDREWS, Robert, « Causality and demonstration : an early scholastic *Posterior Analytics* commentary », *The Monist* 79, 1996, p. 325-356.

WOOD, Rega, *Ockham on the virtues*, West Lafayette, Purdue University Press, 1997.

YAKUMA, Yukio. *Enuntiabilia* in the twelfth-century logic and theology », dans C. Marmo (éd.), *Vestigia, Imagines, Verba* – Semiotics and Logic in Medieval Theological Texts (XII th-XIV th Century), Brepols, 1997, p. 19-35.

AUTEURS CONTEMPORAINS

ALSTON, William, « How to think about reliability », *Philosophical Topics* 23, 1995, p. 1-29.

BLUMENBERG, Hans, *La Légitimité des temps modernes*, trad. fr. par J.-L. Schlegel, D. Trierweiler et M. Dautrey, Paris, Gallimard, 1999.

BOUVERESSE, Jacques, *Langage, perception et réalité*, Tome 1 : La perception et le jugement, Nîmes, Jacqueline Chambon, 1995.

BROWN, Deborah, « Analiticity : An ockhamist approach », *American Philosophical Quarterly*, 34, 1997, p. 441-455.

BRUECKNER, Anthony, « Deductive closure principle », *Routledge Encyclopedia of Philosophy*, vol. 2, London, Routledge, 1998, p. 842-845.

BURGE, Tyler, « Content preservation », *The Philosophical Review* 102, 1993, p. 457-488.

CARROLL, Lewis, « What the tortoise said to Achilles », *Mind* 4, 1895, p. 278-280.

COHEN, L. Jonathan, *Belief and acceptance*, Oxford, Clarendon Press, 1992.

FUNKENSTEIN, Amos, *Théologie et imagination Scientifique*, trad. fr. par J.-P. Rothschild, Paris, PUF, 1995.

GEACH, Peter, *Reference and generality* – An examination of some medieval and modern theories, Ithaca, Cornell University Press, emended edition, 1968.

– *Logic Matters*, Berkeley, University of California Press, 1980.

GETTIER, Edmund, « Is justified true belief knowledge ? » *Analysis* 23, 1963, p. 121-123.

GOLDMAN, Alvin I., « A causal theory of knowing » *The Journal of Philosophy* 64, 1967, p. 355-372.

– « What is justified belief? », dans G. S. Pappas (éd.), *Justification and Knowledge*, Dordrecht, Reidel, 1979, p. 1-23.

HINTIKKA, Jaakko, *Knowledge and belief*, Ithaca, Cornell University Press, 1962.

– *Knowledge and the known* – Historical perspectives in epistemology, Dordrecht, Reidel, 1974.

MCDOWELL, John, « Two Sorts of naturalism », dans R. Hursthouse, G. Lawrence et W. Quinn (éds.), *Virtues and reason* – Philippa Foot and moral theory, Oxford, Clarendon, 1995, p. 149-179.

NOZICK, Robert, *Philosophical Explanations*, Oxford, Oxford University Press, 1981.

PEREC, Georges, *La Vie Mode d'emploi*, Paris, Hachette, 1978.

– *Je suis né*, Paris, Seuil, 1990.

PRIEST, Graham, « Contradiction, belief and rationality », *Proceedings of the Aristotelian Society* 86, 1986, p. 99-116.

SELLARS, Wilfrid, « Philosophy and the scientific image of man », dans *Science, perception and reality*, Atascadero, Ridgeview, 1963, p. 1-40.

SOSA, Ernest, « The Foundations of Foundationalism », *Noûs* 14, 1980, p. 547-564.

– *Knowledge in perspective. Selected essays in epistemology*, Cambridge, Cambridge University Press, 1991.

STICH, Stephen, « Beliefs and subdoxastic States », *Philosophy of Science* 45, 1978, p. 499-518.

STROUD, Barry, « The significance of scepticism », dans P. Bieri, et L. Krüger (éds.), *Transcendental Arguments and Science*, Dordrecht, Reidel, 1979, p. 277-297.

WILLIAMS, Bernard, « Deciding to believe », dans H. E. Kiefer, et M. K. Munitz (éds.), *Language, belief, and metaphysics*, Albany, State Univesity of New York Press, 1970, p. 95-111.

INDEX NOMINUM

INDEX RERUM

TABLE DES MATIÈRES

ACHEVÉ D'IMPRIMER
EN FÉVRIER 2006
PAR L'IMPRIMERIE
DE LA MANUTENTION
A MAYENNE
FRANCE
N° 19-06

Dépôt légal : 1er trimestre 2006